심령의 호소를 들으시는 하나님

시편 강해 1-23편

이태웅 지음

도서출판 세 복

세계복음화문제연구소
(The World Evangelization Research Center)는
한국 교회가 세계 복음화를 위하여
한 모퉁이를 담당해야 된다는 사명으로
사역하고 있습니다.

심령의 호소를 들으시는 하나님

지 은 이	이태웅
발 행 인	홍성철
초판 1쇄	2000년 9월 15일
발 행 처	도서출판 세 복
주　　소	서울특별시 중랑구 면목5동 149-6 한밀빌딩 301호
	T. (02) 2209-5822
	E-Mail. johnh@unitel.co.kr
등록번호	제1-1800호 (1994년 10월 29일)
총 판 처	예영커뮤니케이션
	T. (02) 830-8566, F. (02) 830-8567
I S B N	89-86424-45-2　　03230

값 7,500원

ⓒ 도서출판 세 복

■ 잘못 만들어진 책은 언제든지 교환해 드립니다.

세계 선교를 위해

자신들의 젊음을 쏟는

한국해외선교회(GMF) 동역자들과

또한 나의 아내 송헌복

그리고 두 아들 영민, 경민과 함께

이 책을 주님께 바칩니다.

목 차

서 문

　　현대인에게 있어서 가장 큰 문제가 있다면 아마도 그것은 인간성의 상실이라 하겠다. 하나님이 처음 인간을 만드셨을 때에는 그렇지 않았다. 그 때 인간은 감정과 의지와 지식이 모두 선하며 균형 잡혀 있었다. 울어야 할 때 울고, 웃어야 할 때 웃고, 실천해야 할 때 행동으로 옮길 수 있었다. 우리가 알고 생각하는 것이 모두 선했다. 그러나 인간이 범죄한 후 지식과 감정과 의지 모두가 그 원래의 기능을 잃게 되었다. 현대 문명이 발달되면서 이와 같은 불균형은 더욱더 심해졌다.

　　이제는 도무지 무엇이 아름다운 것인지 무엇이 우리를 즐겁게 해 주는 것인지도 모를 정도로 우리는 변질되었다. 정서는 정서대로 병들었고, 의지는 서슴지 않고 악을 범하는 데 익숙해졌고, 선과 악에 대한 기준도 잃어버린 지 오래되었다. 콘크리트 벽같이 메마른 우리 심령은 이제 웬만큼 자극을 받아서는 아무런 감흥도 느끼지 못하게 되었다.

　　그러나 여기에 우리의 무디고 사납고 성급한 성품들을 위해 마치 한줄기 소나기와 같고, 샘솟는 우물과 같은 것이 있다. 이 시편 내용은 메마른 우리 심령을 물댄 동산과 같게 해 준다. 아무리 더러운 심령이라도 다시 한 번 깨끗하게 해 줄 수 있고 아무리 인정이 메말랐어도 다시 애정을 느끼게 해 줄 수 있는 능력이 시편 내용 중에 있다. 용기가 없는 자에게는 용기를, 죄의 유혹을 받는 자에게는 죄로부터 벗어날 수 있는 능력을, 배신을 당한 사람에게는 치유를 이 시편이 제공할 수 있다.

　　먼저는 참 하나님의 심령을 이해하고 하나님과 새로운 관계를 갖게 함으로, 그 다음은 인간과 인간 사이에 화평을 심어 줌으로 이를 가능케 해 준다. 시편만큼 우리를 향하신 하나님의 심령이 자세히 나와 있는 책은 없을 것이다. 또한 이것만큼 인간과 인간 사이의 문제들을 적나라하게 나타내 주고 있는 책도 없을 것이다. 따라서 우리는 시편에서 하나님과 함께 사귐을 나누고 인간과 인간끼리 더 깊이 사귈 수 있는 비결을 얻을 수 있다.

그러나 모든 값진 것이 그렇듯이 시편도 그 깊이를 헤아리기란 그리 쉽지 않다. 그래서 필자는 죽을 때나 가서야 그 깊은 내용의 천만분의 일이나마 이해하게 될 것이라고 막연히 기대했었다. 그러던 중 월간『빛과 소금』(현재는『소금과 빛』)에서 시편 강해에 대한 원고 청탁을 받고 비로소 이 귀한 말씀과 부딪쳐보리라는 각오를 갖게 되었다. 부딪칠 때마다 내가 먼저 깨어지고 이곳 저곳에서 말씀의 주옥(珠玉)들을 줍게 되었다. 그 결과 시시때때로 메마르고 균형이 깨지고 불의가 가득한 세상에서도 최선을 다하여 하나님의 뜻을 추구하며 하나님의 나라를 위해 살고 싶은 의욕을 갖게 되었다.

시편 기자들은 현대 문학계에서 찾아볼 수 있는 전문적인 시인들은 아니었을 것이다. 그럼에도 불구하고 이들은 히브리시의 형식의 도움을 입어 자신들이 경험한 사실들이나 하나님께로부터 받은 것들을 우리에게 전해 주고 있다. 시편의 저자들은 목동, 군인, 정치인 혹은 음악인으로서 수천 년이 흐른 지금에도 그들이 체험한 사실뿐 아니라 감정까지 우리에게 생생하게 전달해 준다.

시편 기자들의 마음을 움직이고 동기를 부여한 것은 그들이 경험한 하나님의 실재(實在)뿐 아니라 그들이 살고 있던 세상의 현실이기도 하다. 그들도 오늘날의 우리처럼 여러 가지 경험을 했을 것이다. 그 중에서도 특히 마음 속의 한(限), 슬픔, 모순, 절망 등을 가장 강렬하게 느꼈을 것이다. 이럴 때마다 시편 기자들은 하나님께 나아갔고, 하나님께서 주시는 경험들을 생생하게 기록했다.

"여호와는 나의 목자시니 내게 부족함이 없으리로다."

"여호와는 나의 반석이시요."

"나의 힘이 되신 여호와여, 내가 주를 사랑하나이다."

"여호와여, 왕이 주의 힘을 인하여 기뻐하며 주의 구원을 인하여 크게 즐거워하리이다."

시편이 기록된 지 수천 년이 지나갔다. 풍습도 달라지고, 사회도 변했다. 그러나 변하지 않은 것은 시편 기자들이 경험한 하나님의 실재(實在)와 세상의 현실들이다. 이 시편 강해집은 꼭 필요할 때마다 위의 시편 기자들의 경험이 우리에게 재현되기를 바라는 마음으로 집필되었다. 이 깜깜한 광야같은 세상에서 옛 목동들처럼 어려운 현실을 헤치고 나아가려는 이들이 여호와 우리 하나님의 뜨거운 입김을 조금 더 가깝게 느낄 수 있기를 바라마지 않는다.

끝으로 이 글은 『빛과 소금』에 연재되었고, 그 후 『심령의 호소를 들으시는 하나님』(시편 1-10편)에 연이어 『고난받는 사람이 피할 곳』(시편 11-23편)으로 두란노서원에서 출판되었다. 필자는 절판된 이 두 권의 책을 두란노서원의 허락을 받아 **도서출판 세 복**에서 한 권으로 개정판을 내게 되었다. 이를 허락해 준 두란노서원과 개정판 출판을 기꺼이 허락해 주신 **도서출판 세 복**의 홍성철 박사님과 이혜숙 사모님께 이 기회를 통해 깊은 사의를 표한다. 그리고 컴퓨터에 입력하여 이 책이 나오기 위해 수고한 김정임 자매님에게 깊은 사의를 표하는 바이다.

2000. 8. 20.

목동에서, 이태웅

1
복 있는 사람
1:1-6

복 있는 사람은 악인의 꾀를 좇지 아니하며, 죄인의 길에 서지 아니하며, 오만한 자의 자리에 앉지 아니하고, 오직 여호와의 율법을 즐거워하여 그 율법을 주야로 묵상하는 자로다. 저는 시냇가에 심은 나무가 시절을 좇아 과실을 맺으며, 그 잎사귀가 마르지 아니함 같으니, 그 행사가 다 형통하리로다. 악인은 그렇지 않음이여, 오직 바람에 나는 겨와 같도다. 그러므로 악인이 심판을 견디지 못하며, 죄인이 의인의 회중에 들지 못하리로다. 대저 의인의 길은 여호와께서 인정하시나 악인의 길은 망하리로다.

우리 문화는 '복'에 대하여 말할 때 대개 도덕성과 결부시키지 않는다. 재물이 많다든가, 사업이 잘 된다든가, 자녀가 훌륭하다든가 하면 복이 있다고 말한다. 이는 결과만 좋으면 그 과정이나 수단은 어떻든 상관 없다는 의미가 포함되어 있다. 반면에 성경에서 '복'은 늘 도덕성을 가진 개념으로 사용된다. 복을 누리기 위해서는 악을 버리지 않으면 안 되는 것으로 성경은 말하고 있다. 악과 복은 동시에 누릴 수 없는 것으로 성경은 말한다.

시편 1편은 악을 적극적으로 거부하고 하나님께서 주시는 복을 누리는 사람들의 삶에 대한 대표적인 성경 본문 중의 하나이다. 사람에게 상처를 주든 말든, 인간이 플라스틱 가방처럼 소모되든 말든, 다른 사람이 다치든 말든, 원칙을 깨뜨리든 말든, 내가 돈을 벌고, 명예를 얻고, 소기의 목적을 달성하면 그것이 곧 나에게 복을 가져다 주는 것이라는 풍조가 팽배한 현대인에게 시편 1편은 하나의 경종처럼 울려 퍼진다. 이 말씀은 마치 엑스 광선처럼 작용하여 수단과 방법을 가리지 않고 복을 얻으려는 현대인의 허구성을 우리에게 다음 내용을 통하여 적나라하게 보여 주고 있다.

복 있는 사람의 삶 (1:1-3)

복 있는 삶은 불의를 거부함으로 시작된다 (1:1)

복 있는 삶은 악이나 죄의 노예가 되지 않고 자유롭게 사는 사람만이 누릴 수 있다. 자유자재로 선을 택하고 악을 거부할 수 있는 삶이 곧 행복한 삶이다. 이런 사람은 우상을 거부하고 하나님을 사랑할 수 있다. 이런 사람은 부정을 거부하고 의를 행할 수 있다. 이런 사람은 불의를 거부하고 공의를 실천할 수 있다.

불의에 속한 사람은 다르다. 불의에 속한 사람은 불의의 노예이다. 불의의 노예가 된 사람은 선을 택할 자유가 없다. 이들은 예수께서 말씀하시는 '참된 자유'(요 8:36)를 모르고 사는 사람들이다. 불의의 노예가 되어 참된 자유를 잃어버린 사람들은 성경이 말하고 있는 복을 누리지 못한다. 복을 누리지 못하는 데 그치지 않고 오히려 그 삶이 악화되는 과정에 있음을 볼 수 있다.

1. 악인의 행실의 악화　악인은 그 행위가 갈수록 악화될 수 있다. 시편 기자는 악인의 행실을 설명하며 '꾀,' '길' 및 '자리' 등을 말했다. 이들은 히브리 시문의 성격으로 보아 단순한 동의어로 볼 수도 있다. 이 단어들이 모두 악인의 행실을 설명하고 있는 것은 사실이지만, 이 단어들은 악인의 행실이 어떻게 악화되어 가고 있는지도 말해 주고 있다. 악인은 처음에 악한 '꾀'를 좇아 행한다. '꾀'는 숨겨진 것들로

비밀리에 이행하는 것들이라고 할 수 있다. 한글판 성경에는 그 의미가 잘 나타나지 않으나, 히브리 원어에는 이런 꾀를 좇아가는 사람을 꾀를 좇아 '걷는다'(달라크)라고 1절에서 말했다.

처음 악에 발을 들여 놓는 사람들은 주로 비밀리에 악한 꾀를 좇아 걷기 시작한다. 마치 어린 아이가 걸음마를 배우듯이 천천히 시작할 수 있다. 하지만 한 번 악한 '꾀'를 좇아 걷게 되면, 그 다음은 그 '길'에 서서 공공연히 죄를 짓는 자리에까지 가게 된다. 이를 '자리에 앉는다'는 말로 시편 기자는 표현했다. 따라서 악을 택하는 사람은 악한 길에 앉아 있는 것처럼 악의 노예가 된다. 대개 이런 사람은 자신의 마음대로 악을 조금만 범하고 끝날 수 있는 것이 아니라 계속 그 행실이 내리막길을 향해 달려가게 된다.

복 있는 사람은 이런 길을 거부한다. 비록 세상의 모든 재물과 명예를 준다 해도 그것이 도덕적으로 내리막길을 가는 것이라면 이를 단호하게 거부한다. 한국 사회와 교회는 이와 같이 도덕적으로 내리막길을 가기를 거부하고 하나님의 복을 누리기를 더 사모하는 사람들을 어느 때보다 더 요구하고 있다. 경영자가 이와 같은 철학을 가지고 사업을 한다고 하자. 그는 내리막길을 가는 것을 거부하고 노동자들에게 '복'을 주기 위하여 최선을 다할 것이다. 반면에 노동자는 일하는 동안 내리막길을 가는 것을 거부하고 사업체의 번영을 위하여 땀을 흘리며 일할 것이다.

결국 내리막길을 가는 것을 거부하는 의사들, 교육자들, 정치인들, 사업가들, 시민들 한 사람 한 사람이 한국 교회와 사회를 파멸로부터 건질 수 있을 것이다.

2. **인격의 타락**   악인은 그 행실만 악화되는 것이 아니다. 그 길을 계속 가면 그 인격까지 타락한다. 시편 기자는 '악인', '죄인' 및 '오만

한 자'라는 말로 도덕적으로 내리막길을 따라 사는 사람들을 설명했다. 여기에서도 역시 히브리 시문의 반복법(평형법)에 따라서 악한 사람들을 여러 번 반복해서 언급했다고 보고 끝날 수도 있다. 물론 그 단어들이 악한 상태를 설명하는 데 있어서는 동의어적 역할을 했다고 볼 수 있으나, 그 의미로 보아서는 악한 데서 더 악한 데로 발전되어 가고 있음도 간과할 수 없다.

'악인'은 거짓된 자, 불의한 자, 정함이 없는 자라는 뜻이 있다. '죄인'은 하나님의 의의 과녁을 맞추지 못하고 빗나간 사람을 의미한다. 소돔 사람의 악함을 설명할 때 이 단어가 사용되었다(창 13:3). 이는 적극적으로, 습관적으로 악을 행하는 것을 의미한다고 볼 수 있다. 반면에 '오만한 자'는 공개적으로 공공연하게 악을 행하는 자를 설명할 때 쓰인 말임을 볼 수 있다(잠 21:24 참조).

아무리 좋은 집에서 살고, 아무리 호화로운 생활을 하고, 아무리 큰 명예를 가지고 있다고 해도 그 인격이 악하고, 습관적으로 죄를 짓고, 교만이 넘쳐흘러서 오만함을 나타내게 될 때 성경은 그가 복이 없는 자라고 단정짓고 있다.

이와 같은 인격의 소유자는 언제 악을 행할지 모르므로, 하나님께서는 하나님 자신의 명예를 맡길 수 없다. 그는 하나님을 떠난 삶을 살게 된다. 따라서 그는 하나님께서 차지해야 할 마음의 공허를 메우기 위하여 하나님 이외의 다른 우상을 만들 수밖에 없다. 이런 생활은 성경에서 말하는 복 있는 삶이 될 수 없다. 세상은 세상의 가치관에 따라서 이를 행복한 삶이라고 외치고 수없이 많은 사람들이 그 기준에 따라서 살려고 하지만 하나님은 하늘에서 웃으신다. 그리고 어느 날 공의를 실현시키실 때 가차없이 하나님의 기준에 따라서 심판하실 것이다.

복 있는 삶은 하나님의 뜻을 순종함으로 체험할 수 있다 (1:2)

1절에서 시편 기자는 복 있는 삶을 악으로부터 떠난 것이라고 말했다. 2절에서 그는 복 있는 삶을 '여호와의 율법'에 결부시키고 있다. 왜 그는 여호와의 율법과 복 있는 삶을 결부시켰을까? 대개 우리는 '여호와의 율법' 하면 복과 결부시키기보다는 오히려 거추장스러운 것, 속박, 또는 정죄하는 요소로 생각하기가 쉽다. 하지만 우리가 자세히 따져볼 때 여기서 말하는 여호와의 율법은 율법서(토라)를 의미한다. 좁은 의미로는 계명들이고, 넓은 의미로는 하나님께서 우리에게 계시하신 부분들이다. 하나님이 우리에게 계시하신 부분들은 우리에게 요구하시는 사항도 있으나 오히려 우리를 자유하게 하시고 복을 주시는 부분이 더 많다.

율법서를 통하여 하나님은 우리에게 하나님 자신을 계시하실 뿐만 아니라 우리가 어떤 삶을 살아야 하는지도 알려 주신다. 복된 삶은 우리가 율법을 통해 나타난 하나님의 뜻을 이해하며 더 나아가서 이에 순종할 때 체험할 수 있게 된다. 하나님은 우리가 악한 길로 들어서지 않고, 율법을 통하여 하나님의 뜻대로 살기를 원하신다. 하나님께서 마련해 놓으신 삶은 물론 거룩한 삶일 수밖에 없다. 왜냐하면 하나님은 거룩하시기 때문이다. 이런 삶이야말로 원래 하나님께서 인간을 창조하셨을 때 의도했던 삶의 형태이다. 우리는 에덴 동산으로 다시 돌아갈 수 없다. 그러나 지금도 하나님의 뜻을 순종함으로 원래 하나님께서 의도하셨던 복된 삶을 누릴 수 있다.

그러나 문제는 우리의 성품이 하나님의 뜻을 순종하기를 거부하는 데 있다. 어떻게 우리의 성품이 변화하여 하나님의 뜻을 순종할 수 있을까? 시편 기자는 이 문제에 대하여 두 가지 처방을 내리고 있다.

1. 여호와의 율법서를 즐거워하라 율법서를 즐거워한다는 말은 우리의 속 사람 전부가 하나님의 말씀을 기뻐하며 그 하나님의 뜻에 회답하는 것을 의미한다. 한 번 상상해 보라. 만일 우리 인격이 율법서를 즐거워한다면 그 안에 계시된 하나님과 하나님의 뜻을 순종하는 것이 왜 즐겁지 않겠는가!

2. 여호와의 율법서를 주야로 묵상하라 자신의 머리 속에 저속한 잡지의 내용들로 채우는 사람들은 저속한 삶을 살기 쉽다. 그러나 율법서를 주야로 묵상하는 사람은 율법서에 나타난 하나님의 의중을 깊이 깨닫게 된다. 그리고 하나님의 마음 속을 조금이라도 들여다 본 사람이라면 그 아름다움에 사로잡히지 않을 사람이 없다. 그런 사람은 하나님을 사랑하게 되고, 하나님을 사랑하게 되면 그 뜻을 좇아 살아가기를 원하게 된다.

당신은 지금 어떤 삶을 살고 있는가? 겉으로는 모든 것을 갖추었지만 하나님의 율법서를 즐거워하지 않고 묵상하기도 거부하는 복되지 못한 삶을 살고 있지는 않는가? 아니면 잠언 기자가 말한 것처럼 비록 마른 떡 한 조각만 있고도 하나님의 율법을 즐거워하고 주야로 묵상함으로 그 뜻대로 생활하여 원래 하나님께서 의도하셨던 복된 삶을 살고 있는가?

만일 나의 생활 양식이 전자에 해당된다면 더 이상 그 곳에 머무를 필요가 없다. 지금이라도 하나님께 나와서 당신의 연약함을 시인하고 후자의 삶을 지향해 나갈 수 있다. 이는 첫째로 하나님께서 그것을 원하시기 때문에 가능하다. 둘째로 하나님께서 당신에게 도움을 주시기 때문에 가능하다(시 3:5). 셋째로 하나님께서는 진심으로 당신을 사랑하시기 때문에 가능하다.

복 있는 삶은 하나님께서 의도하신 결실을 맺음으로 입증된다 (1:3)

나무는 열매가 열리는 것도 있고 열매가 열리지 않는 것도 있다. 그러나 사람은 반드시 둘 중에 한 가지 열매를 맺고 산다. 우리는 성령의 열매이든 육신의 열매이든 반드시 열매를 맺게 마련이다(갈 5:19-23).

시편 기자는 하나님이 공급원이 되었을 때 우리의 삶이 결실을 맺을 수 있음을 우리에게 말해 주고 있다. 나무가 시냇가에 뿌리를 내려서 사시사철 싱싱하게 자라고 열매를 맺듯이 우리도 하나님께 우리 인격의 뿌리를 내리면 열매를 맺는 삶을 살 수 있다. 이런 삶은 최소한도 다음 세 가지를 나타내게 된다.

1. **풍성한 열매가 있다** 단지 한 계절에만 열리는 것이 아니라 사시사철 다 열린다. 그리고 그 열매가 한두 개만 열리는 것이 아니라 풍성하게 열린다. 얼마나 아름다운 모습이며 복된 생활인가! 기쁠 때만, 축복을 받았을 때만, 경건의 시간(Q.T.)을 가질 때만 열매가 열리는 것이 아니라 생활 전반을 통하여 열매가 열리는 생활은 실로 복된 생활이다. 이는 하나님께서 인간에게 주시고자 했던 그 삶 그대로를 의미한다.

2. **약동하는 생명력이 있다** 나무의 경우, 풍성한 열매가 열릴 때 그 줄기나 잎도 같이 성장한다. 하나님께서 나의 공급원이 될 때 열매만 열리는 것이 아니라 나의 인격 자체도 성숙하게 된다.

3. **흔들리지 않는 안정성이 있다** 나무가 성장하고 열매를 풍성하게 맺는 것도 중요하나, 그 나무가 태풍이 불어도 쓰러지지 않는 안정성을 갖는 것은 더욱더 중요하다. 우리의 인격이 하나님께로부터 그 양분을 공급받을 때 우리는 어떤 세파에도 뿌리가 뽑히지 않는 강인함

을 유지하게 된다. 바울 사도가 그 좋은 예이다. 그가 한 고생은 이루 말로 다 헤아릴 수도 없었다. 그러나 서신서나 사도행전에 나타난 그의 생애를 살펴볼 때 그는 하나님을 신뢰하는 믿음의 뿌리를 깊이 내리고 있었던 것을 알 수 있다. 그러므로 그는 흔들리지 않았다.

복된 삶은 하나님께 우리 인격의 뿌리를 내림으로 풍성한 열매와 약동하는 생명력과 흔들리지 않는 안정성이 나타날 때 입증된다. 그런 사람은 "그 행사가 다 형통하리로다"(3절)라고 시편 기자는 요약했다. 구약 주석가인 앤더슨은 이를 "하나님께서 의도하신 삶"을 의미한다고 풀이했다.

당신은 하나님께서 원래 의도하셨던 삶을 버리고 또 다른 삶을 어떻게 감히 택할 수 있겠는가? 당신이 이 세상에서 아무리 큰 쾌락을 누린다 해도, 또한 많은 재물과 큰 명예가 당신에게 주어진다 해도 과연 그것을 이 복된 삶과 바꿀 수 있겠는가?

우리는 혹시 세상적으로 '복'을 정의하고 있지 않은지 점검해 보아야 한다. 시편 기자는 복 있는 삶은 불의를 거부하는 삶이요, 하나님의 뜻을 순종하는 삶이요, 하나님께 공급을 받아 결실을 맺는 삶이라고 정의했다. 그 이하는 모두가 복 있는 삶이 아니다. 우리는 이 삶을 추구해야 한다. 우리가 열심히 이런 삶을 추구해야 하는 데에는 다음과 같은 두 가지 이유가 있다.

복 있는 삶을 살아야 할 이유 (1:4-6)

1. 복되지 못한 삶의 비인격성 때문이다 (1:4)

"악인은 그렇지 않음이여, 오직 바람에 나는 겨와 같도다"(4절). 원어와 대조해 볼 때 "악인은 그렇지 않음이여"는 좀 약한 표현이다. 오히려 "악인은 절대로 그렇지 않다"거나 "결코 그렇지 않다"라고 하면 더 적합했을 것이다. 여기에서는 강한 대조법을 사용했다. 그러면 악인의 삶은 왜 복되지 않다는 말인가? 악인의 삶은 마치 겨와 같기 때문이라고 시편 기자는 말했다. '겨'는 과연 어떤 것인가? 겨는 알맹이는 없고 껍데기만 있으므로 가벼워서 바람이 불면 사방으로 날아가 버린다. 따라서 겨와 같은 인생은 껍데기뿐이요, 무가치하다. 텅 빈 것이고 알맹이가 없으므로 허무할 뿐이다. 이런 인생은 바람에 따라서 좌우되고 영구성이 전혀 없다.

악인은 비록 인간의 기준에 따라서는 복된 것처럼 보일지 모르겠으나 하나님의 시각으로 보았을 때는 그렇지 않다. 첫째로 악인은 무가치하다. 무가치한 인간, 아무 짝에도 쓸모가 없는 사람이야말로 가장 비참한 상태에 있는 것이다. 하나님의 형상을 따라서 하나님께서 주시는 일을 하고 하나님과 직접 교제하기 위하여 창조된 인간이 이런 '겨'처럼 무가치하게 된 것이다. 악인은 아무리 "행복하다, 행복하다"라고 외쳐도 하나님은 이렇게 말씀하신다, "너는 무가치한 존재이다." 무가치한 존재는 주인이 버린다. 맛을 잃은 소금은 길에 버려져서 길을 가는 사람이 밟고 지나갈 뿐이라고 예수님께서도 말씀하셨다.

둘째로 악인은 허무한 존재이다. 내용이 없다는 말이다. 이 세상 밖에는 볼 것이 없다. 시간이 속히 지나서 이 세상을 떠날 때는 아무것도 가지고 가지 못한다. 빈손으로 왔다가 빈손으로 간다. 거기에서 끝나면 좋으련만 영원한 불못으로 떨어지기 때문에 그 결과가 더욱 심각하다.

셋째로 악인은 영구성이 없는 존재이다. 그는 여호와의 불변성에 뿌리를 내리는 것이 아니라 바람에 따라서 그 운명이 좌우되는 존재이다. 이런 인생은 기댈 곳이 없다. 안정성이 없다. 바람의 방향에 따라서 날아다닌다. 얼마나 비인격적인 삶인가! 어찌 이를 복된 삶이라 말할 수 있겠는가!

악인은 겨와 같다. 당신은 '겨'와 같은 삶을 살고 있지는 않은가? 인간의 눈으로 보아서는 모른다. 시편 기자가 제시하고 있는 하나님의 기준에 따라서 보아야 한다. 만일 겨와 같은 인생으로 속아서 살아왔다면 지금이라도 늦지 않았다. 조셉 얼라인은 『회개에의 경종』이란 책에서 '겨'와 같은 인생을 사는 사람들을 향하여 다음과 같이 고백할 것을 권고한다. "오, 긍휼과 사랑의 주님! 이제 당신 앞에 제 영혼의 무릎을 꿇고 지금까지 저를 참아 주신 것에 대하여 감사를 드립니다. 만일 당신이 저를 이 상태로 데려가셨더라면 저는 영원히 멸망되었을 것입니다. 이제 저는 당신의 은혜를 찬양하며, 당신의 은혜를 힘입어 죄와 싸우며, 한평생 성결과 의로운 생활로 당신을 좇겠나이다. 당신이 오라고 부르시는데 즉시 가지 않는다는 것은 겸손의 미명 아래 나 자신을 망치고 당신을 거역하는 것이 될 것입니다."

2. 복되지 못한 삶의 종말의 비참성 때문이다 (1:5-6)

현재 악인은 계속 의로운 무리로부터 분리되고 있다. 그는 자신이 의인을 피한다고 생각할지 모르나, 사실은 하나님께서 서서히 이들을 제거시키고 계신 것이다. 미래에는 하나님으로부터 최후 심판을 받게 된다. 세속적인 철학자들과 과학자들은 영원한 세계에 뿌리를 내리지 못한다. 그들에게는 현세상과 생애만 있을 뿐이다. 그래서 그들은 생명이 끝나면 그만이라고 생각한다. 그러나 하나님은 그들에게 틀렸다고 말씀하신다. 하나님께서는 사후의 세계가 존재하며, 겨와 같은 자들은 심판을 받고 영원한 형벌을 받게 된다고 말씀하신다.

따라서 악인은 세상에 살 때에도 복되지 못하나 죽은 후에는 더욱

복을 누리지 못한다. 하나님은 이렇게 악인의 생애를 평가하신다, "대저 의인의 길은 여호와께서 인정하시나 악인의 길은 망하리로다"(6절).

결 론

우리 모두에게는 두 가지 삶 중 한 가지를 선택할 수 있는 기회가 있다. 복된 삶은 악을 버리고, 하나님의 뜻을 순종하고, 여호와의 도움을 받아 결실을 맺는 삶이다. 반면에 악인의 삶은 복이 있는 것 같으나 사실상 비인격적이고 심판의 비참성이 도사리고 있는 삶이다. 다행히 지금은 우리에게 이 둘 중 어느 것이라도 선택할 수 있는 기회가 있다. 기회가 있을 때 놓치지 말고 복된 길로 돌이키라.

2
하나님의 공의
2:1-12

어찌하여 열방이 분노하며 민족들이 허사를 경영하는고? 세상의 군왕들이 나서며, 관원들이 서로 꾀하여 여호와와 그 기름 받은 자를 대적하며, 우리가 그 맨 것을 끊고 그 결박을 벗어 버리자 하도다. 하늘에 계신 자가 웃으심이여, 주께서 저희를 비웃으시리로다. 그 때에 분을 발하며 진노하사 저희를 놀래어 이르시기를 내가 나의 왕을 내 거룩한 산 시온에 세웠다 하시리로다. 내가 영을 전하노라. 여호와께서 내게 이르시되, 너는 내 아들이라. 오늘날 내가 너를 낳았도다. 내게 구하라. 내가 열방을 유업으로 주리니 네 소유가 땅끝까지 이르리로다. 네가 철장으로 저희를 깨뜨림이여, 질그릇 같이 부수리라 하시도다. 그런즉 군왕들아, 너희는 지혜를 얻으며; 세상의 관원들아, 교훈을 받을지어다. 여호와를 경외함으로 섬기고 떨며 즐거워할지어다. 그 아들에게 입맞추라. 그렇지 아니하면 진노하심으로 너희가 길에서 망하리니 그 진노가 급하심이라. 여호와를 의지하는 자는 다 복이 있도다.

　며칠 전 나는 형광등을 고치기 위하여 동네에 있는 전기 상회를 찾았다. 평소에 안면이 있는 그 전기공은 나를 보자 자신의 괴로움을 털어놓기 시작했다. "저는 한 주 동안 눈물로 보냈습니다. 일이고 뭐고 다 집어치우고 싶습니다. 지금은 죽고만 싶고 아무런 의욕도 없습니다." 나는 그의 말을 좀더 들어 보았다. 그가 왜 그렇게 비관하고 분노하며 절망하고 있는지를 알고 싶었다. 그는 이렇게 그의 속마음을 털어놓았다.

일주일 전 그의 여섯 살 난 아들이 집 근처에서 놀다가 동네에 들어온 5톤 트럭에 치여 다리 한쪽의 힘줄이 다 끊어지고, 발가락들이 절단되었고, 살이 떨어져 나가 그 다리를 못쓰게 되었다는 것이다. 어린이들이 놀고 있는 동네에 차를 몰고 들어온 그 운전 기사는 24일 간의 자격 정치 처분을 받고, 종합 보험 덕택에 그 이상의 어려운 문제는 없게 되었다는 것이었다.

하나밖에 없는 아들을 병원에 눕혀 놓고 넋이 빠져 있는데, 사고를 낸 그 운전 기사는 치료비를 지불했으니 자기의 책임을 다 했다는 듯 한 번도 병원에 나타나지 않았다고 한다. 그는 사고를 낸 그 기사가 밉기에 앞서서, 이런 일이 있어도 더 이상 어디에 하소연을 할 수 없는 현실에 대한 불만 때문에 더욱더 뼈에 사무치는 울분과 분노와 좌절을 느끼고 있었다. 그는 나에게 이렇게 말했다, "이렇게 억울한 일이 어디 있습니까? 내 아들은 이제 일생 동안 불구로 살게 되었는데 누가 과연 이를 보상해 줄 수 있겠습니까? 또 아무리 큰 보상을 한다 해도 그것이 보상이 됩니까?"

우리 사회에는 꼭 이와 같은 상황은 아니라 해도, 불의 때문에 한이 맺힌 사람들이 많다. 혹자는 기업주를 향해, 혹자는 동료 기업인들을 향해, 혹자는 정부를 향해, 혹자는 친구로 믿었던 사람들을 향해, 또 혹자는 배우자를 향해 분노와 피해 의식을 지니고 있다. 이들에게 있어서는 공의가 존재하지 않고, 공의를 기대할 수 없다는 데서 오는 울분이 더욱더 클 것이다. 만일 언젠가 공의가 실현될 것이라는 보장만 확실히 주어진다면 그래도 어느 정도 숨을 돌릴 수가 있을 것이다.

그러나 그런 기미가 전혀 보이지 않을 때 앞에서 말한 전기 상회 기사처럼 마음 속에 불을 질러놓는 것 같은 상태에서 생활할 수밖에 없다. 이런 불의는 개인 대 개인, 개인 대 국가 및 사회에만 있는 것이 아니라 국가 대 국가에도 존재한다. 강대국이 약소 국가를 무력으로 지배하고 폭력을 가할 때 그 비정함이란 말로 다 표현할 수 없다. 우리 나라는 이런 불의를 역사적으로 여러 번 겪었고, 또 지금도 경제적인 무력에 의해 피해를 받는 형태로 이것을 경험하고 있다.

불의에 대하여 괴로워하는 것은 옛날이나 지금이나 변함이 없다. 인간은 먹을 것만 있으면 되는 동물과는 다르다. 인간은 공의가 실현될 수 있어야 그 마음에 평안을 누릴 수 있다. 다행히 하나님의 관점에서 이 세상을 볼 때 공의는 존재한다. 그 이유는 다음과 같다:

• 하나님은 불의에 굴하지 않는 분이시기 때문이다(2:1-4).
• 하나님은 의로운 통치를 하시기 때문이다(2:5-9).

불의에 굴하지 않으시는 하나님 (2:1-4)

죄가 세상에 들어온 후 세상은 하나님께 대하여 늘 반항해 왔다. 아직 사회가 구성되지 못한 상태에서는 그 상태대로 반항했다. 창세기 10장의 바벨탑 사건은 한 좋은 예라고 볼 수 있다. 국가가 형성되고 난 후에도 이런 반항이 계속된 것을 볼 수 있다. 본문에서 그 좋은 예를 찾아 볼 수 있다. "어찌하여 열방이 분노하며 민족들이 허사를 경영하는고? 세상의 군왕들이 나서며, 관원들이 서로 꾀하여 여호와와 그 기름 받은 자를 대적하며, 우리가 그 맨 것을 끊고 그 결박을 벗어 버리자 하도다"(1-3절).

가깝게 보면 이런 반항은 중동 지방의 한 군주인 다윗에 대한 것이라고 단정하기가 쉽다. 그러나 시편 기자는 이런 반항이 여호와와 그 "기름받은 자"를 대항하는 것이라고 그 범위를 넓히고 있다. 어떻게 보면 우리는 이 시편 말씀이 예측하고 있는 시대에 살고 있다. 과거 어느 때보다 국가들이 하나님께 반항을 하고 있다. 국가든 개인이든

한 사회이든 간에 교만하여 하나님의 통치를 거부할 때에는 다음 몇 가지 현상이 나타나게 된다.

첫째로, 하나님의 영역을 침범하는 것이다. 하나님께서만 절대적인 분이시며 모든 군왕들과 국가들은 그 종이 되어야 마땅하다. 그러나 현실은 군왕과 국가들이 자신이 마치 하나님인 것처럼 행세하고 있다. 인간이 하나님의 영역을 침범하게 될 때에 하나님의 권위의 남용이 뒤따르게 된다. 하나님의 권위를 남용하는 곳에는 반드시 불의가 있고, 불의가 있는 곳에 인격이 파괴되는 일이 있게 마련이다.

둘째로, 하나님의 질서의 파괴이다. 스위스 신학자 바르트는 교회의 교역자들만 하나님의 종이 아니라 정치가도 하나님의 종이라고 했다. 종이 할 일은 그 주인을 공경하며 그 주인이 위임한 일을 충성스럽게 하는 것이다. 그러나 오히려 정치인들이 세계 도처에서 하나님의 일을 정면으로 방해하고 있다. 화평케 하는 일과 아물게 하는 일과 공의를 베푸시는 하나님의 일이 방해될 때에 아픔과 고통과 핍박과 고문이 존재하게 된다.

우리 사회에서 하나님의 영역이 침해당하고 하나님의 질서가 파괴됨에 따라 나타나는 각종 불의의 피해를 입어보지 않은 사람이 어디 있겠는가! 상업을 하는 사람이든, 학교에서 교편을 잡는 사람이든, 농사를 짓는 사람이든, 노동을 하는 사람이든, 입학을 준비하는 학생이든 이 시편 기자와 같은 탄식을 해 보지 않은 사람이 어디 있겠는가?

우리의 시선이 현실에만 고착되고, 시편 기자가 본 것처럼 더 먼 세계, 곧 메시야가 통치하는 데까지 보지 못한다면 이처럼 불의가 난무하는 세상에서 어떻게 미치지 않고 온전한 정신을 유지하고 살 수 있는지 모르겠다. 그러나 시편 기자처럼 현세상의 현상들에만 집착하지 않고, 현세상이 실존하는 것과 똑같이 실존하는 메시야의 세계를 바라봄으로 말미암아 공의가 마지막으로 실현되는 것을 확신하게 될 때 현재 경험하는 불의도 이겨 나가고, 또 계속 공의를 행하려는 의욕도 상실하지 않게 될 것이다.

그런 의미에서 볼 때에 "하늘에 계신 자가 웃으심이여, 주께서 저희를 비웃으시리로다"(4절)라는 말은 우리에게 한없는 안도감을 준다. 이는 불완전한 정치인들이 제공하는 그 이상의 질서가 아직도 건재하다는 말로 받아들일 수 있기 때문이다. 표면적으로 볼 때는 불의가 승리하고 힘 많은 나라들이 약한 나라들을 마음대로 희롱할 수 있는 것 같이 보이나, 하나님은 불의의 세력들에 의하여 밀려나지 않고 계시다는 것이다. 그분은 '하늘'에 계시므로 인간이 그 영역을 침범할 수 없을 뿐만 아니라, 어떠한 불의도 의를 실행하고자 하는 하나님의 의지를 꺾을 수 없다는 것이다. 오히려 낮은 데 있는 인간들의 무모한 행동을 높은 데서 내려다 보고 비웃으신다.

하나님의 의로운 통치 (2:5-9)

이 시편은 다윗의 왕위에 대하여 말하는 것같이 시작되었으나, 이제는 완전히 현실 감각을 잃은 것처럼 이상적인 세계에 대하여 말씀하고 있는 것을 발견하게 된다. 확실히 이상 세계이다. 공의가 존재하는 세계, 불의가 불의로 판명되고 공정한 처벌을 받는 세계—이것이 곧 다윗이 본 메시야의 통치의 특징이었다. 유대인들은 이처럼 언젠가 메시야가 와서 공의를 실천하고 하나님의 뜻을 세울 것이라고 믿고 있었으며, 이것을 우리는 메시야 사상이라고 부른다. 그리고 이런 사상을 우리에게 말해 주고 있는 시편을 우리는 메시야적 시편이라고 부른다. 이런 시편들 중 신약 저자들이 인용한 것만도 15편이나 된다. 그 중에서도 시편 2, 45, 110편 등은 장차 오실 메시야가 우리를

통치할 '왕'이시며, '하나님의 아들'이시며, 또 하나님 그 자신이시라
는 사실을 우리에게 알려 주고 있다. 특히 여기에서는 '왕'과 '아들'이
라는 개념이 두각을 나타내고 있다.

1. **'왕'으로서의 통치 (6, 8-9절)** 메시야적 시편은 메시야가 오심으
로 말미암아 확증되었다. 신약 저자들은 이를 뒷받침해 주고 있다: 예
수님도 공생애를 시작하면서 복음을 전파하셨는데, 그 복음 내용이
곧 '하나님의 나라'였다(막 1:15). 또 하나님의 나라가 이미 우리 안
에 임하였다고 말씀하셨다(눅 17:21).

이로 보건대, 예수를 믿은 사람들의 마음 속에는 이미 하나님의 나
라가 임했고 왕을 모시고 사는 것이다. 따라서 세상에 있으며 세상 법
칙에 순응해야 하되 이보다 더 높은 하나님 나라의 왕의 통치 하에
살고 있다. 하지만 메시야가 왕으로 완전히 통치하는 시기는 아직도
미래에 속한다. 시편 2편 4절부터 9절은 바로 이런 미래의 시기를 우
리에게 말해 주고 있다. 이 때에 대해서는 이사야 선지자도 이사야
11장에서 언급하였다.

하나님께서는 "그 때에 분을 발하며 진노하사 저희를 놀래어 이르
시기를 내가 나의 왕을 내 거룩한 산 시온에 세웠다 하시리로다"(5-6
절). 하나님은 그 통치권을 아직도 보유하고 계신다. 현상만 볼 때 이
를 알지 못하고 갈등하며 분을 내던 사람들도 말씀을 통하여 이처럼
하나님께서 그 통치권을 아무에게도 양보하지 않으셨다는 사실을 보
게 되면 엄청난 위로를 받게 된다. 이는 세상의 소욕대로, 악인의 뜻
대로 이 세상이 흘러가는 것이 아니라, 궁극적으로는 공의로운 왕이
성산에서 명하시는 뜻에 따라 공의가 실현되리라는 것이다. 다음 구
절들이 이를 입증해 준다. "내게 구하라. 내가 열방을 유업으로 주리
니 네 소유가 땅끝까지 이르리로다. 네가 철장으로 저희를 깨뜨림이

여 질그릇 같이 부수리라 하시도다"(8-9절).

2. '하나님의 아들'로서의 역할 (7절) "내가 영을 전하노라 여호와께서 내게 이르시되 너는 내 아들이라. 오늘날 내가 너를 낳았도다"(7절). 이 '왕'은 다윗처럼 인간이 아니라 하나님의 아들이라고 시편 기자는 그 왕의 성격을 규정했다.

이 왕은 천사들보다도 높고 세상의 왕들보다도 높은 분이시다. 이분은 인간 이상의 분이시다. 신약 저자들이 이 부분을 인용할 때 부활과 결부시키는 것도 무리가 아니다. 유대인들은 시편 2편에서 부활 사상을 찾아보았다. 구약 저자들은 장차 오실 메시야가 왕일 뿐만 아니라 하나님의 아들이라고 묘사했던 것이다. 단지 유대인들을 혼돈케 했고 지금도 그들에게 올무가 되는 것은 이 하나님의 아들이 친히 죄인들을 위하여 고난을 받으시고 십자가에 죽으신 사실이다(사 53장). 유대인들은 오직 메시야를 정치적인 구세주로서 자신들을 모든 외적인 속박으로부터 풀어 줄 정치적인 존재로만 보았던 것이다(행 1:6 참조).

우리의 '왕'이 되시는 메시야는 하나님의 아들이셨지만 우리의 질고를 지고, 우리의 죄를 어깨에 메고, 십자가에서 우리 대신 피를 흘리고 돌아가셨다. 그가 사흘 만에 부활하시어 우리의 모든 죄를 용서하시고 다시 영광과 존귀를 받으시고 왕좌에 앉게 되었다. 그런데 그들은 이 사실을 믿지 않았다. 그들이 믿고 있던 시편 2편에 약속된 메시야를 정작 하나님께서 그들에게 보내셨건만 그들은 받아들이지 않았다. 어찌 이들만 이 사실을 받아들이지 않고 있겠는가! 세상의 많은 사람들이 메시야가 오셔서 이미 메시야적 시편을 입증했음에도 받아들이지 않고 있다. 믿지 않는 것은 고사하고 심지어는 그를 대적하고 있다.

그러나 이들의 불신과 상관 없이 메시야는 하나님의 아들로 오셨고, 또 장차 "네(메시야)가 철장으로 저희를 깨뜨림이여, 질그릇같이 부수리라 하시도다"하는 부분도 그는 실현하실 것이다. 요한계시록 저자는 종말에 가서 이루어질 이 사실을 이렇게 기록했다, "백마와 탄 자가 있으니 그 이름은 충신과 진실이라. 그가 공의로 심판하며 싸우더라"(계 19:11). 그 때까지 우리는 이미 하나님께서 메시야에게 주신 '열방' 곧 '땅끝'까지 이르러 왕이시며 하나님의 아들이신 메시야의 통치에 대하여 전하는 특권을 누릴 수 있다.

결 론

우리가 살고 있는 오늘은 메시야가 이미 오셔서 구속 사역을 마치시고, 승천하시어, 이미 왕으로서 취임하신 시대이다. 따라서 하나님의 나라가 이 땅에서 이미 시작되었다. 이 왕국은 특히 믿는 이들 가운데 강하게 부각되고 있다. 바울 사도도 빌립보서 2장 5절부터 11절에서 이런 사실에 대하여 언급하였다. 하지만 메시야가 전권을 모두 사용하는 것은 아직도 미래에 속한다고 볼 수 있다. 이런 시대에 사는 우리에게는 다음과 같은 경고와 권고가 있다.

1. **경고** (10-12절) "그런즉 군왕들아, 너희는 지혜를 얻으며; 세상의 관원들아, 교훈을 받을지어다. 여호와를 경외함으로 섬기고 떨며 즐거워할지어다. 그 아들에게 입맞추라. 그렇지 아니하면 진노하심으로 너희가 길에서 망하리니 그 진노가 급하심이라. 여호와를 의지하는 자는 다 복이 있도다." 본문은 하나님을 대적하는 자들에게 두 가지 메시지를 말씀한다. 첫째는, 여호와께 굴복하라는 경고이다. 그렇게 하는 것이야말로 지혜의 시작이다. 메시야를 왕과 하나님의 아들로 인정해야 하나님께 참된 경배가 가능하다. 하나님께 참된 경배를

드리는 자에게는 이 세상이 알지 못하는 참된 즐거움이 따라온다(11절). 이 사실을 아는 자들은 이를 세상에 깨우쳐 줄 의무와 특권을 갖고 있다. 둘째는, 여호와를 대적하는 자들은 때가 늦기 전에 여호와의 긍휼을 구하는 의미로 아들에게 입맞추라는 것이다. 하나님은 죄인이 죽는 것과 죄인이 멸망당하는 것을 기뻐하지 않으신다. 하나님께서 '진노'하시는 것은 최종적인 수단임을 이를 통해서 우리는 알 수 있다. 그 전까지는 "오라 우리가 서로 변론하자."라고 외치신다.

2. **권고** 그러면 메시야께서 주권적 공의를 이루실 그 날이 오기까지 우리는 계속 수동적인 생활만 해야 한다는 말인가? 그 전에 우리가 어떻게 행동해야 하는가? 5톤 트럭을 몰고 함부로 질주하는 운전기사의 포악성에 의해서 한 귀한 어린 생명이 가차없이 희생을 당하는 현실, 사회적인 악 때문에 한 개인이 당하는 피해, 제도상의 문제 때문에 겪는 피해, 과연 이런 것들을 어떻게 해결해야 할 것인가?

이에 대하여 우리는 다음 몇 가지 반응을 보일 수 있을 것이다. 첫 번째는, 모든 것을 하나님의 뜻으로 보고 수동적으로 대처하는 경우이다. 이는 길거리를 지나다가 길 한가운데에 차를 세워 놓고 길을 막고 있는 것을 보고도 무관심하게 지나가고, 한 어머니가 비정하게 그 자녀를 학대하는 것을 보고도 이를 피해 가는 것을 의미한다. 누가 대통령이 되고, 누가 국가를 이끌어 가든 상관 없이 성경을 읽고 기도만 하면 된다는 무관심한 태도를 갖는 것을 의미한다. 두 번째는, 수단과 방법을 가리지 않고 공의를 이루어야 한다는 입장을 취하는 경우이다. 공의를 이루기 위해서는 폭력이든, 인간의 생명을 희생시키는 것이든 상관 없다는 태도이다.

첫 번째 태도는 하나님께서 우리에게 주신 근본적인 책임 중의 하나인 하나님이 만드신 세상을 다스리라는 명령을 망각하는 것이다(창

1:28). 한편 두 번째 입장은 공의를 위하여 불의를 행해도 좋다는 이론이므로 불의를 배척하시는 하나님의 법칙에 어긋나는 것이다.

이것들과 다른 세 번째 태도는 공의로운 과정을 통하여 공의를 실천하는 것이다. 이 태도만이 우리 그리스도인들에게 합당하다. 그러나 문제는 여기에 있다. 불의가 규범처럼 여겨지는 현대 사회 가운데서 공의로운 방법만으로 공의를 이룰 수 있는가 말이다. 옆 친구가 부정 행위를 통해 나보다 더 좋은 성적을 얻은 경우에 나만 공의로운 방법을 고집한다면 과연 내가 손해를 모면할 수 있을까?

결국 공의로운 방법으로 공의를 이루려고 할 때 우리가 손해나 피해를 입을 가능성이 많은 것은 너무나 명확한 사실이다. 그럼에도 불구하고 우리는 메시야가 오셔서 공의로운 나라를 완성하기까지 공의로운 방법으로 공의를 이루는 일에 일보도 양보하지 말고 살아야 할 것이다.

이렇게 할 때 기업주는 그렇게 하지 않는 사람보다 이익을 덜 보게 될 가능성이 있다. 이렇게 할 때 학생은 부정 행위를 하는 이들보다 성적이 떨어질 가능성이 있다. 이렇게 할 때 애매하게 욕을 먹는 일이 있을 것이다. 이렇게 할 때 어떤 이들은 공의롭게 살다 보니까 회사 진급이 늦어지고 심지어는 낙오되어 패배자처럼 취급을 받는 일이 있을 수 있다.

짧은 안목으로 보았을 때 이들은 손해를 보는 것처럼 느껴질 것이다. 그러나 긴 안목 곧 하나님의 안목으로 보았을 때 이들이 곧 승자이다. 그 이유는 불의에 굴하지 않으시는 하나님이 지금도 우리를 격려하고 계시기 때문이다. 그 이유는 또한 하나님의 의로운 통치가 지금도 이루어지고 있고 미래에 더욱 그럴 것이기 때문이다.

3
고난과 여호와의 도우심의 손길
3 : 1-8

여호와여, 나의 대적이 어찌 그리 많은지요? 일어나 나를 치는 자가 많소이다. 많은 사람이 있어 나를 가리켜 말하기를 저는 하나님께 도움을 얻지 못한다 하나이다(셀라). 여호와여, 주는 나의 방패시요, 나의 영광이시요, 나의 머리를 드시는 자니이다. 내가 나의 목소리로 여호와께 부르짖으니 그 성산에서 응답하시는도다(셀라). 내가 누워 자고 깨었으니 여호와께서 나를 붙드심이로다. 천만인이 나를 둘러치려 하여도 나는 두려워 아니하리이다. 여호와여, 일어나소서. 나의 하나님이여, 나를 구원하소서. 주께서 나의 모든 원수의 뺨을 치시며 악인의 이를 꺾으셨나이다. 구원은 여호와께 있사오니 주의 복을 주의 백성에게 내리소서(셀라).

인도네시아 부흥사 중의 한 사람인 팍 옥타비아누스 목사는 신앙 생활을 등산하는 사람에 비유하여 다음 세 가지로 나누었다: 처음 신앙을 얻을 때를 산을 오르기 시작한 사람으로 비유했고; 주님의 제자가 되어 신앙이 깊어지는 상태를 산 중턱에 오른 것으로 보았다; 또 신앙을 위해 고난을 경험하는 사람을 산 정상에 오른 것으로 비유했다.

이 비유에는 일리가 있다. 고난을 통과한 사람은 그 신앙의 깊이가 다르다. 신앙은 역시 온실 안에서는 자랄 수 없음을 알 수 있다. 그러나 우리에게 실제로 고난이 다가왔을 때 하나님께서는 이런 기회를 사용하셔서 우리의 신앙을 더욱더 깊게 해 주실 것을 아는 사람들까지도 좌절하고 괴로워하고 근심하는 것을 볼 수 있다. 이는 우리가 인간이기 때문에 그럴 수밖에 없는 것 같다.

시편 3편에서는 이와 같이 고난을 당하여 괴로워하는 저자의 마음을 밝히 들여다 볼 수 있는 듯하다. 저자를 다윗으로 볼 때, 아마도 다윗이 아들 압살롬에게 쫓기어 괴로움을 당할 때 이 시편을 썼을 것으로 생각된다.

1절과 2절에서는 다윗이 둘러쌓인 적이 많은 것을 강조했는데, '많은'이란 말이 두 절 중에 세 번이나 나오는 것을 통해서도 이를 알 수 있다. 대개 우리가 좋을 때에는 많은 사람이 우리 주변에 있는 것 같다가도 우리가 어려움을 당했을 때 다시 보면 의지할 수 있는 사람은 드물고 오히려 대적하는 사람만 있는 것처럼 보이기가 쉽다.

무엇보다도 다윗에게 치명적인 면은 2절 말씀이었을 것이다, "많은 사람이 있어 나를 가리켜 말하기를 저는 하나님께 도움을 얻지 못한다 하나이다." 하나님께로부터 도움을 전혀 경험하지 못한 사람이나, 하나님을 알지 못하는 사람에게는 이런 말이 아무런 괴로움을 주지 않을 수 있다. 처음부터 하나님의 도움을 받는다는 것이 얼마나 귀한 것인가를 모르기 때문이다. 하지만 하나님의 도움을 경험하고, 어려움 중에 하나님께서 주시는 위로를 경험한 사람에게는 이처럼 괴로운 말은 없을 것이다.

다윗은 이미 하나님의 도움을 여러 번 경험한 후였다. 아버지의 양을 돌보는 목동 시절에 하나님께서 주시는 도움을 통해 갑자기 나타난 사자를 맨주먹으로 때려잡은 경험이 있었다(삼상 17:36-37). 블레셋 족속의 장수인 골리앗이 이스라엘 백성을 뒤흔들어 국가의 운명이 풍전등화 같았을 때에도 하나님이 함께 하신다는 확신 때문에 약관의 다윗은 겨우 매끄러운 돌 다섯 개로 적장의 머리를 쳐서 조국을 건진 경험이 있었다. 또한 자신이 왕이 되기까지 질투에 눈이 어두운 사울의 손에서부터 매번 건져 주신 하나님의 손길을 여러 번 누린 경험이 있었다. 한 번은 다윗이 범죄를 한 후 1년 이상 신음하고 있을 때(삼하 11, 12장; 시 32, 51편), 여호와께서 자신의 죄를 용서하심으로 메마르고 괴롭던 심령을 치료해 주신 경험도 있었다.

이런 다윗에게 이제 하나님께로부터 도움을 얻지 못한다고 한 말은 가장 큰 충격이었을 것이다. 물론 하나님께서 우리에게 도움을 주시지 못할 경우도 실제로 있을 수 있다. 하나님의 도움을 거부하는 사람이 이 경우에 속한다. 하나님께서 그를 창조하셨고 그의 소유주(창조주)이심에도 불구하고 하나님을 무시하는 경우가 이 세상에는 허다하다. 과거 이스라엘 족속이 이렇게 하나님을 거부한 적이 있다. 이 때 이사야 선지자를 통해 하나님은 이렇게 말씀하셨다, "하늘이여, 들으라. 땅이여, 귀를 기울이라. 여호와께서 말씀하시기를 내가 자식을 양육하였거늘 그들이 나를 거역하였도다....이스라엘은 알지 못하고 나의 백성은 깨닫지 못하는도다"(사 1:2-3).

그 밖에도 죄를 숨기고 회개하지 않는 경우가 있다. 시편 기자는 이렇게 말했다, "내가 내 마음 속에 죄악을 품으면 주께서 듣지 아니하시리라"(시 66:18). 이 외에도 또 한 가지 경우가 있을 수 있는데, 그것은 하나님의 섭리 때문에 지금 금방 도움을 주시지 않는 경우이다. 이런 경우 하나님께서 원하시는 때까지 도움을 보류하셨다가 적절한 시기가 되면 하나님께서 역사하시어 우리의 역경을 변화시키신다.

다윗은 이 세 가지 경우가 아닌데도 불구하고 주위 사람이 말하기를 하나님께 도움을 받지 못한다고 한 것이었다. 이 때 우리는 두 가지 반응을 보일 수 있다. 첫 번째는 그 말을 액면 그대로 듣고 하나님을 기대하지 않는 것이다. 이런 사람은 하나님의 도움 없이 스스로 자신의 역경을 헤쳐나가야 한다.

두 번째는 이런 사람의 말을 믿지 않고 하나님께 자신을 의탁하는 것이다. 사람의 말보다도, 환경보다도, 사람의 논리보다도 하나님의 긍휼을 더 의지하는 것이다. 마귀는 이 때 우리로 하여금 사람의 말을 듣고 실망하고 좌절하고 스스로 포기하기를 원할 것이다. 그러나 우리는 이를 듣지 말고 하나님께 귀를 기울여야 한다. 인간적으로 볼 때는 가장 비참하게 느껴질 때에도, 하나님 앞에 도저히 나올 수 없다고 느껴질 때에도 우리는 하나님께만은 있는 그대로 나올 수 있음을 잊어서는 안 된다. 하나님의 마음은 인간의 마음과 다르다. 하나님의 마음은 한없이 깊으시고 높으시다. 이사야 선지자는 이런 하나님의 마음을 이렇게 표현했다. "상한 갈대를 꺾지 아니하며, 꺼져가는 등불을 끄지 아니하고, 진리로 공의를 베풀 것이며…"(사 42:3).

우리가 하나님께 나아올 때 하나님께서는 역경 중에 우리의 도움이 되신다는 사실을 경험하게 될 것이다. 시편 기자도 이를 경험하였고 현대에 사는 우리도 이를 경험할 수 있다.

하나님은 고난 중에 있는 우리를 도우신다 (3:3)

"여호와여, 주는 나의 방패시요, 나의 영광이시요, 나의 머리를 드시는 자니이다"(3절). 2절 내용과 3절 내용은 아주 대조적이다. 2절에는 많은 사람의 의견이 나타나 있다. 많은 사람의 의견은 다윗이 하나님으로부터 도움을 받지 못한다는 것이었다. 이에 대하여 다윗은 강한 부정에 가까운 표현을 3절에서 쓰고 있다. 다윗은 "그러나 당신 여호와는…"이란 표현으로 시작하여 최소한 세 가지로 여호와가 우리의 도움이 되신다는 사실을 우리에게 알려 주고 있다.

1. **하나님은 우리의 방패이시다** 그 당시 방패는 주로 나무를 깎아서 만들었다. 깎은 나무 위에 가죽을 씌우고 그 위에 기름을 발라서 팽팽

하게 만들었다. 이 방패는 군인들이 이리저리 움직이며 적군의 화살이나 창이나 칼을 막는 데 썼던 것이다. 이런 방패는 언제 어디서 날아올 줄 모르는 적의 화살을 모두 막아 주기에는 너무 불완전한 것이었다.

그러나 이제 여호와가 나의 방패라고 생각했을 때 상황은 완전히 달라진다. 여호와가 나의 방패라고 생각할 때 그 어떤 적의 무기도 나를 해칠 수 없게 된다. 만일 우리가 고난받는 다 해도 실제적으로 여호와가 나의 방패가 되어 주신다는 보장만 있다면 크게 염려할 것이 없다. 하나님 없이 잘 사는 것보다 오히려 하나님의 도우심을 받으며 고난받고 사는 것이 백 번 낫다.

신약의 바울 사도도 이와 같은 의미의 말씀을 했다, "그런즉 이 일에 대하여 우리가 무슨 말 하리요. 만일 하나님이 우리를 위하시면 누가 우리를 대적하리요"(롬 8:31). "누가 능히 하나님의 택하신 자들을 송사하리요. 의롭다 하신 이는 하나님이시니 누가 정죄하리요. 죽으실 뿐 아니라 다시 살아나신 이는 그리스도 예수시니 그는 하나님 우편에 계신 자요, 우리를 위하여 간구하시는 자시니라"(롬 8:33-34).

2. 하나님은 우리의 영광이시다   다윗은 아들 압살롬을 피해 도망하면서 말할 수 없는 굴욕을 경험하였다. 다윗은 하나님께서 이런 굴욕을 씻고 명예를 회복시켜 주실 것을 분명히 믿고 있었다. 우리도 세상에 살면서 다윗의 경우처럼 억울하게 굴욕적인 경험을 할 때가 있다. 이 때 우리가 비록 즉각적인 명예 회복을 경험하지 못한다 해도 두려워할 것은 없다. 그 이유는 궁극적으로 하나님께서 우리의 명예를 회복시켜 주실 것이 분명하기 때문이다.

3. 하나님은 우리의 머리를 드시는 자시다   "머리를 든다"는 것은 법정에서 일어나는 사건을 두고 한 말이다. 한 죄인이 억울하게 법정에 끌

려 나와서 무고하게 수모를 당할 때 재판관이 '무죄'를 선포하게 되면 순간적으로 그 운명이 바뀌게 된다. 이 때 떨구었던 그의 머리를 든다는 표현을 썼다. 다윗은 이처럼 자신이 애매하게 당하는 곤경을 하나님께서 순식간에 바꾸실 수 있음을 믿었다. 하나님께서는 지금도 애매하게 고난받는 사람들의 처지를 순식간에 바꾸어 놓으실 수가 있다.

아무런 어려움이 없을 때 종종 우리는 하나님의 도움의 손길을 기대하지 않고 살 수 있다. 그런 경우보다는 오히려 고난도 있고 어려움도 있으되 하나님의 도우심의 손길을 경험함으로 말미암아 우리가 영적 성숙을 경험하는 것이 훨씬 우리에게 유리할 것이다. 한 번 주님의 은혜를 깊이 체험해 본 사람이라면 그것이 얼마나 귀중한지를 알게 되고 그런 사람은 무슨 희생을 치르고서라도 하나님과 갖는 깊은 관계를 빼앗기지 않으려고 노력하게 된다.

고난 중에 있는 우리가 하나님으로부터 도움을 기대할 수 있는 이유 (3:4-6)

우리가 아무리 열심히 하나님을 의뢰해도 하나님 편에서 실제로 우리를 도와 주시지 않는다면 우리의 의뢰하는 것이 헛되고 만다. 시편 기자의 경험을 통해 하나님께서는 고난 중에 있는 우리가 도움을 받을 수 있는 이유를 알려 주신다.

1. 하나님께서 우리의 부르짖음에 대하여 응답하시기 때문이다 (4절)
가령 압살롬의 의도에 따라서 다윗 왕이 그 왕위를 빼앗겼다고 생각해 보자. 경우에 따라서는 이처럼 불의가 의를 이긴 것처럼 보이는 때가 인간사 중에 얼마든지 있을 수 있다. 이런 때 우리는 하나님께서 궁극적으로 공의를 실현하실 것을 믿고 사는 것이 현실이다. 그러나 시편 3편의 경우는 좀 특이하다. 가령 압살롬이 승리하고 압살롬이 자신의 뜻대로 이스라엘을 지배했다고 하자. 이런 경우 하나님께서 다윗을 통하여 이루시려던 하나님의 계획을 실현하실 수가 없었을 것이다. 마태복음 1장 1절이 "아브라함과 압살롬의 자손 예수 그리스도의 세계라"로 변화될 수는 없다.

아무리 불의가 이기는 것처럼 보일지라도 결코 하나님의 계획을 바꿀 수 있는 데까지는 갈 수 없다. 하나님의 뜻은 그 누구도 변화시킬 수 없다. 참으로 다행한 사실은 지금도 이런 원리는 유효하다는 점이다. 오늘도 울부짖는 의인의 기도가 하나님께 상달되며 성산에서 나오는 하나님의 응답에 따라서 세계가 좌우된다는 것은 아무 것도 확실치 않은 것 같은 현대를 사는 우리들에게 너무나 큰 위로가 된다.

그러므로 사도 요한은 로마의 통치 밑에서 온갖 고난을 다 경험하면서까지도 "이 세상도 그 정욕도 지나가되 오직 하나님의 뜻을 행하는 이는 영원히 거하느니라"(요일 2:17)고 초연하게 말할 수 있었다.

성산은 언약궤가 있는 곳을 뜻한다. 또 언약궤는 하나님이 거하시는 곳을 세상에 있는 사람들에게 가시적으로 보여 주기 위한 목적으로 하나님께서 이스라엘 자손에게 주셨다. 따라서 성산은 하나님을 대표하는 곳이면서 동시에 하나님 앞에서 세상을 대표하는 곳이라 할 수 있다. 이 곳에서 하나님께서 뜻을 정하시면 이는 온 천국을 대표하는 것이며 온 세상에 해당되는 것이다. 궁극적으로 볼 때는 지금도 하나님이 성산에서 정하신 뜻대로 모든 것이 움직이고 있다. 세상은 압살롬이나 히틀러나 스탈린의 뜻대로 움직이고 있는 것이 아니다.

2. **하나님께서 우리를 붙드시고 계시기 때문이다 (5절)** "여호와께서 나를 붙드신다"는 사실이야말로 시편 기자의 평강과 확신의 기초가 되었음을 알 수 있다. 히브리어의 불완전형은 계속적인 의미를 갖고 있다. 여기의 '붙드심'은 이런 불완전형으로 아마 과거에도 붙드셨지

만 앞으로도 계속 붙드실 것이라는 신념을 나타내 주고 있는 듯하다.
그러므로 계속되는 위협과 어려움 중에서도 시편 기자는 밤에 잠을
자며 쉴 수 있었을 것이다.

여호와의 손에 붙잡혀 있기만 한다면 비록 고난받는 일이 있어도
안전하고, 평강이 있고, 보호하심을 기대할 수 있다. 반면에 여호와
의 손 밖에 있다면 안전하고, 편안하고, 아무런 부족함이 없는 곳에
있으면서도 잠을 이루지 못하면서 고민할 수 있고 또 위험에 처할 수
있다. 여호와의 손에 붙집혀 있다면 신교사가 되어 캘커타 시를 거닌
다 해도, 비행기를 타고 동남아 끝까지 간다고 해도, 심지어는 다니엘
처럼 사자굴에 떨어진다 해도 하나님의 보호하심을 받을 수 있다.

3. 하나님께서 우리의 적으로부터 우리를 보호하시기 때문이다 (6절)
"천만인이 나를 둘러 치려 하여도 나는 두려워 아니하리이다." 논리적
으로 볼 때는 천만인 대 일인은 언제든지 천만인 쪽이 더 숫자적으로
우세하다. 그러나 그 하나가 여호와 하나님일 경우 숫자적으로만 따
질 수 없다. 여호와가 우리와 함께 하면 적의 숫자는 문제가 되지 않
는다. 특히 여기서는 상황으로 보아 천만인도 보통 사람들이 아니라
전쟁에 나가 싸울 수 있는 군인들을 가리켰을 것이다. 그럼에도 불구
하고 여호와가 함께 하시는 것이 천만 군인들이 함께 하는 것보다 더
강하다.

우리는 고난을 만났을 때 무엇부터 먼저 보는가? 인간적으로 할 수
있는 것을 다 해 보고 안 되면 결국 하나님 앞으로 나와서 의뢰하지는
않는가? 인간적으로 할 수 있는 것을 해 보는 것이 나쁘다는 것은 아
니다. 우리가 하나님을 어느 정도 의지하고 신뢰하고 있는지가 문제
이다. 다윗은 외적인 환경에 따라서 좌절하지 않고 "하나님은 나의 방
패이시라, 하나님은 나의 영광이시라, 하나님은 나의 머리를 드시는

분이시라"(3절)고 외쳤다. 그 이유는 여호와께서 성산에서 응답하시고, 천만인으로부터 우리를 붙드시는 분이시고, 천만인으로부터 우리를 구원하시는 분이시기 때문이라고 말했다. 우리도 다윗처럼 하나님을 보는 눈이 더 크게 뜨여져야 된다. 인간적 방법을 다 시도해 본 후에 마지막으로 하나님을 의뢰하는 것이 아니라, 고난이 닥칠 때 제일 먼저 하나님께 나와서 하나님을 의지해야 한다.

시편 기자는 7절과 8절에서 다시 한 번 이런 신앙을 집약적으로 표현했다. "여호와여, 일어나소서. 나의 하나님이여, 나를 구원하소서. 주께서 나의 모든 원수의 뺨을 치시며, 악인의 이를 꺾으셨나이다." 그는 7절 전반부에서 여호와께 자신의 어려움을 의탁했다. 7절 후반부에서는 또 한 번 자신이 경험한 하나님의 승리를 토대로 앞으로도 하나님께서 승리하실 것이라고 확신을 표명했다. 하나님은 반드시 공의를 이루신다. 극단적인 예로서 압살롬이 승리했다고 하자. 심지어는 그런 경우도 불의가 승리했다고 단정하기는 시기상조이다. 세상 이론으로는 그렇게 단정지을 수밖에 없어도, 하나님의 관점에서 보았을 때는 그래도 마지막 카드는 하나님께서 갖고 계신다. 하나님께서는 마지막에 반드시 공의를 이루신다. 이 땅에서가 아니면 주님의 나라가 온전히 임하실 때 억울한 자의 한이 풀리며, 하나님을 경외하는 가난한 자의 처지가 바뀌어질 것이다.

결 론

현대인들에게는 이와 같은 신앙심이 너무 부족하다. 모든 것이 이해 타산적이고 합리적이다. 따라서 그들이 갖는 믿음도 자신의 이성의 한계를 초월하지 못할 때가 많다. 하나님은 시편 기자의 시대처럼 지금도 군사가 일어나듯 일어나셔서 우리에게 애매한 고난을 주는 적에게 치명적인 타격을 줄 수 있으시다(3절 참조).

우리가 고난 중에도 하나님을 이처럼 의지할 수 있는 데에는 최소한 두 가지 조건이 충족되어야 한다.

첫째, 하나님과 우리 사이에 언약적인 관계가 맺어져야 한다. 시편 기자는 여호와를 '나'의 방패, '나'의 영광 및 '나'의 머리를 드시는 분 등 여호와와의 관계를 분명히 나타냈다(3절 참조). 만일 하나님과 이런 관계가 되어 있지 못하다면 고난 중에 있는 우리에게 여호와기 방패나 영광이나 머리를 드시는 분이 될 수 없다. 또 우리의 울부짖음에 응답하시고, 우리를 붙드시며, 우리의 적으로부터 우리를 보호하실 수 없다. 시편 기자처럼 하나님과 언약적인 관계가 맺어져 있을 때 비로소 우리는 하나님의 품에 안기며 하나님께서도 우리를 저버리지 않으신다는 다음과 같은 확신을 할 수 있다. "여인이 어찌 그 젖 먹는 자식을 잊겠으며, 자기 태에서 난 아들을 긍휼히 여기지 않겠느냐? 그들은 혹시 잊을지라도 나는 너를 잊지 아니할 것이라"(사 49:15).

둘째, 여러 사람의 말에 귀를 기울이지 말고 여호와께 우리의 귀를 기울여야 한다. 어려울 때일수록 사람의 말에 귀를 기울이기가 쉽다. 이 때 여호와의 말은 내게 그 효력을 발휘하지 못하게 될 것이다. 반면에 하나님의 말씀에 귀를 기울일 때 다윗처럼 이렇게 간증할 수 있게 될 것이다. "구원(혹은 승리)은 여호와께 있사오니, 주의 복을 주의 백성(나를 포함한)에게 내리소서"(8절).

4
고난과 하나님을 신뢰하는 마음
4 : 1-8

내 의의 하나님이여, 내가 부를 때에 응답하소서. 곤란 중에 나를 너그럽게 하셨사오니 나를 긍휼히 여기사 나의 기도를 들으소서. 인생들아, 어느 때까지 나의 영광을 변하여 욕되게 하며, 허사를 좋아하고, 궤휼을 구하겠는고(셀라)? 여호와께서 자기를 위하여 경건한 자를 택하신 줄 너희가 알지어다. 내가 부를 때에 여호와께서 들으시리로다. 너희는 떨며 범죄치 말지어다. 자리에 누워 심중에 말하고 잠잠할지어다(셀라). 의의 제사를 드리고 여호와를 의뢰할지어다. 여러 사람의 말이 우리에게 선을 보일 자 누구뇨 하오니, 여호와여, 주의 얼굴을 들어 우리에게 비춰소서. 주께서 내 마음에 두신 기쁨은 저희의 곡식과 새 포도주의 풍성할 때보다 더하니이다. 내가 평안히 눕고 자기도 하리니 나를 안전히 거하게 하시는 이는 오직 여호와시니이다.

누가 참된 신앙을 가졌는가는 위기를 만났을 때 입증된다. 신앙이 깊지 못한 사람은 보통 때에는 잘 믿는 것처럼 보이나 어려운 일이 생기면 그 밑바닥이 드러나게 된다. 반면에 참된 신앙을 가진 사람은 보통 때에는 신앙이 그다지 좋아 보이지 않다가도 유사시에는 그 신앙의 깊이가 입증된다.

시편 3편과 같이 시편 4편도 압살롬의 반역을 배경으로 하여 쓰여진 것으로 본다. 다윗의 아들 압살롬이 자기 아버지의 왕위를 빼앗기 위해 반역을 일으켰고, 다윗 왕은 아들로부터 자신의 목숨을 건지기 위해 요단강을 건너서 도망했을 때 이 시편을 썼을 것이다. 시간은 밤이었다. 잊었던 생각이 마구 떠올라 잠을 이루지 못하고 있노라면 패배감, 분노, 원통함 등이 다윗의 마음을 엄습했을 것이다. 이대로 두면 한없는 증오의 불길이 다윗을 휩싸버렸을 것이다.

다윗은 역시 신앙이 깊은 사람이었음을 알 수 있다. 그도 사람인 이상 미움과 분노와 원수 갚고자 하는 마음이 얼마든지 일어날 수 있었을 텐데, 그는 근시안적인 태도를 취하지 않고 오히려 모든 문제의 해결의 열쇠를 가지신 하나님을 의뢰하였던 것이다.

이 시편은 산업 사회에 실고 있는 우리에게 주는 교훈이 너무 많다. 산업 사회를 이루는 과정에서 서로에게 상처를 주고 받는데, 이것을 해소할 길이 없을 때 이 시편을 통해 교훈을 받을 수 있다. 가장 가까워야 하는 부부 사이만 해도 그렇다. 서로 배신감을 느끼게 해서는 안 됨에도 불구하고 서로에게 깊은 상처를 안겨 주는 경우가 있다. 이 때 만일 한 쪽에서만이라도 이 시편에 나타난 교훈대로만 행동한다면 행복한 결말을 맺을 경우가 허다할 것이다.

우리는 다윗처럼 어려움을 당했을 때 너무 성급하게 극단적인 반응을 보이지 말고 먼저 하나님과 대화를 갖고 하나님을 신뢰해야 한다. 우리에게는 우리가 처한 상황과 상관 없이 하나님을 신뢰할 수 있는 다음과 같은 충분한 이유들이 있기 때문이다.

- 도움을 청할 때 응답을 기대할 수 있기 때문이다.
- 언약적 관계가 지속될 수 있기 때문이다.

우리가 하나님을 신뢰할 수 있는 이유 (4:1-3)

1. 도움을 청할 때 응답을 기대할 수 있기 때문이다 (1절) "내 의의 하나님이여, 내가 부를 때에 응답하소서. 곤란 중에 나를 너그럽게 하셨사오니 긍휼히 여기사 나의 기도를 들으소서." 이 기도를 했을 당시

다윗의 주위는 필경 복잡했을 것이다. "욕되게 하는 것과 거짓과 허사와 사기와 암담함이" 다윗을 엄습했을 것이다(키드너). 그러나 다윗의 시선은 주위 환경에 머무르지 않았다. 그의 초점은 가장 근본적인 분에게 맞추어져 있었음을 알 수 있다. 그는 하늘에 계신 하나님 아버지께 자신의 처지를 호소했다.

다윗이 하나님 아버지께 기도하여 응답받은 것은 이번이 처음이 아니었을 것이다. 그가 목동으로 있을 때부터 왕이 될 때까지 하나님 아버지의 기도의 응답을 수없이 받았을 것이다. 이제 그는 다시 한 번 자신만 하나님께 기도드릴 뿐 아니라 다른 사람에게도 하나님을 신뢰할 것을 권고하는 것을 볼 수 있다(5절).

어려울 때 달려갈 수 있는 이웃이 있다든가, 아니면 마음 속에 있는 고통을 숨김없이 털어놓을 수 있는 동료가 있다는 것은 참 행복한 일이다. 요즘은 좀처럼 그런 이웃을 찾기 어렵고, 그런 동료를 만나기 힘들다. 모두들 자기 할 일에 정신이 팔려 있는 실정이다. 그러나 다윗처럼 하나님을 신뢰하는 자가 이웃이나, 동료나 그 어느 사람보다도 훨씬 뛰어난 하나님 아버지께 자신의 모든 것을 말씀드릴 수 있다. 그뿐이 아니다. 말씀드리는 것으로 끝나지 않고 적절한 응답까지도 받을 수 있다. 이런 특권은 신앙 생활을 오래한 사람도 잘 인식하지 못하고 지나칠 가능성이 크다. 예수님도 이런 특권에 대하여 이렇게 말씀하셨다, "구하라 그러면 너희에게 주실 것이요, 찾으라 그러면 찾을 것이요, 문을 두드리라 그러면 너희에게 열릴 것이니, 구하는 이마다 얻을 것이요, 찾는 이가 찾을 것이요, 두드리는 이에게 열릴 것이니라"(마 7:7-8).

우리가 하나님께 구할 때 하나님께서 응답하시리라고 기대할 수 있는 이유가 있다. 첫째, 하나님의 공의로운 인격 때문이다. 다윗은 하나님을 '내 의의 하나님'이라고 불렀는데, 하나님은 실로 의로운 인격을 가진 분이시다. 의로운 인격을 가진 분이시므로 그 자녀가 애매하게 불의한 자에게 해를 당하게 될 때 무관심하지 않으실 것을 알 수 있다.

둘째, 과거에도 곤란 중에 구원해 주신 경험이 있기 때문이다. 물론 하나님께서 과거에 우리를 곤경에서 구원하셨다고 해서 반드시 이번에도 구원하셔야 한다는 당위성이나, 또 무조건 구원해 주신다는 보장이 있는 것은 아니다. 히나님께서 이떤 경우에는 즉시 해답을 주지 않고 우리가 어느 정도 교훈을 받은 후에 해답을 주실 수도 있다. 또 우리에게 적합하지 않을 경우 거부하실 수 있다. 하지만 다윗의 경우 하나님께서 과거에 응답하신 것이 이번에도 도와 주실 수 있다는 자신감을 갖게 하는 데 큰 도움이 된 것은 틀림이 없다. "곤란 중에 나를 너그럽게 (구원)하셨사오니"(1절중)라는 다윗의 고백이 바로 우리로 하여금 그런 확신을 갖게 한다.

셋째, 하나님의 자녀를 향해 베푸시는 하나님의 긍휼 때문이다. 다윗은 "나를 긍휼히 여기사 나의 기도를 들으소서"(1절하)라고 하나님의 긍휼하심에 자신의 처지를 호소했다. 하나님의 긍휼은 하나님과 우리의 관계에 있어서의 기초가 된다. 이것이 없었다면 하나님과 우리 사이는 바울 사도가 말한 것처럼 '원수'(롬 5:10) 상태로 남아 있을 것이다. 그러나 하나님께서 긍휼을 베푸셔서 우리가 하나님께로 나아갈 수 있게 하셨다. 그 긍휼의 표현의 극치는 그리스도의 십자가이다. 십자가를 통해 우리는 하나님의 긍휼을 경험하게 되었다. 우리를 향한 하나님의 긍휼은 여기서 끝나지 않는다. 하나님께서는 계속해서 우리에게 긍휼을 베푸신다. 예레미야 선지자는 이를 다음과 같이 말하였다, "여호와의 자비와 긍휼이 무궁하시므로 우리가 진멸되지 아니함이니이다. 이것(자비와 긍휼)이 아침마다 새로우니 주의 성실이 크도소이다"(애 3:22-23).

그렇다! 하나님께서 우리의 호소를 들으신다. 하나님의 의로우신 인격과 과거의 전례와 무궁하신 긍휼을 생각해 볼 때, 우리의 호소를 거부하시기보다는 응답하시리라고 생각하는 편이 오히려 합리적이 아니겠는가? 그렇다면 곤란을 당할 때 우리는 먼저 하나님께 말씀드리고 하나님을 신뢰해야 된다.

2. 언약적 관계가 지속될 수 있기 때문이다 (2-3절) 인간들은 그 실제와는 달리 자신을 지나치게 기대하고 신뢰한다. 그러나 최초의 사람이 타락한 이후 인간은 크게 기대할 수 없는 존재가 되었다. 하나님이 없는 인간은 성경에서 '풀'과 '꽃'에 비교되고 있다(시 90:5-8). 다윗도 하나님 없는 인생들의 실제가 얼마나 초라한가를 이해했다. 따라서 그는 자기를 도우려는 그들의 수고를 이렇게 표현했다, "인생들아, 어느 때까지 나의 영광을 변하여 욕되게 하며, 허사를 좋아하고, 궤휼을 구하겠는고?"(2절) 반면에 여호와와 언약적 관계를 맺고 있는 사람은 경우가 다르다. 하나님의 택하심이 있는 것이 다르다. 올림픽에서 봉화의 마지막 주자로 택함을 받는 것도 영광스러운 일인데, 하물며 천지를 지으신 하나님께서 "자기를 위하여 경건한 자를 택하신 줄"(3절상) 아는 사람들의 영광은 무엇으로 표현할 수 있겠는가! 세상 영광은 일시적이다. 하나님이 언약적인 사랑으로 우리를 택하셨을 때에는 우리와 영원히 교제하기 위하여 하신 것이다.

다윗은 자기 부하들의 도움도 이런 하나님의 영원한 택하심에 비하면 아무 것도 아니라는 사실을 체험하였을 것이다. 또 이런 언약적인 사랑의 표현이 자신을 택하심으로 나타났다는 사실을 알 때 하나님을 신뢰하지 않을 수 없다. 어려운 중에도 하나님을 신뢰하고, "내가 부를 때에 여호와께서 들으시리로다"(3절)라고 찬양할 수 있다.

이런 특권은 비단 다윗에게만 있는 것이 아니라 예수 그리스도를 통해 하나님을 아버지라고 부르는 모든 이들에게 있다. 이들도 이제 다윗처럼 하나님을 깊이 신뢰할 수 있다. 어려운 중에도 그렇게 할 수 있다. 이는 응답하시는 하나님이 계시고, 끝까지 붙드시는 언약적인 사랑이 있기 때문이다.

하나님께 향한 신뢰심이 있는 사람들의 행동 (4:4-8)

1. 하나님의 방법대로 문제를 처리하는 것이 가능하다 (4-5절) 어려운 일을 당하거나 공정하지 못한 일을 당할 때 우리의 즉각적인 반응은 우리 방법대로 일을 처리해 버리는 것으로 나타날 수 있다. 이런 경우 우리는 종종 '눈에는 눈, 이에는 이'라는 방식으로 행동할 수 있다. 이는 충동에 따라서 우리의 반응을 보이는 것을 의미한다. 하지만 하나님을 신뢰하는 사람들은 하나님의 입장에서 사실을 평가하고 하나님의 방법대로 반응하기를 원한다. 이는 첫째로 자제하는 태도로 나타난다.

"너희는 떨며 범죄치 말지어다. 자리에 누워 심중에 말하고 잠잠할지어다"(4절). 여기서 '떨며'는 분을 못 이겨서 어찌할 줄 모르는 것을 의미하는데, 자제하는 사람은 자신의 감정을 제어하지 못하여 함부로 말하고 범죄하기 앞서서 하나님을 생각하게 된다. 잠잠히 하나님을 생각할 때 의인에게 향하신 하나님의 선하심을 느끼게 되고, 이렇게 되면 악한 길을 버리고 끝내 의로운 길을 추구할 수 있게 된다.

예수 그리스도야말로 이렇게 사신 우리의 가장 큰 본보기이시다. 베드로 사도는 하나님을 신뢰하고 하나님의 방법대로 사신 예수님에 대하여 이렇게 기록했다. "이를 위하여 너희가 부르심을 입었으니, 그리스도도 너희를 위하여 고난을 받으사 너희에게 본을 끼쳐 그 자취를 따라 오게 하려 하셨느니라. 저는 죄를 범치 아니하시고, 그 입에 궤사도 없으시며, 욕을 받으시되 대신 욕하지 아니하시고, 고난을 받으시되 위협하지 아니하시고, 오직 공의로 심판하시는 자에게 부탁하시며"(벧전 2:21-23).

둘째로 하나님을 신뢰하는 자는 자제만 할 뿐 아니라 어려울수록 하나님을 가까이 한다. 우리가 하나님께 가까이 가면 갈수록 하나님께서도 우리에게 가까이 하신다(약 4:8). 압살롬은 불의의 제사를 드림으로 하나님을 멀리 했다. 다윗은 '의의 제사'(5절 참조)를 드림으로 하나님을 가까이 했다. 하나님께 가까이 하는 자는 하나님의 기준에 따라서 행동하게 된다.

우리도 다윗처럼 많은 어려움을 당하며 살고 있으나, 다윗처럼 하나님을 신뢰할 때 고난을 당해도 자제하고 하나님께 가까이 나아감으로 하나님의 방법대로 문제를 처리할 수 있다. 이런 사람은 현세상에서도 담대하게 하나님께 나아갈 수 있는 특권이 있고(요일 3:21-22), 주님을 만났을 때도 큰 칭찬이 있을 것이다(계 22:12).

2. 고난 중에도 낙관적인 태도를 유지할 수 있다 (6절) "여러 사람의 말이 우리에게 선을 보일 자 누구뇨 하오니, 여호와여, 주의 얼굴을 들어 우리에게 비추소서." 여러 사람들의 말을 들을 때는 숫자로 보아 하나님 한 분보다 우세할 것처럼 느낄지 모르겠다. 그러나 내용으로 보면 이들의 말은 무기력하다. 이들은 해답을 주지 못했다. "선을 보일 자 누구뇨"라고 절망을 나타내고 있다. 반면에 여호와의 얼굴에서 나타나는 하나님의 영광을 체험하게 되었을 때 비록 한 분이시지만 큰 도움이 됨을 알 수 있다.

다윗의 경우 환경은 변하지 않았으나 그의 마음이 변하여 큰 희망을 갖게 되었을 것이다. 그 이유는 하나님의 임재하심으로부터 오는 격려와 소망 때문이었을 것이다. 이에 대하여 칼빈은 이렇게 말했다. "하나님의 선한 대우는 하나님의 사랑과 하나님의 임재하심을 통해 나타난다." 오늘날에도 이 원리는 변하지 않고 적용된다. 고난 중에서도 하나님을 신뢰하는 이들은 천만인이 가져다 주지 못하는 위로를 여호와 한 분을 통하여 맛보게 되므로 낙관적인 태도를 갖게 된다.

　3. 환경을 초월해서 기쁨을 누릴 수 있다 (7절)　하박국 선지자도 자기 나라와 유다가 당할 고난을 생각할 때 불평과 회의밖에 없었다. 그러다가 여호와께서는 지금도 온 우주를 통치하고 계시며 악한 세력을 멸망시킬 것이라는 확신이 들었을 때 그 마음 속에 큰 기쁨을 체험했다. 그 후 하박국은 이렇게 찬양했다. "비록 무화과나무가 무성치 못하며, 포도나무에 열매가 없으며, 감람나무에 소출이 없으며, 밭에 식물이 없으며…나는 여호와를 인하여 즐거워하며, 나의 구원의 하나님을 인하여 기뻐하리로다. 주 여호와는 나의 힘이시라"(합 3:17-19).

　여호와께서 주시는 즐거움은 환경 때문에 오는 것이 아니라 환경을 초월해서 오는 것이다. 그 기쁨의 원천은 여호와시며, 하나님을 신뢰하는 사람에게 여호와께서 주신다. 그 기쁨은 세상에서 맛볼 수 있는 그 어느 것보다 크다. 남녀간의 사랑이 가져다 주는 기쁨이 클 수 있지만 그 어찌 여호와께서 주시는 기쁨에 비교할 수 있겠는가! 의식주의 문제가 해결되었을 때 오는 기쁨도 있겠으나 하나님을 깨닫고 하나님을 깊이 체험하는 데서 오는 기쁨과는 비교가 되지 않는다.

　긴 시간 직장에서 수고하는 자들도, 가정에서 말없이 봉사하는 이들도, 날이면 날마다 도서관에서 보내는 재수생들도, 전방에서 적과 늘 대치하고 있는 군인들도 하나님을 신뢰할 때 주께서 주시는 기쁨을 맛보며 살 수 있다.

4. 참된 평안을 누리며 살 수 있다 (8절) 주님을 신뢰하는 자들에게는 주위 환경을 불문하고 여호와께서 함께 하신다. 물론 여호와께서 함께 계시다고 해서 어려운 일을 당하지 않게 된다는 보장은 없다. 여호와께서는 그 사랑하는 자녀들이 고난을 통하여 정금처럼 연단되기를 바라신다.

하지만 한 가지 분명한 것은 여호와께서 우리의 피난처가 되시면 우리는 평안을 누리며 살 수 있게 된다. 잠언 기자는 이런 특권을 이렇게 표현했다, "여호와의 이름은 견고한 망대라. 의인은 그리로 달려가서 안전함을 얻느니라"(잠 18:10).

바울 사도는 이런 사실을 다음과 같이 말씀했다, "그런즉 이 일에 대하여 우리가 무슨 말하리요. 만일 하나님이 우리를 위하시면 누가 우리를 대적하리요"(롬 8:31). 하나님이 우리를 알고 우리도 하나님을 알 때 우리도 다윗처럼 참된 평안을 누리고 잘 살 수 있다.

결 론

우리가 사는 시대는 다윗의 시대와는 다르다. 다윗도 존재하지 않고 압살롬도 존재하지 않는다. 그러나 그 때와 똑같이 지금도 도덕적인 어두움이 있고, 배신으로 말미암은 고통과 괴로움 등이 실존한다. 거짓말과 실망과 두려움과 좌절감이 도처에 웅크리고 있다.

이런 때일수록 다윗의 체험을 통해 나타난 교훈이 우리에게도 절실하게 요구된다. 현대를 사는 우리는 과거 어느 때보다 하나님을 신뢰하고 살지 않으면 안 된다. 또 하나님을 신뢰하고 사는 사람들은 하나님께서 우리의 모든 것들을 책임지실 것이라는 사실을 알아야 한다.

5
심령의 호소를 들으시는 하나님
5 : 1-12

여호와여, 나의 말에 귀를 기울이사 나의 심사를 통촉하소서. 나의 왕 나의 하나님이여, 나의 부르짖는 소리를 들으소서. 내가 주께 기도하나이다. 여호와여, 아침에 주께서 나의 소리를 들으시리니 아침에 내가 주께 기도하고 바라리이다. 주는 죄악을 기뻐하는 신이 아니시니 악이 주와 함께 유하지 못하며 오만한 자가 주의 목전에 서지 못하리이다. 주는 모든 행악자를 미워하시며 거짓말하는 자를 멸하시리이다. 여호와께서는 피 흘리기를 즐기고 속이는 자를 싫어하시나이다. 오직 나는 주의 풍성한 인자를 힘입어 주의 집에 들어가 주를 경외함으로 성전을 향하여 경배하리이다. 여호와여, 나의 원수들을 인하여 주의 의로 나를 인도하시고, 주의 길을 내 목전에 곧게 하소서. 저희 입에 신실함이 없고, 저희 심중이 심히 악하며, 저희 목구멍은 열린 무덤같고, 저희 혀로는 아첨하나이다. 하나님이여, 저희를 정죄하사 자기 꾀에 빠지게 하시고, 그 많은 허물로 인하여 저희를 쫓아 내소서. 저희가 주를 배역함이니이다. 오직 주에게 피하는 자는 다 기뻐하며, 주의 보호로 인하여 영영히 기뻐 외치며, 주의 이름을 사랑하는 자들은 주를 즐거워하리이다. 여호와여, 주는 의인에게 복을 주시고 방패로 함같이 은혜로 저를 호위하시리이다.

현대인들이 정신 건강을 유지하는 데 가장 필요한 것 중의 하나는 진실한 대화를 나눌 수 있는 대상을 만나는 것이다. 훌륭한 부부 생활을 유지하는 사람들은 배우자가 그 대화의 대상이 될 수 있다. 남편은 아내에게, 또 아내는 남편에게 그 날의 좋았던 일, 궂었던 일, 가슴을 베는 듯한 아픔을 느꼈던 일들을 자유롭게 털어놓을 수 있다. 이러한 부부라면 어떠한 어려운 강이라도 건널 수 있는 저력이 생길 수 있다. 이런 부부는 선교지에 나가게 되어도 타문화권의 압력을 이겨낼 수 있는 가능성이 크다. 직장에서 원통한 일을 당하더라도 집에 돌아와 가장 가까운 가족들에게 그 마음을 털어놓게 되면 새로운 각도에서 문제를 볼 수 있게 되고, 그 결과 마음의 여유를 갖게 되는 경우가 많다.

이런 대화의 대상은 비단 부부간에만 가능한 것이 아니라 형제 자매간에, 상담자와 내담자간에, 교수와 학생간에, 또 나아가서는 교역자와 교인간에도 가능하다. 급속도로 산업화되어 가며 주위 환경이 나날이 그 모습을 달리하는 가운데 사는 사람들에게는 그 어딘가 자신의 마음을 쏟아 놓아도 비난을 받지 않고 치유받을 수 있는 대상이 필요하다. 많은 경우 이런 역할을 교회나 선교 단체의 교제권이 담당하고 있다.

하지만 우리가 살아갈 때 때로는 심령의 상처가 너무 커서 사람의 위로만으로는 문제가 해결되지 않는 경우가 있다. 너무나 어려운 상황 가운데서는 인간과의 만남을 통해서 경험하는 따뜻한 이해와 위로와 격려만으로는 우리 심령의 문제가 풀리지 않을 때가 있다.

나의 '왕' 나의 '하나님' 우리의 호소를 들으소서 (5:1-3)

본문에 나오는 시편 기자도 아마 인간의 위로만으로는 문제가 해결되지 않는 상태였을 것이다. 본문 1절과 2절을 보면 시편 기자가 얼마나 큰 어려움을 당하고 있었는가 대강 이해할 수 있다. "심사를 통촉하소서", "나의 부르짖는 소리" 등이 바로 시편 기자의 마음 상태를 우리에게 알려 주는 힌트가 되고 있다. 성서공회의 성경에서 '심사'라고 한 말이 영국 새번역에서는 '나의 가장 깊은 생각'이라고 번역되었고, 예루살렘 역에서는 '나의 슬픔'이라고 번역되었다. 주석가 키드너는 이 부분을 이렇게 평했다, "처음에는 겨우 들릴락말락하는 독백처럼 보였다. 그러나 속에서만 있고 겉으로는 들릴락말락하던 소리가 도움을 구하여 울부짖는 소리로 나타나고, 마침내 응답을 기대하는 명확한 기도로 구사되었다." 그래서 시편 기자는 그의 '왕', 그의 '하나님'께 이렇게 호소했다, "여호와여, 나의 말에 귀를 기울이사 나의 심사를 통촉하소서. 나의 왕 나의 하나님이여, 나의 부르짖는 소리를 들으소서. 내가 주께 기도하나이다"(1-2절).

누구든지 이처럼 깊은 대화를 하나님과 나누게 될 때 사람의 위로를 통하여 풀리지 않던 문제까지도 해결되는 것을 경험하게 된다. 세상에서 우리가 경험하는 고난이 아무리 크더라도, 우리 속에 아무리 큰 상처가 있더라도 하나님께 이처럼 심령을 털어놓고 아뢸 때 우리 마음이 치유받지 못할 리가 없다. 예수님도 제자들과는 근 3년 동안 동고동락하셨고 얼마 안 있어 주님의 모든 사역을 그들에게 위임해야 하는 상황이었으나, 그들과 대화하지 않고 직접 하나님께 나아가서 그 심령의 짐들을 내려 놓으셨다. 그 후 주님께서는 십자가를 지고 인류의 죄를 대속하기 위하여 담대하게 돌아가실 수 있었다.

우리는 오늘날도 사람이 미처 도와 주지 못하는 것들에 대해 담대하게 하나님의 존전에 나아갈 수 있다. 하나님께서 우리 처지를 알고 계시기 때문에 우리는 수시로 나아갈 수 있다. 우리가 하나님께 나아갈 때 하나님께서는 우리를 실망시키지 않고 반드시 호응하실 것을 확신할 수 있다. 그리고 이런 확신이 있는 사람들은 심한 고통이 엄습해 올 때나, 깊은 교제의 대상이 필요할 때나, 아침마다 세상의 소용돌이 속에 다시 뛰어들기 전에 하나님 존전에 나아가 하나님께 우리

속의 모든 것을 털어놓을 수 있다. 이렇게 하나님과 깊은 대화를 나눔으로 하나님께서 주시는 위로와 치료를 경험할 수 있을 뿐만 아니라 새로운 힘도 얻을 수 있다. 따라서 시편 기자가 그 마음이 가장 맑은 아침에 여호와께 다음과 같이 기도하는 것은 당연한 일이다. "여호와여, 아침에 주께서 나의 소리를 들으시리니 아침에 내가 주께 기도하고 바라리이다"(3절). 우리도 아침에 제일 먼저 여호와께 나아가야 한다. 그 다음에도 수시로 여호와께 우리의 소원을 알려 드려야 한다.

하나님의 공의와 우리의 호소 (5:4 6, 9-10)

얼핏 보기에는 우리 심령과 하나님의 공의와는 아무런 연관성이 없는 것처럼 보일 수가 있다. 실상은 우리 심령과 하나님의 공의와는 밀접한 관계가 있다. 우리는 대개 공의가 이루어지지 않고 불의한 대우를 받았다고 느낄 때 마음이 상하게 된다. 이는 첫째로 인간 속에는 공의에 대한 깊은 염원이 있기 때문이다. 하나님의 형상을 좇아 창조된 인간이 비록 죄로 말미암아 타락한 것은 사실이지만 그래도 공의에 대한 동경이 없어지진 않았다. 둘째로 우리가 부당하게 손해를 보았다는 원통함 때문이다. 자존심이 깎이었든, 물질적인 손해를 보았든, 인격적인 모독을 당했든, 우리가 부당한 대우를 받았기 때문에 심령이 상하게 되기가 쉽다.

다윗의 경우도 '거짓말'(6절)과 악한 마음에서 나오는 '독한 말'(9절) 때문에 심령이 상했던 것을 알 수 있다. 그러나 다윗이 하나님께 가까이 나아와 자신의 심령을 호소할 때 하나님의 깊은 뜻을 볼 수 있었다. 공의를 사랑하시고 공의를 이루시기 위하여 어떤 희생이라도 치르실 결의가 되어 있는 하나님의 의중을 보는 순간, 아마도 그의 심령의 문제는 해결되었을 것이다. "아, 하나님의 마음도 제 마음과 같군요. 불의를 싫어하시고 곧 불의를 멸하실 것이군요. 그렇다면 제가 당하고 있는 이 불의도 하나님께서 친히 보응하시겠군요. 괜찮습니다. 그 때까지 기다리겠습니다."

이런 여호와의 심정은 우리가 단순히 짐작을 통해서 아는 것이 아니다. 여호와께서 어떤 분이신지 단도직입적으로 이렇게 말하고 있다, "주는 죄악을 기뻐하는 신이 아니시니 악이 주와 함께 유하지 못하며 오만한 자가 주의 목전에 서지 못하리이다. 주는 모든 행악자를 미워하시며 거짓말하는 자를 멸하시리이다. 여호와께서는 피 흘리기를 즐기고 속이는 자를 싫어하시나이다"(4-6절).

우리는 하나님의 심중만 분명히 알면 된다. 하나님께서 우리가 당하고 있는 불의를 알고 계시며, 모든 불의를 증오하고 계시다는 사실을 알 때 우리는 안도의 숨을 쉴 수 있다. 그렇다! 하나님은 공의의 하나님이시다. 따라서 작은 악도 미워하신다. 그리고 커다란 악도 미워하신다. '거짓말'로부터 시작하여 '피흘림'까지도 미워하신다. 이런 악에 대하여 현세상에서도 심판하실 뿐만 아니라 주의 날에도 최종적으로 벌하실 것이다.

"저희 입에 신실함이 없고, 저희 심중이 심히 악하며, 저희 목구멍은 열린 무덤 같고, 저희 혀로는 아첨"(9절)하는 자들에게 하나님의 공의로운 심판과 형벌이 내려질 것은 명약관화한 사실이다. 하나님의 공의가 있다는 사실을 안 우리는 더 이상 상한 마음을 갖고 있을 필요가 없다. 다만 우리도 시편 기자와 같이 담대하게 이렇게 호소할 수 있다, "하나님이여, 저희를 정죄하사 자기 꾀에 빠지게 하시고, 그 많은 허물로 인하여 저희를 쫓아내소서. 저희가 주를 배역함이니이다"(10절).

이런 호소는 불의 때문에 상한 마음을 갖고 있는 개인이 원수를 갚으려는 의도에서 나온 것은 아니다. 즉 개인적인 욕심에 입각한 호소가 아니다. 이는 공의로운 하나님의 나라가 곧 와서 모든 불의가 소멸되고 "하나님의 성령 안에서 의와 평강과 희락"이 있기를 구하는 호소이다. 하나님의 말씀을 볼 때 이런 날이 올 것은 기정 사실이다. 그것은 시간 문제이다. 따라서 불의 때문에 좌절하고 실망한 사람들도 더 이상 절망할 필요가 없다. 어느 날 우리는 이사야가 노래한 것처럼 노래할 것이다(사 11:6-8 참조). 또한 노래만 하지 않고 직접 그 노래 내용처럼 경험까지 하게 될 것이다. 이러한 내용을 다음 복음 성가가 살 나타내 주고 있다:

사막에 샘이 넘쳐 흐르리라.
사막에 꽃이 피어 향내 내리라.
주님이 다스리는 그 나라가 되면은
사막이 꽃동산 되리.
사자들이 어린 양과 뛰놀고
어린이들 함께 뒹구는
참 사랑과 기쁨의 그 나라가
이제 속히 오리라.

사막에 숲이 우거지리라.
사막에 예쁜 새들 노래하리라.
주님이 다스리는 그 나라가 되면은
사막이 낙원되리라.
독사굴에 어린이가 손 넣고
장난쳐도 물지 않는
참 사랑과 기쁨의 그 나라가

이제 속히 오리라.

하나님의 인도하심과 우리의 호소 (5:7-8)

우리에게 불법을 행하는 원수라 할지라도 우리의 원대로 처리하면 위험하다. 우리의 뜻보다 더 높은 하나님의 뜻대로 하지 않고 우리 마음대로 할 때 우리도 불법을 행할 수 있는 위험을 안게 된다. 다행히도 하나님께 호소를 드리는 사람들은 대개 하나님의 뜻을 따를 자세가 된 사람들이다. 그들이 악인보다 나아서가 아니라 하나님의 '풍성한 인자'를 경험했기 때문이다.

우리가 하나님의 임재하심을 '주의 집'에서 경험하게 되면 우리에게 최소한 두 가지 일이 일어날 수 있다. 첫째로 하나님의 영광을 체험하게 되고, 그 결과 "주를 경외함으로 성전(하나님이 계신 곳)을 향하여 경배"(7절)할 수밖에 없다. 주석가 앤더슨은 이 부분을 원어 그대로 해석하면 "나는 당신 앞에 완전히 엎드리겠나이다"라고 말할 수 있다고 했다. 구약 시대 사람들은 하나님 앞에서 이렇게 그 경배의 뜻을 표현했던 것이다.

둘째로 '하나님의 집'에 들어가 경배하는 사람들은 무엇이든지 하나님의 뜻대로 행하기를 원하게 된다. "여호와여, 나의 원수들을 인하여 주의 의로 나를 인도하시고, 주의 길을 내 목전에 곧게 하소서"(8절). 하나님께 경배드리는 사람들은 하나님께서 주시는 깊은 확신이 있을 뿐만 아니라, 원수들을 대할 때도 하나님의 뜻을 좇고자 하는 겸손한 마음으로 가득 차게 된다. 따라서 불법을 행하는 자들에게라도 나의 원대로 하기보다는 주의 뜻대로 하기를 원하고, 주께서 주시는 능력으로 문제를 해결하고자 한다.

이런 삶을 산 것은 비단 다윗뿐만이 아니다. 예수님도 이렇게 사시고 가르치셨다. 아버지의 뜻이 즉시 책망하는 것이라면 즉시 채찍을 만들어 쫓아내고, 만일 아버지의 뜻이 오른쪽 뺨을 때리는 자에게 왼쪽 뺨까지 내어 주는 것이라면 기꺼이 내어 주셨다. 심지어는 아무 죄도 없으신 분이 불의한 자들의 손에 의해 아무런 불평 없이 죽임을 당하시기까지 하셨다. 이것이 하나님 아버지의 뜻이라는 사실을 명백히 알았기 때문이었다. 바울 사도도 마찬가지였다. 자신을 불법으로 고소하여 가둔 동족들을 향한 하나님의 뜻이 용서와 긍휼을 베푸시는 것이라는 사실을 안 다음 끝까지 이들을 미워하지 않고 오히려 그들의 구원을 위해 절규했다. "나의 형제 곧 골육의 친척을 위하여 내 자신이 저주를 받아 그리스도에게서 끊어질지라도 원하는 바로라"(롬 9:3).

오늘날도 우리 마음에 여러 가지 호소들이 있을 수 있다. 과연 우리는 이러한 호소들을 처리하는 것도 아버지의 뜻대로 되기를 원하는 마음이 있는가? 목회자와 성도들, 성도와 성도, 집사와 집사, 남편과 아내, 경영자와 노동자들 사이에 있는 문제 때문에 일어나는 우리의 호소도 말이다. 야고보 선생은 우리의 모든 싸움이 우리의 정욕(쾌락) 때문에 있는 것이라고 했다. 우리의 호소가 아버지의 뜻대로 하는 것이 아니라 우리의 정욕대로 하는 것일 때, 첫째로 하나님께서는 이를 듣지 않으신다(약 4:3). 둘째로 우리가 아버지의 뜻을 이 세상에서 이루는 도구로서의 특권을 포기하는 결과를 초래하게 될 것이다.

하나님의 응답과 우리의 호소 (5:11-12)

누구든지 어려운 문제를 가지고 하나님께 나아가서 호소할 때 호소하자마자 모든 어려움의 안개가 벗겨지고 문제가 해결되는 경우는 그

다지 많지 않다. 그렇게 되면 참 좋을 것이라는 생각이 들 수도 있다. "주님, 저 사람은 제게 해를 끼치는 사람입니다. 지금 즉시 그에게 벌을 내려 주옵소서" 하고 말씀드릴 때마다 주님께서 사람들을 벌하신다고 가정해 보자. 또 우리가 주님께 구할 때마다 그 즉시 필요한 돈을 채워 주신다고 가정해 보자. 얼마나 많은 사람들이 우리의 무모한 호소 때문에 피해를 보게 되고, 얼마나 많은 돈이 필요 없이 쓰여질 가능성이 있는가 생각해 보라. 우리는 하나님께서 우리의 호소에 대하여 응답해 주지 않고 우리가 하나님 편에서 문제를 볼 수 있도록 여유를 주시는 것에 대해 감사해야 한다. 그리고 우리를 인격적으로나 영적으로 성숙하게 해 주시는 것에 대하여 우리가 얼마나 감사해야 하는지 모른다.

그렇지만 하나님께서는 무한정 우리의 호소를 청취만 하시지는 않는다. 하나님의 때가 되었을 때 은혜로 호응하신다. 시편 기자는 하나님의 긍휼의 손길을 체험하고 돌변하여 확신에 가득 찬 태도로 이렇게 외쳤다, "오직 주에게 피하는 자는 다 기뻐하며, 주의 보호로 인하여 영영히 기뻐 외치며, 주의 이름을 사랑하는 자들은 주를 즐거워하리이다. 여호와여, 주는 의인에게 복을 주시고, 방패로 함같이 은혜로 저를 호위하시리이다"(11-12절).

종종 우리는 하나님이 우리 호소를 듣고 계시다는 확신만 있어도 시편 기자처럼 큰 기쁨을 체험할 수 있다. 이는 하나님께서 지금도 건재하시며, 우리의 사정을 다 아시며, 우리가 경험하고 있는 어려움도 다 알고 계시다는 것을 의미하기 때문이다. 또 하나님께서 다 알고 계시면서도 이를 허용하신다면, 우리의 짧은 생각으로는 다 이해되지 않지만 우리에게 필요하기 때문에 허용하신다는 사실을 알기 때문이다.

여기에서 '주에게 피하는 자'(11절상), '주의 이름을 사랑하는 자'(11절하), '의인'(12절중)이라고 한 말은 모두 하나님과 우리가 갖는 관계의 정도를 표시하고 있다. 누구든지 하나님과 이와 같은 관계를 갖고 하나님께 호소할 때 하나님께서는 호응하시고 시편 기자가 말하는 기쁨을 오늘날도 체험할 수 있게 해 주신다. 성경 주석가 루폴은 이런 기쁨은 첫째로, 우리를 애매하게 핍박하는 불경건한 자들이 마땅히 받을 대가를 받기 때문에 오는 것이라고 했다. 둘째로, 불경건한 자들이 우리를 상하게 하려고 파 놓은 함정에서 우리가 보호받을 수 있기 때문이라고 했다. 그러나 이보다 근본적인 이유가 있다. 그 이유는 먼저 하나님께서 의인의 편에 서서 보호해 주신다는 확신 때문이다. 그 다음은 하나님께서 자기 백성에게 복 주신다는 확신 때문이다. 여기에서 '복'(12절중)은 물질적인 차원으로 국한시킬 수 있는 것보다는 하나님의 은혜의 손길 전반에 걸친 개념으로 보는 것이 타당하다. 주석가 프로운은 하나님이 자기 백성을 잊지 않고 은혜로 방패처럼 둘러 주신다는 사실은 '영원한 진리'라고 말했다.

하나님께서 보호하시고 은혜를 베풀어 주실 것이라는 사실을 믿는 순간부터 우리는 모든 짐을 하나님께 맡기는 것이다. 이런 사람은 더 이상 자신의 힘과 지혜와 능력만 의존하지 않는다. 그는 이제 하나님의 보호하심 가운데 들어간 사람이다. 따라서 외부의 압력이 있어도, 다른 사람들에 의한 모함의 말이 있어도 꿋꿋하게 현실을 이기고 마음 속에 넘치는 기쁨을 누리며 살게 된다.

오늘날처럼 호소할 것은 많되 호소할 데가 없는 시대에 사는 우리에게 시편 5편은 가뭄에 단비와 같고 사막에서 마시는 냉수와 같다고 하겠다. 악인이 지배하는 세상인줄 알고 원통함을 품고 되는 대로 살려고 했던 사람도, 가난한 가정에 태어났다는 이유만으로 막 피어올라와야 할 시기에 피어나지도 못한 채 시들어 가는 것 같은 사람도, 의에 주리고 목마른 자들도 모두 큰 목청으로 호소하라, "나의 왕 나의 하나님이여, 나의 부르짖는 소리를 들으소서. 내가 주께 기도하나이다"(2절).

6
하나님의 징계와 긍휼
6 : 1-10

여호와여, 주의 분으로 나를 견책하지 마옵시며 주의 진노로 나를 징계하지 마옵소서. 여호와여, 내가 수척하였사오니 긍휼히 여기소서. 여호와여, 나의 뼈가 떨리오니 나를 고치소서. 나의 영혼도 심히 떨리나이다. 여호와여, 어느 때까지니이까? 여호와여, 돌아와 나의 영혼을 건지시며, 주의 인자하심을 인하여 나를 구원하소서. 사망 중에서는 주를 기억함이 없사오니 음부에서 주께 감사할 자 누구리이까? 내가 탄식함으로 곤핍하여 밤마다 눈물로 내 침상을 띄우며 내 요를 적시나이다. 내 눈이 근심을 인하여 쇠하며 내 모든 대적을 인하여 어두웠나이다. 행악하는 너희는 다 나를 떠나라. 여호와께서 내 곡성을 들으셨도다. 여호와께서 내 간구를 들으셨음이여, 여호와께서 내 기도를 받으시리로다. 내 모든 원수가 부끄러움을 당하고 심히 떨이여, 홀연히 부끄러워 물러가리로다.

시편 6편은 일곱 개의 고해시 중에서 첫 번째로 나오는 것이다. 오리겐(Origen) 때부터 시편 6, 32, 38, 51, 102, 130, 143편을 고난 기간 중에 사용했고 이것들을 고해시라고 부르게 되었다. 시편 6편은 1절부터 7절까지 주로 하나님 앞에서 깊이 통회하는 내용들이다. 시편 기자는 하나님께 특별한 제목을 가지고 구하기보다는 오히려 하나님께서 공의대로 자신을 심판하지 말아달라는 호소를 하고 있다. 그러나 8절부터는 통회하는 마음이 변하여 믿음으로 가득 채워져 있음을 볼 수 있다.

이 시편은 특별한 죄의 내용이나 사건들이 언급되어 있지 않으므로 그 배경이 어떤 것이었는지 확실히 알 수 없다. 그래서 어떤 이들은 이 시편은 고해시가 아니라고 말하기도 한다. 그러나 필경 시편 기자는 커다란 역경을 당하게 되었고, 그는 그 역경을 하나님의 징계로 보고 하나님 앞에 자신의 죄를 통회하였을 것이다. 통회하는 중 시편 기자는 하나님께로부터 온 은혜의 손길을 체험하게 되었을 것이다. 따라서 8절부터 10절에서 언급한 것과 같이 우리는 갑작스러운 변화를 읽게 된다.

요즈음은 너무 인본주의적으로 모든 것을 생각하기 때문에 하나님의 징계로 인한 신음 소리가 차츰차츰 교회에서 멀어져 가고 있다. 인간에게 만족이 있는가 또는 없는가가 중요하지, 하나님께서 어떻게 생각하는가는 그다지 두려워하지 않는 때인 것 같다. 하나님의 거룩함이 침해되었기 때문에 무서움에 떨고 몸부림치는 것은 비현대적 개념이라고 인식되어 가고 있다. 이런 조류는 성경에 기록된 예들과 거리가 먼 것이고 결코 건전한 것일 수 없다. 이는 아마도 사사 시대에 대하여 성경이 기록하고 있듯이 현대에도 참된 '여호와의 말씀이 희귀'해져 가고 있기 때문일 가능성이 크다.

이사야, 예레미야 등 구약 시대 선지자들은 하나님 앞에 애통하며 하나님께서 어떻게 자신들을 생각하는가에 대하여 너무나 민감하였다. 교회사적으로 볼 때에도 칼빈, 루터, 웨슬리 형제 등 우리보다 앞서 간 분들은 하나님 앞에 떨며 하나님의 뜻을 한없이 중요하게 여겼다. 기독교가 얕아지면 얕아질수록 참된 징계는 희귀하게 나타난다. 프란시스 쉐퍼의 부인인 에디스 쉐퍼는 1982년 시카고 근교 초청 집회 때 이런 현상을 하나님에 대한 계시가 절연되었기 때문에 일어나는 것으로 분석하고, 다시 한 번 우리가 하나님 앞에 통회하고 겸손한 마음을 가져야 한다고 했다.

하나님께서 우리에게 가까이 오실 때 반드시 기쁘고 행복하게만 느껴지는 것은 아니다. 하나님께서 우리에게 가까이 오시면, 죄가 죄로 드러나고, 불의가 불의로 나타나고, 징계가 필요한 곳에 징계가 나타나는데, 어찌 시편 기자와 같은 외침이 없겠는가? 그러나 하나님이 우리에게 오셔서 우리를 찢으시면, 우리는 비록 일시적으로 아프기도 하고, 일시적으로는 통회해야 하는 일이 있더라도 우리에게 궁극적인 유익이 있음을 알아야 한다. 따라서 우리는 마땅히 징계받을 만한 일이 있을 때, 교회적으로나 개인적으로나 하나님 앞에 더욱더 가까이 나아가서 하나님이 주시는 징계를 받아야 된다. 그리고 시편 기자처럼 주께서 마음에 흡족하게 역사하시어 확신을 주실 때까지 애통하는 마음으로 울부짖는 경험을 해야 한다.

애통 중에 부르짖음 (6:1-7)

우리는 종종 하나님께 잘못을 범하지 않았어도 깊은 정죄 의식을 느끼며, 마치 하늘이 온통 하나님의 징계의 채찍으로 가득 찬 것처럼 느낄 때가 있다. 이런 경험 중 다수가 실제로 하나님께서 우리에게 징계를 주시기 때문에 우리가 그렇게 느끼는 것은 아닐 것이다.

하나님께서 우리를 징계하시지도 않는데, 우리가 마치 징계를 받는 것처럼 느끼는 경우를 우리는 대략 네 가지 정도로 볼 수 있다. 첫째는, 우리의 완전주의적인 성격 때문에 오는 경우가 있다. 하나님은 나를 한없이 사랑하시지만, 우리가 자라온 과정 가운데 완전주의적인 성격이 형성되어 내가 하는 일을 무조건 검정색 안경 너머로 보는 것이 바로 이 경우이다. 대개 이런 사람들은 자존감이 아주 낮은 사람으로서 자기 자신을 한없이 들볶는다. 그리고 자신이 너무 자주 비참하게 느낄 정도로 정죄한다. 이런 사람은 대개 이것이 하나님이 자기를 징계하고 있기 때문에 오는 것으로 오해한다. 실상은 자기가 자기를 징계하고 있는 것이다.

둘째는, 다른 사람들이 나를 이같이 만드는 경우이다. 서로 잘 믿어 보자는 의도는 좋았으나, 신자와 신자 사이에 사람이 만든 기준을 놓고 서로 판단함으로 비참한 마음을 갖게 할 수 있다. 하나님은 종종 이런 사람들보다 너그럽고 사랑이 크시다.

셋째는, 거짓말의 창시자인 마귀가 마치 우리가 어떤 커다란 죄(혹은 작은 죄)를 범해서 하나님께서 우리를 징계하시는 것처럼 느끼게 만드는 것이다. 우리는 이런 예를 요한계시록 12장 10절에서 찾아볼 수 있다. 여기에서 요한 사도는 현재 우리를 참소하는 자가 있는데, 그가 바로 마지막 때 쫓겨날 마귀임을 알려 주고 있다. "우리 하나님 앞에서 밤낮 참소하던 자가 쫓겨났고…"(계 12:10 하). 이런 마귀의 참소는 우리가 마치 하나님으로부터 징계를 받고 있는 것같이 느끼게 한다.

넷째는, 우리가 우울증과 같은 질병으로 고생하는 경우이다. 우울증의 원인은 너무 다양하여 전문의의 치료를 받지 않고서는 안 되는 경우가 허다하다. 우울증은 종종 죄와 상관 없이 나타난다. 대개 이런 사람들은 하나님께서 자신과 아주 멀리 계신다고 느끼거나 하나님께서 자기를 징계하고 있다고 느끼기가 쉽다. 이런 증세에 대하여 전문적인 지식이 없는 목회자나 교인들은 이를 단순히 그가 범죄했기 때문에 느끼는 증세라고 일률적으로 단정하기가 쉽다. 이상과 같은 경우 대개 우리는 하나님의 사랑과 용서와 보혈의 능력에 대하여 더 강조해야 할 것이다.

본문의 경우 시편 기자는 하나님의 징계의 손길을 분명히 느끼고 있었다. 여기서는 시편 기자가 사소한 것을 가지고 이렇게 느낀 것이

아닌 듯 싶다. 그는 양심에 깊이 찔리는 것이 있어서 이 시편을 쓰게
되었을 것이다. 그의 병의 원인이 최소한도 그에게는 분명했을 것이
다. 실제로 하나님께서 불만족을 표명한 징계의 수단으로 병이 나타
났음을 그는 알고 있었을 것이다.

하나님께서 시편 기자처럼 우리를 징계하실 수 있다. 하나님께서
는 사랑하시는 자를 징계하신다고 했다. 우리에게 징계가 전혀 없다
면 우리는 필경 "사생자요 참 아들이 아니니라"(히 12:8). 우리가 징
계를 받을 때에 최소한도 다음 두 가지를 경험하게 될 것이다.

1. **심한 두려움과 연약함** (1-4절) "여호와여, 내가 수척하였사오
니"(2절상), "여호와여, 나의 뼈가 떨리오니 나를 고치소서"(2절하).
"나의 영혼도 심히 떨리나이다"(3절상). 이는 모두 시편 기자의 상태
를 가리키는 말씀들로 온 인격이 연약하고 두려움에 싸여 있는 모습
을 우리에게 보여 주고 있다.

현대인은 하나님을 친구처럼 너무 가볍게 대한다. 우리나라 교인
들은 그래도 서양 사람들에 비하여 이런 면에서는 하나님을 경외하는
모습이 더 있다. 우리는 하나님의 교회에 들어갈 때마다 경건하게 기
도하고 하나님을 경외하는 마음을 표명한다. 그러나 종종 서양 사람
들 중에는 마음만 성실하면 태도야 어떻든 상관 없다고 생각하는 사
람이 많다. 그래서 누워서도 하나님께 기도하고 허물 없는 친구처럼
대하는 경우가 있다. 이런 사람들은 자칫 잘못하면 하나님의 징계도
가볍게 넘겨버릴 수 있다.

시편 기자의 경우는 이와 정반대였다. 하나님의 징계의 손길을 느
낀 그는 심히 연약하고 두려웠다. 그 이유는 하나님이 사랑의 하나님
이신 것만 아니라 동시에 거룩한 하나님이시라는 사실을 올바르게 인
식하고 있었기 때문이다. 시편 기자는 하나님께서 자신을 진노로 다

스릴 것이 두려웠다. 따라서 이렇게 하나님께 고백할 수밖에 없었다, "여호와여, 주의 분으로 나를 견책하지 마옵시며 주의 진노로 나를 징계하지 마옵소서"(1절). 실로 하나님의 진노만큼 두려운 것은 없다. 하나님의 진노는 우리가 그리스도를 위해 받은 핍박보다 훨씬 무서울 수 있다. 세상 사람들은 이를 정반대로 생각한다. 눈에 보이는 사람이나 국가가 주는 형벌은 두려워할 줄 알면서도 살아 계신 하나님께서 진노로 다스리는 것에 대해서는 무감각한 경우가 많다. 이는 위험한 일이다.

한국 교회는 교회가 잘못하는 것과 사회가 잘못하는 것과 정치인들이 잘못하는 것에 대해 마치 자신이 하나님께 잘못하여 징계받는 것처럼 알고 하나님께 가까이 나아가야 한다. 그리고 하나님께서 진노 대신 긍휼을 베푸실 때까지 매달려야 한다. 우리가 다음과 같이 하나님께 호소할 때 우리는 다시 한 번 하나님 앞에서 고침을 받게 될 것이다, "여호와여, 돌아와 나의 영혼을 건지시며 주의 인자하심을 인하여 나를 구원하소서"(4절).

2. **하나님과의 교제가 단절되는 데서 오는 슬픔 (5-7절)** 주석가 프로운은 구약 시대의 사망 또는 음부에 대한 개념은 아직 신약 시대처럼 명확하게 제시되지 않았었다고 주장했다. 따라서 이 때 사람들은 바울 사도가 확신을 가지고 외친 것처럼 "떠나서 그리스도와 함께 있을 욕망을 가진 이것이 더욱 좋으나"(빌 1:23)라고 말할 수가 없었다고 주장한다. 오히려 사망과 음부는 산 자들로부터 단절되고, 다시 돌아올 수 없고, 어둡고, 어렵고, 무기력하고, 죽은 자들이 가는 곳으로 알고 있었다. 따라서 주석가 앤더슨은 구약에서는 이 곳을 구원의 손길이 없고, 주님께 경배드릴 수 없는 곳일 뿐만 아니라 하나님의 진노가 있는 곳으로 종종 묘사하고 있다고 지적했다.

우리가 여기에서 조심해야 할 사실은 비록 구약의 저자들이 사후의 세계에 대하여 신약 시대 사람들만큼 알고 있지는 못했지만, 부활의 개념에 대하여 전혀 모르고 있지는 않았다는 점이다(시 16:10, 17: 15, 행 26:19, 단 12:1-3 참조). 그럼에도 불구하고 시편 기자는 자신이 받은 징계로 말미암아 사망, 곧 음부에 내려갈 때 하나님과의 교제가 단절되고, 하나님께 대한 경배와 감사가 없을 것에 대하여 다음 구절에 나타난 것처럼 심히 슬퍼했다. "사망 중에서는 주를 기억함이 없사오니 음부에서 주께 감사할 자 누구리이까"(5절).

죽음 때문이든, 아니면 사는 동안 경험하는 것이든, 그 원인이 무엇이든지 간에 하나님과의 교제가 단절된다는 것은 너무나 슬픈 일이다. 많은 사람들이 하나님과의 교제가 단절되었으면서도 슬픔을 느끼지 못하고 그날 그날을 사는 것은 필경 하나님과 교제하는 것과 하나님께서 주시는 영적 생명을 경험하지 못한 이유에서일 것이다.

하나님과 깊은 교제를 하던 사람이 징계를 받음으로 하나님과 교제가 단절될 때 처음부터 하나님을 모르던 사람보다 더 비참해질 수 있다. 시편 기자는 그런 심정을 이렇게 표현했다, "내가 탄식함으로 곤핍하여 밤마다 눈물로 내 침상을 띄우며, 내 요를 적시나이다"(6절). 이런 때에는 스스로 자신을 도울 수 없으며, 좋은 충고도 효력이 없다. 기도도 메마르고, 기쁨은 물론 찾아보기 힘들다. 설상가상으로 시편 기자의 경우처럼 그 대적으로부터 오는 고통까지 받게 될 경우는 절망적일 수밖에 없다.

우리가 범죄하여 하나님께서 우리를 진노로 다스리려고 하실 때 "여호와여, 주의 분으로 나를 견책하지 마소서"(1절)라고 말할 수 있는 사람은 역설적인 말 같지만 그래도 행복한 사람이다. 이런 사람은 오히려 아무런 근심 없이 범죄하며 사는 사람에 비하면 얼마나 다행한 일인지 모른다. 왜냐하면 무감각한 죄인은 하나님의 진노를 끝내 받게 될 것이기 때문이다. 그들은 하나님의 진노가 그 위에 머물러 있음에도 불구하고 이를 느끼지 못하고 사는 사람들이다. 반면에 하나님 앞에서 범죄한 것을 깨닫고 하나님의 진노를 받을 것이 두려워 하나님 앞에 애통하고 심히 두려워하는 자들은 시편 기자가 경험했던 하나님의 '긍휼'(2절)과 '인자'(4절)를 받을 수 있는 소망이 있다.

하나님 앞에 가까이 나아가서 거룩한 하나님의 탐조등이 우리의 양심을 샅샅이 비추일 때 우리가 하나님께 내어놓을 수 있는 것은 아무것도 없다. 지금까지의 선행도, 하나님을 위한 봉사도, 우리가 하나님께 드린 물질도 내어놓을 수 있는 것이 못된다. 이 때 우리가 구할 수 있는 것은 단 한 가지뿐이다. 오직 하나님의 '긍휼'만이 하나님 앞에서 우리의 연약함과 두려움을 진정으로 해결해 줄 수 있다.

되찾은 확신 (6:8-10)

하나님께 징계를 받는 것과 사람에게 정죄를 받는 것은 상당한 차이가 있다. 사단은 우리를 파괴시킬 목적으로 우리에게 상처를 줄 수 있는 것들만 골라서 우리를 괴롭힌다. 이런 공격은 우리가 보혈을 의지하고 하나님의 말씀을 가지고 물리치기까지 계속될 것이다. 반면에 하나님의 징계는 그 동기가 구속적인 데서부터 시작된다. 따라서 그처럼 아프고, 두렵고, 떨리다가도 하나님께서 긍휼을 베푸셔서 용서하셨다는 확신이 생기면 갑작스러운 변화가 오게 된다.

첫째로, 하나님이 더 이상 위협적인 존재가 되지 않는다. "행악하는 너희는 다 나를 떠나라. 여호와께서 내 곡성을 들으셨도다. 여호와께서 내 간구를 들으셨음이여, 여호와께서 내 기도를 받으시리로다"(8-9절). 그 이유는 하나님께서 내 편이 되셨기 때문이다. 하나님께서 나의 기도를 들으시고 내 간구에 귀를 기울이시기 때문이다. 하나님께서 기도를 들어 주신다는 것은 하나님께서 시편 기자의 죄를 용서하셨고, 하나님의 징계가 끝났다는 것을 암시한다. 하나님께 가까이 나아가서 자신의 죄를 뉘우치고 하나님의 징계를 경험한 사람은 더 이상 연약한 마음과 두려움을 갖지 않는다. 그리고 하나님의 징계를 받는 동안에는 그렇게 어둡게만 보이던 것들이 갑자기 환하게 보이게 된다.

둘째로, 승리에 대한 확신이 생긴다. "내 모든 원수가 부끄러움을 당하고 심히 떪이여, 홀연히 부끄러워 물러가리로다"(10절). 이 경우 실제로 원수들이 가까이 있었는지, 혹은 심리적으로 그렇게 느꼈는지는 잘 모른다. 그러나 분명한 것은 하나님께서 자신을 받아 주셨고 원수를 물리치신다는 사실이다.

하나님의 징계를 받는 사람들은 시편 기자가 살던 때나 지금이나, 어느 때이든 결코 그것을 즐겁게 느끼지는 않는다. 그러나 하나님 앞에 가까이 나아가서 우리의 허물이 드러나고 거룩한 하나님이 주시는 징계를 받게 되어 일시적으로 괴로워하고 두려워하며 결국은 통회하는 것이, 하나님으로부터 멀리 떨어져 있기 때문에 징계를 받은 것이 나타나지 않고 죄 가운데 있으면서 일시적으로 쾌락을 누리며 살게 되는 것보다 더 낫다.

징계를 받는 것은 마치 고난을 받는 것처럼 받는 사람들이 올바른 자세로 하나님을 대할 때 커다란 도약의 계기가 될 수 있다. 우리의 믿음은 10년, 20년 동안 아무런 징계도 없고 아무런 고난도 없는 때보다 이런 때 더욱 크게 자랄 수 있다.

한국 교회는 시편 6편에 나오는 것과 같은 신음이 더욱더 있어야 하겠다. 교역자도, 평신도도, 누구든지 하나님께 더 가까이 나아가서 하나님의 사랑의 매를 맞고 싸맴을 받음으로 말미암아 더 큰 위험에서 건짐을 받아야 하겠다. 호세아 선지자는 이런 심정을 우리에게 잘 말해 주고 있다. "오라 우리가 여호와께로 돌아가자. 여호와께서 우리를 찢으셨으나 도로 낫게 하실 것이요, 우리를 치셨으나 싸매어 주실 것임이라. 여호와께서 이틀 후에 우리를 살리시며 제 삼일에 우리를 일으키시리니 우리가 그 앞에서 살리라. 그러므로 우리가 여호와를 알자. 힘써 여호와를 알자. 그의 나오심은 새벽 빛같이 일정하니 비와 같이, 땅을 적시는 늦은 비와 같이 우리에게 임하시리라"(호 6: 1-3).

7
원통한 마음과 하나님의 손길
7 : 1-17

여호와 내 하나님이여, 주께 피하오니 나를 쫓는 모든 자에게서 나를 구하여
건지소서. 건져낼 자 없으면 저희가 사자 같이 나를 찢고 뜯을까 하나이다.
여호와 내 하나님이여, 내가 이것을 행하였거나 내 손에 죄악이 있거나 화친
한 자를 악으로 갚았거나 내 대적에게 무고히 빼앗았거든 원수로 나의 영혼
을 쫓아 잡아 내 생명을 땅에 짓밟고 내 영광을 진토에 떨어뜨리게 하소서
(셀라). 여호와여, 진노로 일어나사 내 대적들의 노를 막으시며 나를 위하
여 깨소서. 주께서 심판을 명하셨나이다. 민족들의 집회로 주를 두르게 하
시고 그 위 높은 자리에 돌아오소서. 여호와께서 만민에게 심판을 행하시오
니 여호와여, 나의 의와 내게 있는 성실함을 따라 나를 판단하소서. 악인의
악을 끊고 의인을 세우소서. 의로우신 하나님이 사람의 심장을 감찰하시나
이다. 나의 방패는 마음이 정직한 자를 구원하시는 하나님께 있도다. 하나
님은 의로우신 재판장이심이여, 매일 분노하시는 하나님이시로다. 사람이
회개치 아니하면 저가 그 칼을 갈으심이여, 그 활을 이미 당기어 예비하셨도
다. 죽일 기계를 또한 예비하심이여, 그 만든 살은 화전이로다. 악인이 죄악
을 해산함이여, 잔해를 잉태하며 궤휼을 낳았도다. 저가 웅덩이를 파 만듦
이여, 제가 만든 함정에 빠졌도다. 그 잔해는 자기 머리로 돌아오고 그 포학
은 자기 정수리에 내리리로다. 내가 여호와의 의를 따라 감사함이여, 지극
히 높으신 여호와의 이름을 찬양하리로다.

애매하게 괴로움을 당하는 경우는 비단 현대 사회에만 국한된 것이
아니라 시편 기자의 시대에도 있었던 일이다. 본문에서 시편 기자도
애매하게 중상 모략을 당하였음을 알 수 있다. 주석가 키드너는 이 경

우 시편 기자가 핍박당하는 것보다 더 괴로워했을 것이라고 언급했다. 그는 인간의 힘으로는 해결이 불가능하다는 사실을 알고 고통을 주는 상황을 하나님께 의뢰함으로 그 실마리를 풀었다.

이런 상황 가운데 쓰여진 시편을 '개인적 애통시'(Personal Lament Psalm)라고 현대 시편 주석가들은 분류한다. 애통시는 대개 여호와를 애타게 불러 도움을 호소하는 서론 부분이 먼저 나온다. "여호와 내 하나님이여, 주께 피하오니 나를 쫓는 모든 자에게서 나를 구하여 건지소서"(1절)가 바로 그 부분이다. 그 다음 본론 부분이 나온다. 대개 본론은 자신이 처해 있는 상황에 대한 설명과 기도 내용, 하나님의 성품과 명예와 역사(役事)에 입각하여 자신의 입장을 정당화시키는 것으로 구성된다.

시편 7편은 다윗 왕이 압살롬의 반란 때가 아니면 사울 왕이 핍박할 때 썼을 것이라고 추측된다. 주석가 데일리지는 사무엘상 24장부터 26장이 곧 이 시편의 배경이라고 주장한다. 그 배경이 어떤 것이든 한 가지 분명한 것은 다윗이 애매하게 고통을 당했을 때 그가 하나님께 나아가 해결책을 찾았다는 사실이다.

날이면 날마다 직장에 나가서 서로 얽힌 인간 관계의 숲에서 살아야 하는 직장인들이나, 복잡한 가족 관계 가운데서 옴짝달싹도 못하는 부부들이나, 당회원과 제직들과 교인들과의 관계 속에서 줄다리기를 해야 하는 교회 지도자들 모두가 애매하게 인신 공격을 당했을 때나 고통을 받게 될 때 자신의 방법대로 문제를 해결하면 안 되는 경우들이다. 오히려 시편 기자처럼 먼저 하나님께 나아가야 한다. 그리할 때 우리는 하나님이 주시는 다음과 같은 은혜를 누릴 수 있다.

- 하나님의 도우심 (7:1-2)
- 이기는 능력 (7:3-5)

- 공의로운 응징 (7:6-16)
- 감사와 찬양 (7:17)

하나님의 도우심 (7:1-2)

종종 우리가 최악의 경우라고 생각하는 때가 우리가 하나님을 찾을 수 있는 최적의 기회가 될 수 있다. 이 시편의 경우도 그랬다. 다윗은 하나님께 이렇게 울부짖었다, "여호와 내 하나님이여, 주께 피하오니 나를 쫓는 모든 자에게서 나를 구하여 건지소서"(1절). 이런 기도 중 시편 기자에게는 피난처가 벌써 나타났다. 히브리어의 시제(時題)가 바로 이 사실을 우리에게 암시해 준다. 여기서 시편 기자는 완료형을 씀으로 아직 실제로 이루어지지 않은 상태였으나 마치 이루어진 것으로 간주된 표현을 사용했다. 주석가 프로운은 이 사실을 이렇게 말했다, "굴이나 바위 틈이나 산이나 민첩함 등과는 비교도 할 수 없는 안전한 피난처에서 그는 자기의 피를 취하려는 원수를 바라볼 수 있었다."

그렇다. 우리에게 어떤 어려운 환경이 다가온다 하더라도 우리가 기억해야 할 점은 우리에게는 하나님 자신이 그 피난처가 되어 주신다는 사실이다. 바울 사도도 이 사실을 체험하고 이렇게 말했을 것이다, "그런즉 우리가 이 일에 대하여 무슨 말 하리요? 만일 하나님이 우리를 위하시면 누가 우리를 대적하리요?"(롬 8:31).

이와 같은 하나님의 크신 팔에 자신을 매일 맡기지 않고 어떻게 이 세상에서 행복하게 살아갈 수 있는지 잘 모르겠다. 비록 오늘날 우리에게는 사울 왕같이 우리의 목숨을 노리는 적은 없을지 모르나, 우리를 초조하고 두렵게 만들며, 우리의 목숨을 노리는 요소들은 얼마든지 많다. 깜박등도 켜지 않고 언제 갑자기 끼어 들지 모르는 수많은 택시들과 대형 버스들이나, 유난히도 많이 발생하는 각종 암이나, 사업적인 위기 의식 등은 매일 우리가 싸워야 하는 적들이다. 이러한 적들 앞에서 "여호와 내 하나님이여, 주께 피하오니 나를 좇는 모든 자에게서 나를 구하여 건지소서"(1절)라고 외칠 수 있는 것은 말할 수 없는 특권이다.

가장 큰 원수 앞에서도 우리는 기억하자. 그 큰 원수보다 더 크신 하나님이 우리의 피난처가 되시며, 우리가 원수의 목전에서 안전함과 충만함을 누릴 수 있게 하신다는 사실을 말이다.

이기는 능력 (7:3-5)

한 무역 회사 직원이 아침부터 밤 10시까지 일하고 어떤 때는 고객을 데리고 자정까지 술좌석을 마련하는 일까지 했다. 어느 날 아침에 잠에서 깨자 심한 복통과 요통이 있어서 하루를 결근하게 되었다. 그의 상관은 그를 태만한 자로 여겼다. 더 열심히 일하겠다고 다짐하고 그 위기를 간신히 모면했다. 그러나 일주일 후에 그는 신경쇠약증으로 쓰러졌다. 이 이야기는 몇 년 전 리더스 다이제스트에 나온 한 일본인에 관한 것이다. 남의 이야기라고 떨쳐 버리기엔 너무나 낯익은 이야기이다. 우리 사회에서도 종종 일어날 수 있는 이야기이다.

최선을 다하나 애매하게 취급을 당하는 것보다 더 괴로운 일은 없을 것이다. 시편 기자도 여기에서 부당하게 정죄를 받았다. 프로운은 시편 기자의 반응을 이렇게 설명했다, "자신의 정직성을 열렬하게 주장했고, 그의 심령은 격한 감정으로 북받쳤다. 그가 자신이 부당하게 공격받았다고 생각했을 때 격렬한 어조로 이를 항의했다." 이 일본 직장인의 경우와 시편 기자의 경우에는 현격한 차이가 있다. 그 일본인은 이 경우 정신적으로 와해되어 버렸다. 그는 이길 힘을 얻지 못했다. 반면에 시편 기자는 이길 힘을 얻었다. 그는 최소한 두 가지 근원으로부터 이 힘을 얻었음을 알 수 있다.

첫째로, 그는 하나님께로부터 이것을 얻었다. "여호와 내 하나님이여"(3절)라고 그는 외쳤다. 아마 시편 기자는 이렇게 생각했을 것이다, "아무도 내 심정을 알아 주지 못해도 전능하신 하나님만은 나의 억울함을 알아 주실 것이다." 우리는 다른 시편에서도 고뇌 가운데 있는 사람에게 여호와가 어떤 역할을 하시는지를 찾아볼 수 있다. 원수들을 물리친 후 다윗은 여호와에 대하여 이렇게 노래했다, "나의 힘이 되신 여호와여, 내가 주를 사랑하나이다. 여호와는 나의 반석이시요, 나의 요새시요, 나를 건지시는 자시요, 나의 하나님이시요, 나의 피할 바위시요, 나의 방패시요, 나의 구원의 뿔이시요, 나의 산성이시로다"(18:1-2). 여호와는 구원받은 사람들을 위해 지금도 시편 기자가 기록한 내용대로 역사하신다. 그는 우리가 환난 날에 피할 반석이시다. 그 이름 안에서 우리가 안전을 얻을 수 있다고 잠언 기자도 이렇게 말했다, "여호와의 이름은 견고한 망대라. 의인은 그리로 달려가서 안전함을 얻느니라"(잠 18:10). 우리는 하루에도 몇 번씩 여호와께 나아가야 한다. 그리고 그로부터 능력을 공급받아야 한다. 한 찬송가 작가는 이런 사실을 다음과 같이 표현했다:

나는 매순간 당신이 필요합니다.
내 옆에 늘 계시옵소서.
당신이 옆에 계시면
시험도 그 세력에 꺾입니다.
당신이 필요합니다. 오, 당신이 필요합니다.
매순간 당신이 필요합니다.
나의 구주께 지금 가오니

나를 축복해 주옵소서.

둘째로, 그는 그의 거룩한 삶에서부터 무고한 정죄를 이기는 힘을 얻었다. 우리말 성경에는 마치 네 개의 조건문이 나와 있는 것처럼 쓰여졌으나 히브리어를 보면 시편 기자는 여기에서 세 개의 조건문을 사용하여 자신의 결백을 주장했다. "내가 이것을 행하였거나, 내 손에 죄악이 있거나, 화친한 자를 악으로 갚았거나(여기까지만 조건문으로 봄), '아무 이유 없이 나를 원수로 여기는 자를 내가 긴지기는 했어도'"(필자 편역부분, 3-4절). 주석가 앤더슨은 앞에 있는 세 개의 조건문을 '자기 저주'의 부분이라고 말했다. 만일 이 세 개의 조건문 내용이 사실이라면 5절에서 말한 것처럼 완전히 자신을 짓밟고 파괴시켜도 아무 말도 하지 않겠다는 것이다. 그러나 하나님 앞에 자신을 비추어 볼 때 자신은 이 모든 것으로부터 자유하기 때문에 감히 이렇게 말할 수 있었다, "원수로 나의 영혼을 쫓아 잡아 내 생명을 땅에 짓밟고 내 영광을 진토에 떨어뜨리게 하소서"(5절). 이 말은 시편 기자가 도덕적으로 완벽하다는 말은 아닐 것이다. 다만 그의 적들이 주장하는 것처럼 자신이 악독한 일을 하지 않았다는 말일 것이다. 누구든지 그리스도인이 되면 이렇게 말할 수 있어야 한다, "나는 당신들이 말하는 것처럼 악한 일을 하지 않았소." 그것은 신약에서도 가르치고 있는 말이다. 요한일서 5장 18절은 이렇게 말씀하고 있다, "하나님께로서 난 자마다 범죄치 아니하는 줄을 우리가 아노라. 하나님께로서 나신 자가 저를 지키시매 악한 자가 저를 만지지도 못하느니라."

오늘날도 하나님을 의지하는 것과 주께서 주시는 능력을 의지하고 거룩한 삶을 사는 것을 통해 우리는 많은 정죄를 물리칠 수 있다. 그리고 세상을 책망하며 회개를 외치며 떳떳하게 살 수 있다. 만일 천만

명이 넘는 한국 교인 중에 절반이라도 이렇게 산다면 18세기 웨슬리 시대가 경험했던 사회 정화 운동을 오늘날도 경험하게 될 것이다. 우리는 악을 이기고, 또 악을 이용하여 고소하는 마귀의 정죄도 이기며 살 수 있다.

공의로운 응징 (7:6-16)

다윗은 범세계적인 공의가 실현될 것을 기대하고 있었다. 이러한 공의의 실현은 첫째로, 하나님의 의로운 심판으로 나타난다(6-11절). 심지어는 의인도 심판을 모면하지 못한다. 다행히도 의인이 받는 심판은 파괴적인 것이 아니고 구속적인 것이다(고후 5:10, 롬 14:10 참조). "나의 의와 내게 있는 성실함을 따라 나를 판단하소서. 악인의 악을 끊고 의인을 세우소서. 의로우신 하나님이 사람의 심장을 감찰하시나이다"(8-9절). 다윗은 자신이 정직한 사실을 하나님께서 공정하게 판단해 주실 것을 부탁드렸다. 의인에게는 이와 같이 공의로운 심판이 있기 때문에 커다란 위로를 받을 수 있다. 이는 우리가 하는 조그마한 공의로운 일도 비록 이 세상에서는 묵살되거나 모함을 받는 구실이 될 수 있으나, 의로운 재판관이 계시므로 어느 날 행한 대로 보상이 있을 것이다.

이런 사실을 아는 우리는 더욱더 악과 싸우며 의를 행할 용기를 얻게 된다. 물론 여기서 의인은 하나님의 언약의 관계를 기초로 하여 된 의인을 의미함은 두말 할 여지가 없다. 누구든지 스스로 의롭다할 사람은 구약이나 신약 시대를 통틀어 찾아볼 수 없다. "나의 방패"(10절)와 "정직한 자를 구원하는"(10절) 등의 표현은 이를 잘 나타내 주고 있다.

심판의 범위는 여기서 끝나지 않고 더 넓은 데까지 미친다. "여호와여, 진노로 일어나사 내 대적들의 노를 막으시며 나를 위하여 깨소서. 주께서 심판을 명하셨나이다. 민족들의 집회로 주를 두르게 하시고 그 위 높은 자리에 돌아오소서....악인의 악을 끊고 의인을 세우소서....하나님은 의로우신 재판장이심이여, 매일 분노하시는 하나님이시로다"(6-7, 9, 11절). 인간은 악과 싸우다가 지치게 되면 악에 대해 미지근한 태도를 가질 때가 있을지 모르나, 하나님은 악에 대한 심판을 내리는 일에 지치지도 않으시고 변하지도 않으신다.

둘째로, 이러한 심판 뒤에는 징벌이 따라온다(12-16절). 회개치 않는 자는 직접 그 자신이 징벌을 받게 된다. "사람이 회개치 아니하면 저가 그 칼을 갈으심이여, 그 활을 이미 당기어 예비하셨도다. 죽일 기계를 또한 예비하심이여, 그 만든 살은 화전이로다"(12-13절). 여기에는 하나님의 징벌에 대한 '결의'와 '성격'이 나와 있다. 죄에 대한 하나님의 징벌은 이미 확정되었고, 그 결과는 사망이다. 회개치 않는 자는 이 세상에서도 허망된 삶을 살게 된다. "악인이 죄악을 해산함이여, 잔해를 잉태하며 궤휼을 낳았도다"(14절).

원래 사람은 의와 평강과 사랑과 기쁨 등의 열매를 맺으며 사는 것이 하나님의 의도였다. 그러나 이제 죄악을 해산하여 무서운 잔해(殘害)와 저속한 속임수(궤휼)를 쏟아 놓으며 살게 된 것이다. 이런 삶은 시편 1편에서 말씀하신 것처럼 바람에 나는 겨와 같으며, 하나님 눈에는 아무런 가치도 없는 삶이다.

회개치 않는 자는 자기 죄의 결실을 먹고 살게 되는 것을 다음 구절들을 통해서도 분명히 알 수 있다. "저가 웅덩이를 파 만듦이여, 제가 만든 함정에 빠졌도다. 그 잔해는 자기 머리로 돌아오고 그 포학은 자기 정수리에 내리리로다"(15-16절). 물질적인 차원에서는 악한 자가 언제나 손해를 보지 않을지도 모른다. 그러나 영적인 차원에서는 악한 자는 항상 자기가 낳은 악으로 망한다. 자기가 판 웅덩이에 자기가 빠지고 자기가 낳은 해와 악에 자기가 부딪치는 것이 죄의 삶이다. 누구든지 이와 같은 영적인 법칙을 아는 자는 더 이상 악인의 핍박과 거짓말 때문에 절망하지 않고 오히려 공의를 행하시는 하나님을 의뢰하게 된다.

감사와 찬양 (7:17)

"내가 여호와의 의를 따라 감사함이여"(17절)라는 말씀을 칼빈은 하나님의 '미쁘심' 때문에 감사한다는 내용으로 해석했다. 그렇다. 우리가 감사할 수 있는 이유는 변함 없이 공의를 베푸시어 세상은 비록 우리를 애매하게 정죄하고 괴롭혀도 하나님은 늘 공의로 우리를 대하시기 때문이다. 감사와 극히 밀접한 관계에 있는 것이 찬양이다. 감사하는 이들은 "찬양하리로다"(17절하). 깊은 확신이 없이는 감사와 찬양을 드릴 수 없다. 시편 기자는 환경을 보지 않고 하나님을 바라볼 때 깊은 확신을 갖게 되고 따라서 믿음으로 여호와께 감사와 찬양을 드릴 것을 선언한다.

이상과 같은 사실을 볼 때 어찌 의인이 애매하게 비난을 받거나 고난을 당하게 될 때 비극이라고만 할 수 있겠는가? 하나님과 함께 그 고난을 당면할 때 비극이라고만 할 수 있겠는가? 하나님과 함께 그 고난을 당면할 때 적어도 하나님의 도우심, 이기는 능력, 공의로운 응징 그리고 감사와 찬양이 있는데도 비극이라고 말할 수 있겠는가 말이다. 오히려 우리는 우리의 신앙심이 이로 말미암아 더욱 자랄 것을 믿음의 눈으로 내다 보고 감사와 찬양을 드릴 수 있다, "다만 이뿐 아니라 우리가 환란 중에도 즐거워하나니 이는 환란은 인내를, 인내는 연단(성숙)을, 연단은 소망을 이루는 줄 앎이로다"(롬 5:3-4).

8
하나님의 영광과 인간의 존엄성
8 : 1-9

여호와 우리 주여, 주의 이름이 온 땅에 어찌 그리 아름다운지요. 주의 영광을 하늘 위에 두셨나이다. 주의 대적을 인하여 어린 아이와 젖먹이의 입으로 말미암아 권능을 세우심이여, 이는 원수와 보수자로 잠잠케 하려 하심이니이다. 주의 손가락으로 만드신 주의 하늘과 주의 베풀어 두신 달과 별들을 내가 보오니 사람이 무엇이관대 주께서 저를 생각하시며 인자가 무엇이관대 주께서 저를 권고하시나이까. 저를 천사보다 조금 못하게 하시고 영화와 존귀로 관을 씌우셨나이다. 주의 손으로 만드신 것을 다스리게 하시고 만물을 그 발 아래 두셨으니, 곧 모든 우양과 들짐승이며 공중의 새와 바다의 어족과 해로에 다니는 것이니이다. 여호와 우리 주여, 주의 이름이 온 땅에 어찌 그리 아름다운지요.

인류의 역사는 모름지기 인간이 하나님을 회피하려는 일로 점철되고 있다. 이는 아이로니컬한 일인지 모른다. 인간에게 가장 필요한 분이 하나님이심에도 불구하고 인류는 마치 하나님을 자신의 행복과 꿈을 빼앗아가려는 거대한 샤일록처럼 취급하고 있는 것을 볼 수 있다. 이는 마치 사춘기에 접어든 청소년의 경우와도 흡사하다. 사춘기를 맞이한 청소년은 어느 때보다도 어른들이 필요하고, 그들의 인도와 모범과 사랑이 필요함에도 불구하고 부모의 도움이나 사랑의 관심을 마치 간섭이나 속박인 것처럼 오해하고 어른들의 보호권으로부터 탈피하려는 것과도 비교가 된다. 따라서 자신이 누구인지 그리고 자신의 갈 길이 무엇인지를 종종 파악하지 못하고 탈선하는 경우가 있다.

인간은 인간만 보고서 이해가 되지 않는다. 인간이 우주와 어떤 관계를 갖고 있는지가 해결되지 않고서는 인간에 대한 여러 가지 문제점들이 해결되지 않을 것이다. 무엇보다도 인간은 창조주이신 하나님을 알지 못하고서는 참 인간의 의미를 이해할 수 없다. 기독교사에 길이 빛나는 성 어거스틴은 문제를 올바로 보았다. 그래서 그는 이렇게 말했다. "너는 찾으라. 자신의 참 의미를 발견하라. 누구든지 찾는 자는 발견할 것이나. 그러나 놀랍고 기쁜 사실은 그렇게 할 때 그가 자신을 발견하는 것이 아니라 하나님을 발견한다는 점이다. 다시 말해서, 그가 자신을 발견했다면, 이는 그가 하나님 안에 있는 자신을 발견했다는 뜻이다"(『참회록』 서문 중에서).

그렇다! 누구든지 성경을 통해 하나님께 가까이 가서 하나님을 깊이 깨닫는 자는 그의 자각의 눈이 열려 하나님만 볼 뿐 아니라 하나님과 우주와 인간의 올바른 모습을 발견하게 될 것이다. 아마도 시편 기자는 어느 날 유대 지방 한 구석에서 하나님의 신비를 보았을 것이다. 그 순간 인간과 우주의 참 의미를 깨달아 이 시편을 기록했을 것이다.

이 시편은 현대 학자들이 찬양 시편(Psalms of Praise)으로 분류하고 있다. 그러나 주석가 루폴은 이 시편이야말로 인간을 최고의 위치에 앉혀 놓은 시편이라고 주장하고 있다. 사람이 하나님께 영광을 돌릴 때 비로소 하나님께서 사람에게 주시고자 의도했던 최고의 가치를 찾을 수 있음을 다음 내용을 통해 알 수 있다.

- 하나님의 영광은 온 자연 속에서 찾아볼 수 있다(8:1-2).
- 온 자연 중 가장 중요한 존재는 사람이다(8:3-4).
- 사람은 하나님 버금가는 자연의 통치자이다(8:5-8).
- 하나님의 영광을 찬양하는 것이 사람의 가장 큰 의무이다(8:9).

하나님의 영광은 온 자연 속에서 찾아볼 수 있다 (8:1-2)

"여호와 우리 주여, 주의 이름이 온 땅에 어찌 그리 아름다운지요! 주의 영광을 하늘 위에 두셨나이다. 주의 대적을 인하여 어린 아이와 젖먹이의 입으로 말미암아 권능을 세우심이여, 이는 원수와 보수자로 잠잠케 하려 하심이니이다."

1. 온 땅과 하늘 위에 나타난 하나님의 영광   달나라로 여행한 소련의 첫 우주인에게는 '온 땅'과 '하늘'에 가득 찬 주의 영광이 보이지 않았다. 그래서 그는 내려와서 이렇게 말했다, "나는 거기서 하나님을 보지 못했다. 하나님은 없다." 이런 사람은 필경 사람의 진정한 존재 가치를 알지 못하는 사람일 것이다.

반면에 시편 기자는 주께서 온 땅과 하늘과 거기에 있는 모든 것들을 창조했을 뿐만 아니라 이 모든 것들을 그 능력의 손으로 붙들고 있음을 알았다. 신앙의 눈을 가진 사람은 그 능력이 얼마나 영광스러운 것인가를 알 수 있다. 영국의 스펄전 목사는 이 영광스러운 능력에 대하여 이렇게 말했다, "어떤 말로도 그 오묘함을 설명할 수 없다. 하나님의 영광이야말로 이 시편뿐 아니라 시편 전부를 지배하는 요점이며, 더 나아가서는 구약 전체의 열쇠이기도 하다."

2. 확고 부동한 하나님의 영광   '온 땅'과 '하늘' 위에 나타난 하나님의 영광은 확고 부동하다. 따라서 하나님께서는 어린 아이들과 젖먹이들에게 그 영광을 보존하도록 맡기시기도 한다. 물론 하나님께서는 다른 방법으로도 얼마든지 그 영광을 보존하실 수 있다. 그러나 종종 우리가 예기치 않던 방법으로도 보존하심을 알 수 있다.

이런 사실은 우리에게 커다란 위로를 준다. 하나님께서 어린 아이와 젖먹이에게까지 그의 영광을 보존토록 하신다면 비록 약하고 쓰러지기 쉬운 우리에게까지도 그 영광스러운 직분을 맡기시리라는 기대와 확신이 있다. '온 땅'과 '온 하늘 위'에 나타난 하나님의 영광을 보고 찬미할 수 있는 어린 아이와 젖먹이가 세상에 오신 하나님을 눈앞에 두고도 머리조차 숙일 줄 모르는 대제사장과 서기관보다 얼마나 더 가치가 있는가에 대해서는 예수님께서도 다음과 같이 분명히 말씀하셨다. "예수께 말하되 저희의 하는 말을 듣느뇨? 예수께서 가라사대 그렇다. 어린 아기와 젖먹이들의 입에서 나오는 찬미를 온전케 하셨나이다 함을 너희가 읽어 본 일이 없느냐 하시고"(마 21:16). 인간은 이런 영광스러운 하나님과 언약의 관계를 맺을 때에만 그 가치가 인정될 수 있다.

온 자연 중 가장 중요한 존재는 사람이다 (8:3-4)

1. 자연을 주신 이유   지금도 유대 땅에서 밤하늘을 쳐다보면 별들과 달이 그렇게 맑게 보이는데, 공해라는 개념이 있기도 전 시편 기자가 세상에 거닐 때에는 그것들이 얼마나 선명하게 보였겠는가 가히 짐작이 간다. 아마도 시편 기자는 자연의 웅장함과 신비를 보고 자기 자신이 얼마나 작은 존재이며 무기력한가를 생각했었을 것이다. 그러나 하나님의 영감으로 자연을 보았을 때는 다른 결론에 도달한 사실을 볼 수 있다. "주의 손가락으로 만드신 주의 하늘과 주의 베풀어 두신 달과 별들"(3절)도 사람을 마음에 두시고 하나님께서 창조하셨다는 사실을 그는 알 수 있었다. 대개 다른 종교는 자연을 숭배하는 쪽으로 기울어지는 데 비해 이는 자연이 사람을 염두에 두고 창조되었음을 암시한다.

이러한 사실은 천지 창조의 순서를 보아도 알 수 있다. 하나님께서는 먼저 지구를 포함한 천체를 창조하시고(창 1:1-10) 각종 생물들

및 동물들을 그 종류대로 창조하셨다(창 1:11-26). 그 다음 비로소 사람을 하나님의 형상대로 창조하였던 것이다(창 1:26-31). 하나님께서 사람이 거처하고 생육하고 번성하기에 알맞도록 해 놓고 사람을 창조하신 것을 보면 피조물 중 틀림없이 사람이 가장 존귀한 존재였음을 알 수 있다. 더욱이 모든 다른 피조물을 창조하신 후에는 "좋았더라"고 말씀하셨으나, 하나님의 형상에 따라 지으신 사람을 보고는 "심히 좋았더라"고 감탄하신 것을 미루어 보아도 이를 알 수 있다.

지금 인류는 다시 한 번 이와 같은 인간관을 되찾아야 할 때가 되었다. 하나님의 눈으로 보게 되면 인간은 존귀하다. 우리가 이렇게 인간을 볼 때 더 이상 인간을 플라스틱 병처럼 소모품화하지 않게 될 것이다.

2. 사람에 대한 주님의 마음　사실상 주님께서는 우리를 꼭 필요로 하는 것은 아니다. 주님께서는 영광 중에 계시고 우리의 예배를 받지 않으셔도 이미 완전하시다. 그럼에도 불구하고 그 영광 중에서 우리에게 하강하시어 우리를 생각하고 권념하신다는 것은 시편 기자에게 있어서나 현대를 사는 우리에게 있어서도 도무지 이해가 되지 않는 사실이다. 그래서 시편 기자는 이렇게 외치고 있다. "사람이 무엇이관대 주께서 저를 생각하시며 인자가 무엇이관대 주께서 저를 권고하시나이까"(4절).

하나님의 영광과 비교해 보았을 때 사람 자체를 보아서는 난쟁이 중에 난쟁이요, 먼지 중에 먼지만도 못하다. 그러나 하나님께서는 이런 사람을 피조물 중에 영장으로 삼으셨다. 주석가 키드너는 하나님의 인간에 대한 이와 같은 대우는 은혜 때문이라고 말하고 있다.

그렇다. 하나님께서 우리를 이처럼 권념하시고 생각해 주셔서 만물보다 더 사랑하시고 존귀케 하시는 이유를 우리는 '은혜' 이외의 그 어떤 다른 것으로부터 발견할 수가 없다. 우리는 비록 타락하여 원래 하나님께서 의도하셨던 위치에서 떨어졌고, 우리 속에 있는 양심과 하나님의 형상이 일그러질 대로 일그러졌지만 아직도 하나님께서 인간을 존귀하게 여기신다는 사실을 잊어서는 안 된다.

우리는 바울 사도가 말한 바 있는 십자가에서 처리되지 않으면 안 되는 인간의 저속한 부분과, 시편 기자와 창조의 기사가 우리에게 말해 주고 있는 인간의 숭고한 면 사이에 적절한 균형을 찾지 않으면 안 될 것이다.

우리는 일부 현대 인본주의 심리학자들의 주장처럼 인간을 신격화시키거나 인간의 타락설을 부인하거나 인간의 가능성을 무한하게 보아서는 안 된다. 반면에 우리는 공산주의자들이나 세속주의자들이나 현대 산업 사회에서처럼 인간을 하나의 경제적 수단이나 노동력이나 이용물로 보아서도 안 된다. 인간이 하나님의 영광 중에서만 온전한 존엄성을 찾을 수 있다는 신본주의적 인간관을 시장에서 장사하는 사람들이나 위정자들이나 교회 지도자들이 되찾지 않으면 안 된다.

사람은 하나님 버금가는 자연의 통치자이다 (8:5-8)

하나님께 영광을 돌릴 때 인간은 위대해질 대로 위대해진다. 시편에는 바로 하나님의 언약적인 사랑을 깨닫고 하나님께 영광을 돌리는 내용들로 가득 차 있다. 따라서 시편 내용 중에서 우리는 인간을 가장 존귀하게 본 부분들을 찾아 볼 수 있다. 그 중 어떤 부분들은 예수님의 인성과 연관하여 신약에 인용된 것도 있다(예를 들면, 히 2:6-8). 열등 의식으로 고생하거나 자존감이 손상되어 자신을 필요 이상으로 낮게 보는 사람이 시편을 깊이 묵상하고 시편 기자의 신학을 터득하게 되면 그 문제들이 해결된다고 추천하는 이유도 아마 이런 데 있을 것이다.

우리는 5절 이하에서 인간에 대한 신비성과 존엄성의 극치를 다시 한 번 확인할 수 있다, "저(사람)를 천사(히브리 원본에는 '엘로힘')보다 조금 못하게 하시고 영화와 존귀로 관을 씌우셨나이다"(5절). 우리말 성경은 사람을 '천사'보다 못하게 하셨다고 말씀하고 있으나 아마도 여기서는 천사보다는 '하나님' 혹은 신성보다 못하게 하셨다고 보는 것이 더 타당할 것이다. 원래 히브리어에는 '엘로힘' 곧 하나님이라고 되어 있으나, 이것이 너무 엄청난 사실이므로 초기 번역가들이 '천사'로 격하시켰다고 주석가 루폴은 주장하고 있다. 따라서 칠십인역을 위시하여 흠정역에 이르기까지 그대로 되어 있다. 그러나 엘로힘이 천사로 쓰여진 경우가 없으며, 또 신학적으로 보아도 그렇게 보는 것이 타당하다. 그 이유는 하나님께서 천사들의 위치를 구속받은 성도의 위치보다 낮게 보고 계시기 때문이다(히 1:14). 물론 지금 잠깐 동안 우리가 천사보다 어떤 면에 있어서는 못할 수도 있다. 하지만 근본적으로는 우리가 천사들의 섬김을 받는 존재들이다. 사도 요한의 신학을 보아도 이런 우선 순위는 나타나고 있다. 요한이 천사의 발 앞에 경배하려고 엎드렸을 때 천사는 이렇게 말했다, "나는 너와 네 형제 선지자들과 또 이 책의 말을 지키는 자들과 함께 된 종이니 그리하지 말고 오직 하나님께 경배하라"(계 22:9).

이것이 사실이라면 하나님께서는 인간을 얼마나 높게 보시는가를 알 수 있다. 하나님께서는 인간을 하나님 버금가게 보신다고 여기서 말씀하시고 있는 것이다. 물론 여기에서 말씀하고 있는 것은 하나님께서 원래 창조하신 상태대로의 사람을 의미하는 것이 사실이다. 비록 우리가 지금은 타락해서 원래의 영광을 잃어버렸을 지라도 재창조된 우리로서 그 존엄성의 상당 부분이 회복되었다고 볼 때 우리는 놀라움을 금할 수 없다. 이런 신학적 내용을 시라는 장르로 표현하는 것은 너무나 타당하다. 시적 표현이 아니고서는 그 감정과 의미를 다 표현하기 어려울 것이기 때문이다.

이런 신학적 내용이 사실이라면--물론 사실이다--사람 위에는 오직 하나님만 계실 뿐이다. 자연과 피조물들은 하나님께서 우리에게 관리하라고 맡기신 것임을 알 수 있다. "주의 손으로 만드신 것을 다스리게 하시고 만물을 그 발 아래 두셨으니, 곧 모든 우양과 들짐승이며 공중의 새와 바다의 어족과 해로에 다니는 것이니이다"(6-8절).

하나님께서 우리에게 위임하신 부분들을 우리가 하나님 대신 다스려서 하나님의 온 피조물계에 조화가 이루어지게 하려고 하셨던 것이다. 이로 보건대 성경의 하나님만이 인간이 경배할 수 있는 분이시다. 그 나머지는 인간이 다스려야할 대상이지 숭배하거나 섬길 대상은 못되는 것이다. 돈도 부귀도 명예도 모두 우리가 하나님의 뜻이 이루어지도록 다스려야할 대상이지 인간들보다 위에 놓아서는 안 될 것들이다.

하나님의 영광을 찬양하는 것이 사람의 가장 큰 의무이다 (8:9)

얼핏 보기에 우리는 9절이 1절의 반복인 것같이 생각하기가 쉽다. 하지만 그렇게 단순하지가 않다. 시편 기자는 1절에서도 하나님께 영광을 돌렸다. 그러나 9절에서 그는 더 깊이 감동되어 영광을 돌렸을 것이다. 하나님께서 인간에 대하여 어떤 가치를 부여했는가를 생각한 후에 9절이 나오기 때문에 시편 기자는 가슴 깊이까지 감격하여 하나님께 영광을 돌렸을 것이다. "여호와 우리 주여, 주의 이름이 온 땅에 어찌 그리 아름다운지요"(9절). 우리는 다시 한 번 성경적인 인간관을 회복해야 될 때가 왔다. 그렇지 않아도 산업 사회로 치닫는 세계는 인간을 경시하는 풍조를 조성하기 마련인데, 심지어는 교회 지도자들까지도 이런 가치관에 물들어가고 있는 것 같다. 하나님의 아들을 십자가에 내어 주시기까지 귀하게 여기는 사람들을, 온 천하를 주고도 바꿀 수 없다고 말씀하시는 인간들을 세상이 악용하는 것은 그렇다손 치더라도 교회에서까지 그렇게 해서야 되겠는가 말이다. 성경적인 인간관을 갖지 않는 한 성경이 말씀하는 이상적인 부부 관계나 고용 관계나 부모와 자녀 관계를 갖는 것은 요원하다. 하나님의 영광을 위하여 참으로 존귀한 존재로 지음받은 인간에 대한 성경적 인간관이 없이는 그 누구도 훌륭한 스승이나 훌륭한 학생, 훌륭한 정치가 또는 훌륭한 사업가가 되지 못할 것은 자명한 사실이다.

주님이 오셔서 주님의 나라를 완성하시기 전까지는 모두가 완전한 성경적 인간관을 갖지 못한다는 것은 다 아는 사실이다. 그러나 우리는 그 때까지 기다리지 말고 지금이라도 하나님께 영광을 돌리는 가운데 성경적인 인간관을 갖고 내 이웃을 내 몸같이 사랑하는 운동을 각 분야에서 일으켜야 할 것이다.

9
하나님을 그 중심에 모신 사람의 고백
9 : 1-12

내가 전심으로 여호와께 감사하오며 주의 모든 기사를 전하리이다. 내가 주를 기뻐하고 즐거워하며 지극히 높으신 주의 이름을 찬송하리니 내 원수들이 물러갈 때에 주의 앞에서 넘어져 망함이니이다. 주께서 나의 의와 송사를 변호하셨으며 보좌에 앉으사 의롭게 심판하셨나이다. 열방을 책하시고 악인을 멸하시며 저희 이름을 영영히 도말하셨나이다. 원수가 끊어져 영영히 멸망하셨사오니 주께서 무너뜨린 성읍들을 기억할 수 없나이다. 여호와께서 영영히 앉으심이여, 심판을 위하여 보좌를 예비하셨도다. 공의로 세계를 심판하심이여, 정직으로 만민에게 판단을 행하시리로다. 여호와는 또 압제를 당하는 자의 산성이시요 환난 때의 산성이시로다. 여호와여, 주의 이름을 아는 자는 주를 의지하오리니 이는 주를 찾는 자들을 버리지 아니하심이니이다. 너희는 시온에 거하신 여호와를 찬송하며 그 행사를 백성 중에 선포할지어다. 피 흘림을 심문하시는 이가 저희를 기억하심이여, 가난한 자의 부르짖음을 잊지 아니하시도다.

요즘은 머리는 똑똑하나 심령이 약한 사람들은 살기가 어려운 시대이다. 심령이 약하나 둔하여 외부의 변화에 대하여 별로 민감하지 못한 사람은 그런 대로 모르고 넘어갈 수 있을지 몰라도, 심령이 약하고 똑똑한 사람들은 정치적 긴장과 경제적 불안 요인과 사회적 변화를 모두 감당하기에 힘이 들 수 있다. 아마도 "지혜가 많으면 번뇌도 많으니 지식을 더하는 자는 근심을 더하느니라"(전 1:18)고 한 전도자의 말씀이 바로 이 경우를 두고 하는 것 같다.

자연 환경만 보아도 그렇다. 예를 들어, 예전에는 조용히 그물을 던져서 고기나 잡고 그 잡은 것을 찌개로 만들어 소박하게 먹고 살던 어촌에 이제는 어느덧 현대식 제방이 쌓여지고 곳곳에 음식점들이 들어서는가 하면, 한가한 구석에서 소음 공해란 모르고 살던 때가 어제 같은데 어느덧 주위에 도로가 생기고 고층 아파트가 하늘을 찌를 듯 치솟고, 승용차와 대형 버스들이 집 앞을 정신 없이 달리게 되니, 이럴 때 마음이 약한 자는 그 변화에 적응하며 살기가 힘이 들게 된다.

아마도 이런 변화에 대한 저항감은 인간 속에 영원하고 변하지 않는 것에 대한 염원이 있기 때문이 아닐까 생각된다. 인간은 변하지 않는 진리, 변하지 않는 사랑, 변하지 않는 기준, 변하지 않는 가치관을 본능적으로 원하고 있는 것 같다. 전도서 기자는 이런 마음을 하나님께서 우리 속에 넣어 주셨다고 이렇게 암시하고 있다, "하나님이 모든 것을 지으시되 때를 따라 아름답게 하셨고, 또 사람에게 영원(변화 없는 세계, 확고한 곳)을 사모하는 마음을 주셨느니라"(전 3:11).

과거 어느 때보다 현대는 확고 부동하고 진리라고 말할 수 있는 정신적 지주가 누구에게나 필요하다. 문제는 그런 대상을 누구로 정하는가 하는 것과 그 필요성에 대해서는 아무런 관심이 없다는 것이다. 그러나 필요성에 대해서는 생을 진지하게 생각하는 사람이라면 그 누구도 거부하지 않을 것이다.

시편 9편 1절부터 12절은 바로 여호와를 자신의 지주로 택한 자의 찬양이다. 그의 믿음의 눈에는 여호와가 온전히 신뢰할 수 있는 분으로 나타났다. 세상이 변하고, 연인의 마음이 변하고, 사랑의 철학이 변해도 그분만은 변하지 않고, 일관성을 갖고 우리를 대해 주시는 분으로 그는 보았다. "여호와께서 영영히 앉으심이여, 심판을 위하여 보좌를 예비하셨음"(7절)을 그는 바라보았던 것이다.

만일 우리가 아직도 우리 전 생애를 의탁할 만한 대상을 찾지 못했다면 우리도 시편 기자처럼 변함 없이 확고 부동한 그분에게 우리 자신들을 맡길 수 있을 것이다. 즐거울 때에도, 성공했을 때에도 우리는 그분께 자신을 맡길 수 있다. 그래서 내 성공의 흥분 때문에 자기 파괴의 쓴잔을 마시지 않게 말이다. 아플 때에도 맡길 수 있다. 그분의 약속, 곧 나를 그분의 영원한 나라로 데려갈 것이라는 불변의 약속을 믿기 때문이다. 중병에 걸렸을 때에도 그렇게 할 수 있다. 불의를 보고 가슴이 터질 듯이 마음이 아플 때에도 그에게 맡길 수 있다. 그리하면 그의 평안이 우리 마음 속 깊이 우리를 주장하게 될 것이다. 그것은 체념으로부터 오는 자포 자기의 마음이 아니라, 최종적인 승리가 진리와 함께 내게 있다는 긴 안목에서부터 오는 소망 때문이다.

이렇게 여호와 하나님께 모든 것을 맡긴 자들은 시편 기자의 체험이 자신의 것이 될 수 있음을 알 수 있다. 그리고 다음과 같이 하나님에 대하여 시편 기자처럼 외칠 수 있다:

- 하나님은 우리의 찬양의 대상이시다(9:1-2).
- 하나님은 우리의 통치자이시다(9:3-8).
- 하나님은 우리의 피난처이시다(9:9-12).

하나님은 우리의 찬양의 대상이시다 (9:1-2)

우리가 주님을 향해 찬양하는 이유는 크게 두 가지를 들 수 있다. 먼저는 '주의 기사', 곧 주께서 행하신 일을 보고 찬양하며, 그 다음은 '주의 인격' 그 자체에 대하여 찬양한다.

1. 주의 모든 기사 때문에 찬양한다 (1절) 주께서 행하신 일 중 가장 우리에게 가깝게 느껴지는 것은 무엇보다도 구속의 역사이다. 시편 106편을 읽어 보아도 이를 알 수 있다. 거기서 시편 기자는 구속 이

외에도 이스라엘 백성을 향하신 여호와의 기사에 대하여 말하고 있다. 이와 같은 기사는 크게는 천지 창조와 출애굽 사건과 아브라함의 선택과 요셉의 인도하심에도 나타난 바 있다. 그러나 우리 개개인의 경우를 뒤돌아볼 때에도 하나님께서 삶의 곳곳마다 우리와 함께 하신 것을 알 수 있다. 여호와께서는 지금도 모든 일에 간섭하시며 우리를 인도하시고 붙들어 주고 계시다. 이를 생각할 때마다 우리는 여호와의 인자하심과 긍휼하심에 대하여 찬양할 수밖에 없다.

　2. 주의 인격 때문에 찬양한다 (2절)　주석가 케일과 데일리지는 "지극히 높으신 주의 이름"을 주님의 성품의 일면을 나타내 주는 이름이라고 말했다. 우리가 주님께 가까이 갈수록 주님의 높으심에 대하여 놀라움을 금할 수 없게 된다. 주님이 이와 같이 높으시고 우리와 본질적으로 다른 분이심에도 불구하고 우리와 교제하시며 우리와 함께 역사하심은 하나님의 은혜 때문이다. 천지를 창조하시고 만물을 붙들고 계신 분이 이스라엘과 함께 하신다는 사실을 시편 기자가 알았을 때 그는 기쁨이 용솟음쳐서 여호와를 찬양했다.

　우리도 주님께 가까이 가면 갈수록 주님의 성품을 더 깊이 깨닫게 되고, 또한 그렇게 될 때 우리에게 나타나는 반응은 찬양과 경배뿐이다. 이러한 경험을 영국의 찰스 웨슬리는 이렇게 표현했다:

만 입이 내게 있으면 그 입 다 가지고
내 구주 주신 은총을 늘 찬송하겠네.
내 주의 귀한 이름이 날 위로하시고
이 귀에 음악 같으니 참 희락되도다.

　그렇다. 누구든지 주님의 기사를 경험하고 크신 인격에 접하게 될 때 그 사람은 더 이상 예전 그대로 있을 수 없다. 그는 찬송과 경배를 드릴 수밖에 없는 그분 때문에 새로운 소망과 기쁨과 사랑으로 넘치게 된다. 현대의 그리스도인들은 시편 기자와 같이 주님을 체험적으로 알고 더욱더 찬송과 경배를 드려야 하겠다. 그럴 때 비로소 우리 신앙은 인본주의적인 도덕적 차원에 머무르지 않고, 신본주의적인 기적적 차원도 소유하게 되어 명실공히 세상의 빛과 소금으로서의 역할을 다 하게 될 것이다.

하나님은 우리의 통치자이시다 (9:3-8)

하나님은 우리의 찬송의 대상이실 뿐만 아니라 영원한 통치자이시기도 하다. 통치자에게 있어서 필수불가결한 요소는 통치할 수 있는 능력과 범법했을 때 다스릴 수 있는 재판권이다. 통치하는 데 필요한 능력은 내부의 소요와 외부의 침입을 모두 막을 수 있을 정도의 것이어야 한다. 하나님은 악의 세력으로부터 우리를 보호하실 능력이 있으시다.

"내 원수들이 물러갈 때에 주의 앞에서 넘어져 망함이니이다"(3절). "열방을 책하시고 악인을 멸하시며 저희 이름을 영영히 도말하셨나이다. 원수가 끊어져 영영히 멸망하셨사오니 주께서 무너뜨린 성읍들을 기억할 수 없나이다"(5-6절).

물론 이 말은 하나님을 믿는 백성이 있는 나라는 절대로 전쟁에 지지 않을 것이라는 보증 수표를 받는 것을 의미하는 것은 아니다. 우리는 눈 앞에 있는 것도 모르고 내일 일도 알 수 없으나, 하나님께서는 이 세상을 향한 뜻이 있으시고 그 뜻에 따라서 모든 것을 이행하시므로 어떤 때에는 믿는 백성들도 전쟁에서 죽기도 하고 참패도 하는 경우가 없지 않아 있다. 하지만 인류 역사상 악의 세력이 끝까지 승리하는 경우도 없었고, 또 하나님의 의를 좇는 백성이 영원히 패배하는 경우도 없었다. 로마 통치 하에 있던 예루살렘이 그랬고, 앗수르, 바벨론 등이 그랬다. 이들은 모두 잠시 이기는 것 같았으나, 결국 하나님의 거대한 뜻 가운데 하나님의 심판을 모면하지 못했다.

한 가지 분명한 것은 하나님께서 공의로 이 세상을 다스릴 능력만 있는 것이 아니라 재판도 공의로 하신다는 점이다. 다윗은 다음과 같이 노래했다. "여호와께서 영영히 앉으심이여, 심판을 위하여 보좌를 예비하셨도다. 공의로 세계를 심판하심이여, 정직으로 만민에게 판단을 행하시리로다"(7-8절). 그래서 하나님의 뜻을 이루시기 위하여 한 나라를 보호하시기도 하며, 다른 나라들을 패망시키기도 하신다는 점이다. 다윗이 통치하던 시대에 다윗의 적들을 물리치시고 다윗의 위를 견고케 하셨듯이 지금도 한 나라가 존속하고 패망하는 것은 여호와 하나님의 주권에 달려 있음을 알 수 있다. 이런 사실에 대하여 다니엘도 이렇게 말했다. "지극히 높으신 자가 인간 나라를 다스리시며 자기의 뜻대로 그것을 누구에게든지 주시며"(단 4:17).

그렇다. 어느 날 우리는 개인과 개인, 사회와 사회 사이에만 공의가 이루어지는 것이 아니라, 국가와 국가 사이에도 공의가 이루어질 것을 보게 될 것이다. 지금은 유예 기간이므로 초강대국들이 연약한 나라들을 탄압해도 하나님께서 형벌을 내리기를 보류하신다. 이는 그들도 회개하고 나오기를 기대하시기 때문일 것이다. 이런 사실에 대하여 베드로 사도는 이렇게 말씀했다. "사랑하는 자들아, 주께는 하루가 천 년 같고 천 년이 하루 같은 이 한 가지를 잊지 말라. 주의 약속은 어떤 이의 더디다고 생각하는 것 같이 더딘 것이 아니라, 오직 너희를 대하여 오래 참으사 아무도 멸망치 않고 다 회개하기에 이르기를 원하시느니라"(벧후 3:8-9).

그러나 지금 당장은 어떠한가? 지금도 이 말씀은 유효하다. 지금 우리 나라도 하나님께서 긍휼을 베푸시기 때문에 존속하고 있다. 지금도 하나님께서 자신의 뜻을 위하여 승리를 주시고 적을 물리치신다. 여호와께서 자기 백성을 지금도 보호하신다. 다만 우리가 원하는 대로 되지 않을 뿐이지 지금도 아버지께서는 살아서 이 세계를 통치하고 계신다.

1. 하나님은 우리에게 공의를 베푸실 의지를 갖고 계신다 "주께서 나의 의와 송사를 변호하셨으며"(4절상). "공의로 세계를 심판하심이여, 정직으로 만민에게 판단을 행하시리로다"(8절).

최종적인 공의는 아직도 미래에 속한 것이다. 그러나 예수께서 이 세상에 오신 순간, 아니 그 전에도 여호와께서 이스라엘을 통해 계시하심으로 공의를 계속 베풀어 오셨다. 우리가 단편적으로 사건들을 볼 때에는 하나님께서 공의를 베푸신 것처럼 느껴지지 않을 때가 있다. 가령 네로 황제가 그리스도인들을 무참히 죽인 사건이라든지, 히틀러가 유대인들을 학살한 사건이라든지, 스탈린, 모택동, 김일성 등을 볼 때는 공의가 없는 것처럼 보인다. 그러나 2000년 교회 역사를 통해 볼 때 이들 박해자들로 인한 그리스도인들의 순교는 하나님의 나라를 확장하는 데 엄청난 역할을 했을 뿐만 아니라, 이들 독재자들은 모두 하나님의 말씀대로 죽었거나 아니면 죽음을 기다리고 있고, "그 후에는 심판이 있으리니"(히 9:27)라는 말씀대로 될 것이다. 하나님만이 그런 의지를 갖고 있는 것이 아니라 하나님을 믿는 백성들도 공의를 이루려는 의지를 갖고 세상 각 곳에서 빛과 소금의 역할을 하고 있다.

2. 하나님은 우리의 재판장이시다 요즘은 신성시되어 오던 사법계도 믿을 수 없게 되어 가고 있다. 민주주의의 선진국이라는 미국에서도 소위 '범죄자를 위한 변호사'들이 돈에 의해 매수되어 범인들을 법망

으로부터 빠져 나오게 함으로 범인들이 범행 후에도 버젓이 거리를 활보하는 경우가 많다. 하나님의 법정은 그런 범죄자들을 위한 변호가 통하지 않게 될 것이다. 재판관은 인간이 아닌 하나님이시다. 또 변호사도 주님이시다. "주께서 나의 의와 송사를 변호하셨으며 보좌에 앉으사 의롭게 심판하셨나이다"(4절). 이런 재판은 잘못될 수가 없다. 의인을 위하여서는 변호사의 역할을 주께서 친히 하실 것이기 때문이다. 의인에게 "여호와께서 영영히 앉으심이여, 심판을 위하여 보좌를 예비하셨도다"(7절)라는 말씀과 "공의로 세계를 심판하심이여"(8절상)라는 말씀은 소망의 말씀이요, 기쁨과 안도감을 주는 말씀일 수밖에 없다. 우리를 위해 친히 십자가에서 피 흘려 죽으시고 우리의 죄의 대가를 치르신 분이 우리의 변호사이시며, 사랑하는 아들을 우리를 위해 내어 줄 정도로 우리를 사랑하시는 분이 우리의 재판관이시기 때문에 우리는 담대히 그 재판에 응할 수 있다(롬 8:32-33; 요일 2:1-2; 4:18 참조).

반면에 불의한 자는 이 재판을 모면할 길이 없다. 뇌물도 여기에서만은 통하지 않는다. 얼마나 통쾌한 일인가! 돈으로, 권력으로 매수하던 자들이 처음으로 공정한 재판을 받게 되니 말이다. 이들이 형벌을 받게 되기 때문에 통쾌하다는 것이 아니다. 오히려 그것보다는 하나님께서 살아 계시고 도덕적인 세계가 존재한다는 확신 때문에 오는 통쾌감이다. 이것이 없으면 우리는 인간이기 때문에 실망하고 좌절되어 우리들 마음대로 살 수밖에 없을지 모른다.

그러나 도덕적인 세계와 이를 위한 공의로운 심판과 심판주와 변호사가 있기 때문에 의인들의 마음에는 지금 이 불의한 세상에서라도 의로운 삶을 살고 싶은 의욕이 생기게 된다. 우리는 하나님의 나라가 온전히 이루어져서 "오직 성령 안에서 의와 평강과 희락"이 있을 때까지 우리 마음 속과 그리스도인들의 공동체 속에서나마 그리고 우리가 있는 주위에서나마 이를 누리며 살아가야 하겠다.

하나님은 피난처이시다 (9:9-12)

하나님을 자신의 지주로 삼는 자에게는 하나님이 찬송의 대상과 세상의 통치하시는 왕이실 뿐만 아니라 환난 날에 피할 수 있는 피난처도 되신다.

1. **피할 곳**   옛날에는 그래도 방공호가 효력이 있었다. B-29 전투기들이 그렇게 많은 폭격을 가했어도 방공호에 있는 사람들은 살아남을 가능성이 컸었다. 이제는 좀 다르다. 방공호를 파괴할 수 있는 핵무기와 파괴가 되지 않아도 오염으로 우리를 죽일 수 있는 방사성 물질과 세균 폭탄들이 너무 많아 그 어디를 안전한 피난처라 해야 할지 모르는 세상이 되었다. 그러나 시편 기자는 자신의 경험을 통하여 시간과 시대를 초월한 진리를 우리에게 주고 있다. 그 진리는 "여호와는 또 압제를 당하는 자의 산성이시요 환난 때의 산성이시로다"(9절)라는 것이다. 여호와는 아직도 안전한 피난처가 되신다는 말이다. 여호와가 압제를 당하는 사람이나 환난을 당하는 자에게 산성이 되신다는 뜻이다.

이스라엘에 가면 '맛사다'라고 하는 유명한 곳이 있다. 로마 군인들이 이 성을 포위하고 갖가지 수단을 다하였으나 함락하지 못하다가 유대인들로 토성을 쌓아 올리게 하는 꾀를 로마 장군이 짜내었다. 차마 동족들을 살해하지 못하고 망설이다가 드디어 함락시켰다는 것이다. 여호와는 '맛사다'와는 다르시다. 여호와는 세계가 갖고 있는 모든 과학의 힘으로도 정복할 수 없는 분이시다. 그분에게 피하는 자는 안전하리라고 잠언 기자는 말했다, "여호와의 이름은 견고한 망대라.

의인은 그리로 달려가서 안전함을 얻느니라"(잠 18:10). 오, 지금이
야말로 여호와께 피하여야 할 때이다. 누구든지 흔들리고, 불안하며,
위험을 느끼는 사람은 이리로 들어와서 안전함을 얻을 수 있다.

종교 개혁 당시 마귀가 마치 기왓장 수만큼이나 많은 것처럼 느꼈
던 시기에 마틴 루터는 여호와의 성 안에서 이렇게 찬양했다:

내 주는 강한 성이요, 방패와 병기되시니,
큰 환난에서 우리를 구하여 내시리로다.
옛 원수 마귀는 이 때도 힘을 써 모략과 권세로
무기를 삼으니 천하에 누가 당하랴.

내 힘만 의지할 때는 패할 수밖에 없도다.
힘 있는 장수 나와서 날 대신하여 싸우네.
이 장수 누군가 주 예수 그리스도 만군의 주로다.
당할 자 누구랴 반드시 이기리로다.

이 땅에 마귀 들끓어 우리를 삼키려하나
겁내지 말고 섰거라 진리로 이기리로다.
친척과 재물과 명예와 생명을 다 빼앗긴대도
진리는 살아서 그 나라 영원하리라.

2. **구할 분** 여호와는 우리를 수동적으로 보호해 주실 뿐만 아니라
능동적으로 우리가 부르짖을 때 호응하시는 분임을 시편 기자는 이렇
게 말하고 있다, "여호와여, 주의 이름을 아는 자는 주를 의지하오리
니 이는 주를 찾는 자들을 버리지 아니하심이니이다. 너희는 시온에
거하신 여호와를 찬송하며, 그 행사를 백성 중에 선포할지어다. 피 흘
림을 심문하시는 이가 저희를 기억하심이여, 가난한 자의 부르짖음을

잊지 아니하시도다"(10-12절). 주께서는 피 흘리게 함을 심문하시며 가난하여 세상 사람이 무시하는 사람들의 간구까지 들으시는 분이시다. 우리는 산성 되시는 여호와께 피할 뿐만 아니라 여호와께 부르짖어야 한다. 여호와께서는 우리를 안전케 하시며, 우리의 부르짖음에 응답하신다.

결 론

이 시편은 다윗이 시리아와 암몬 연합군을 쳐부순 후, 아니면 블레셋 사람들과 싸워 이긴 후에 쓴 것일 것이다. 역사적인 배경이 어떻든 간에 이 시편이 주는 진리는 하나님은 지금도 계셔서 역사하신다는 점이다. 현대적인 많은 적들 사이에 살고 있어 흔들리고 불안해 하는 사람들에게 이 시편 내용은 큰 위로가 될 수 있을 것이다.

10
하나님을 그 중심에 모신 사람이 받는 고난
9 : 13-20

여호와여, 나를 긍휼히 여기소서. 나를 사망의 문에서 일으키시는 주여, 미워하는 자에게 받는 나의 곤고를 보소서. 그리하시면 내가 주의 찬송을 다 전할 것이요, 딸 같은 시온의 문에서 주의 구원을 기뻐하리이다. 열방은 자기가 판 웅덩이에 빠짐이여, 그 숨긴 그물에 자기 발이 걸렸도다. 여호와께서 자기를 알게 하사 심판을 행하셨음이여, 악인은 그 손으로 행한 일에 스스로 얽혔도다(힉가욘, 셀라). 악인이 음부로 돌아감이여, 하나님을 잊어 버린 모든 열방이 그리하리로다. 궁핍한 자가 항상 잊어 버림을 보지 아니함이여, 가난한 자가 영영히 실망치 아니하리로다. 여호와여, 일어나사 인생으로 승리를 얻지 못하게 하시며, 열방으로 주의 목전에 심판을 받게 하소서. 여호와여, 저희로 두렵게 하시며, 열방으로 자기는 인생뿐인 줄 알게 하소서(셀라).

어떤 부인이 한 목사에게 찾아와서 자신에게 인내심이 생기도록 기도해 달라고 부탁을 했다고 한다. 그 목사는 그 부탁을 받고 부인을 위해 이렇게 기도했다, "오 주여, 이분에게 고난을 내려 주옵소서." 그 부인은 펄쩍 뛰면서, "내가 인내를 위해 기도해 달라고 했지 언제 고난을 달라는 기도를 부탁했습니까?" 하면서 화를 내더라는 것이다.

고난이나 환난은 사실상 그 누구에게도 환영을 받지 못하는 것이다. 이는 인간의 타락의 결과로 주어진 것이지 원래 하나님께서 인간에게 주시고자 했던 선물이 아니었을 것이다. 그럼에도 불구하고 예수님께서 십자가에서 고난을 받고 우리 죄를 대속하신 사건을 위시해서 수많은 성도들이 고난을 통해 인내를 얻고 온전케 되는 경험을 했다. 따라서 바울 사도도 고난이 주는 교훈에 대하여 이렇게 말했다, "다만 이뿐 아니라 우리가 환난 중에도 즐거워하나니 이는 환난은 인내를, 인내는 연단을, 연단은 소망을 이루는 줄 앎이로다"(롬 5:3-4). 바울 사도는 또 다른 곳에서 자신의 생의 목적이 "그리스도와 그 부활의 권능과 그 고난에 참예"하여 그리스도를 더욱더 깊이 체험하는 것이라고 말했다(빌 3:10 참조).

고난을 받아 본 사람은 역시 고난을 체험하지 못한 사람과 비교해 볼 때 그 신앙의 차원이 다르다. 고난을 경험한 사람은 고난을 모르는 사람이 소유할 수 없는 신앙의 깊이를 갖고 있는 것을 종종 본다. 오래 전에 남침례교신학교에서 공부할 때 있었던 일이다. 나는 코리텐 붐 여사의 생애를 그린 "주는 나의 피난처"(The Hiding Place)라는 영화를 보러 간 적이 있다. 신학생들은 나를 포함해서 모두 떠들썩하며 가볍게 웃는 태도로 영화관 안에 들어갔다. 그러나 그 영화가 끝나고 나올 때 우리는 한 사람도 웃거나 경박한 자세를 가진 사람을 볼 수 없었다. 모두들 들어갈 때와는 달리 나치 시대에 인간이 경험할 수 있는 극한 상황까지 고난당한 한 성숙한 그리스도인의 생애를 생각하며 숙연한 자세로 나왔다.

그렇다. 하나님은 타락한 세상의 산물인 고난을 통해서도 우리를 온전케 하신다. 이와 같은 것은 하나님의 섭리에 속한 것이다. 로마서 11장 32절에서 바울 사도는 "하나님이 모든 사람을 순종치 아니하는 가운데 가두어 두심은 모든 사람에게 긍휼을 베풀려 하심이로다"라고 말했다. 이 경우도 하나님은 불순종이라는 타락의 한 현상을 사용하여 우리에게 하나님의 긍휼을 체험케 하셨다. 그렇다고 해서 우리가 고난을 일부러 찾아다닌다든가 아니면 하나님의 긍휼을 체험하기 위해 일부러 불순종을 하라는 말은 결코 아니다. 고난의 경우 우리가 일부러 찾아다니지 않아도 우리가 타락한 세상에서 사는 한 언제 어디서 우리를 엄습할지 모르는 일이다.

시편 9편의 경우, 자기가 고난을 받을 만한 잘못을 저질렀거나 고난을 찾아가지는 않았으나, 자기에게 찾아온 고난을 만난 사람이 보인 반응을 히브리 시라는 장르를 통하여 우리에게 전달해 주고 있다. 키드너는 시편 9편에는 두 개의 절정이 있다고 했는데, 이는 고난을 만난 시편 기자가 보인 두 가지 반응이라고 보아도 좋을 것이다. 첫째 반응은 9장 1절부터 12절로 모두가 긍정적인 고백뿐이었다. 두 번째 반응은 9장 13절부터 20절에 나타나 있는데, 고난 중에 시편 기자가 하나님께 받은 계시로 고난당하는 모든 세대들에게 큰 위로를 받게 했다. 여기서 우리는 두 번째 반응인 9장 13절부터 20절에 대해서만 살펴보겠다.

오늘날도 세계는 고난의 장이다. 그 고난은 먹을 것이 없어서 올 수도 있다. 세계 인구의 절반에 가까운 20억 인구가 빈곤한 사람들이다. 1년 소득이 약 9만원(약 75불) 선에 그치는 사람들이 이 세계에 무려 10억이나 있다. 매일 최소한도 세계 인구 중 3분의 2가 배고픈 가운데 잠자리에 들고, 매일 15,000여 명이 굶어 죽어 가고 있다. 어떤 고난은 직장 동료 때문에 올 수도 있다. 그리스도인이라는 이유 하나만으로 별 수모를 다 당하는 경우가 얼마든지 있다. 가족 때문에 고난을 받는 수도 있다. 믿는 아내를 믿지 않는 남편이, 믿는 자녀를 믿지 않는 부모가, 믿는 새댁을 믿지 않는 시집 식구가 고난을 줄 수 있다. 이런 경우 우리는 포기하기 앞서서 시편 기자처럼 하나님께서 주시는 다음과 같은 보장을 받을 수 있음을 기억해야 할 것이다.

하나님께서는 고난 중에 외치는
우리의 기도를 들으신다 (9:13-14)

하나님께서 우리에게 축복을 주실 때 기도하는 것은 어렵지 않다. 하나님이 주시는 은혜의 감동 때문에 기도가 쉽게 나올 수가 있다. 그러나 고난을 통해 감정도 메마르고, 인간적인 안목으로 볼 때 아무런 소망도 없을 때 또는 문제가 자꾸 누적될 때 기도한다는 것은 무척 어려운 일이다. 고난당하는 자에게 있어서 기도가 그렇게 필요한 것임에도 불구하고 이런 경우 우리는 기도를 가장 멀리할 수 있다. 그러나 시편 기자는 고난당하는 사람들을 위해 기도할 수 있는 두 가지 비결을 가르쳐 주고 있다. 첫째는 하나님의 긍휼을 구하는 것, 둘째로 하나님의 영광에 우리의 초점을 맞추는 것이다.

1. 고난당하는 자는 하나님의 긍휼을 다시 경험할 수 있도록 간구해야 한다 (13절) 시편 기자는 9편 1절부터 12절에서 적을 물리친 놀라운 경험을 했다. 이는 아마도 시리아와 암몬 연합군을 물리친 경험을 의미할 것이다. 이 적들을 물리치기는 했으나 아직도 무서운 적들이 사방에 남아 있었을 것이다. 인간적으로 보면 산 넘어 산이 있는 것처럼 좌절될 수도 있었으나, 그는 이미 자신이 체험한 바 있는 하나님의 긍휼을 다시 구했다. 우리는 끝까지 하나님의 긍휼로만 살 수 있다. 처음 고난도 하나님의 긍휼로 이기게 해 주셨지만, 그 다음 고난도 하나님의 긍휼로만 이길 수 있다.

우리가 구원받는 것도 하나님의 긍휼 때문이지만 하나님께서 고난 중에 우리의 기도를 응답하시는 것도 긍휼 때문이다. 그 긍휼은 우리를 '사망의 문'에서 '시온의 문'으로 옮겨 주실 수 있다. 여기에서 '사망의 문'은 죽음에 임박한 위기를 의미하며, 죽음은 한 사람이 처할 수 있는 가장 큰 위험을 의미한다. 반면에, '시온의 문'은 하나님의 백성이 사는 예루살렘 문을 의미하며 하나님의 백성이 가장 많이 드나드는 기쁜 곳이다.

누구든지 고난이 자꾸 닥쳐와서 더 이상 하나님께서 긍휼을 베풀지 않고 있다고 느끼는 사람이 있다면 이 하나님의 말씀을 들을 필요가 있다. 하나님의 긍휼은 메마르지 않는 샘과 같다. 온 인류가 영원토록 그 샘에서 마셔도 그 샘은 마르지 않는다. 그에게 나와서 용기를 가지고 또 이렇게 구하라, "여호와여, 나를 긍휼히 여기소서." 그리고 이렇게 노래하라:

목마른 자들아 다 이리 오라.
이 곳에 좋은 샘 흐르도다.
힘쓰고 애씀이 없을지라도
이 샘에 오면 다 마시겠네.

이 샘에 나는 물 강같이 흘러
온 천하 만국에 다 통하네.
빈부나 귀천이 분별이 없이
다 와서 쉬고 또 마시겠네.

신기한 샘물을 마신 자마다
목 다시 갈하지 아니하고,
속에서 솟아나 생수가 되어
영원히 솟아 늘 풍성하리.

이 샘의 이름은 생명의 샘물
저 수정 빛같이 늘 맑도다.

어린 양 보좌가 근원이 되어
생명수 샘이 늘 그치잖네.

2. 고난당하는 자에게는 하나님의 긍휼만 풍성하신 것이 아니라 영광도 세세무궁토록 나타내신다 고난 중 '사망의 문'에서 '시온의 문'으로 옮긴 경험을 하는 순간 우리는 하나님의 긍휼을 체험하게 된다. 하나님의 긍휼이 나타나게 되면 하나님의 임재도 체험하게 되고, 하나님의 임재하심을 체험하는 자는 하나님의 영광도 맛보게 되기 마련이다. 하나님의 속성 중 어떤 한 면이라도 깊이 드러나게 되면 우리는 하나님의 영광을 맛보게 된다. 그래서 종종 고난받는 사람들은 하나님의 영광 때문에 주님을 위해서 더욱더 큰 고난까지 받을 자세가 되는 것을 본다. 바울 사도도 그랬다. 그래서 그는 이렇게 외쳤다, "그와 함께 영광을 받기 위하여 고난도 함께 받아야 될 것이니라"(롬 8:17절하). 또 베드로 사도는 이렇게 그 사실을 표현했다, "너희가 그리스도의 이름으로 욕을 받으면 복 있는 자로다. 영광의 영 곧 하나님의 영이 너희 위에 계심이라"(벧전 4:14).

비록 고난을 받으나 그 중에서도 하나님의 긍휼과 영광을 맛보는 사람들은 시편 기자처럼 기도와 찬양을 함께 드릴 수 있는 마음이 생기게 된다. 따라서 시편 기자는 이렇게 말했다, "그리하시면 내가 주의 찬송을 다 전할 것이요, 딸 같은 시온의 문에서 주의 구원을 기뻐하리이다"(14절).

만일 우리에게 다음과 같은 선택권이 있다고 하면 어느 쪽을 택할 것인가? 즉 고난이 없으나 영광도 없는 것과 비록 때때로 의롭게 사는 것 때문에 고난이 있을 수 있으나 영광도 함께 있는 길 중 어느 것을 택하겠는가? 물론 주님을 위해 의롭게 산다고 항상 고난만 있는 것은 아닐 것이다. 그러나 악한 세상 가운데 주의 적들 사이에 사는 자로서 고난 없이 의롭게 살 수 있다는 것도 있을 수 없는 일일 것이다. 그렇다면 차라리 고난이 있더라도 하나님의 긍휼과 영광을 맛보며 의롭게 사는 것을 택하는 것이 더 낫지 않겠는가. 성경은 "무릇 그리스도 예수 안에서 경건하게 살고자 하는 자는 핍박을 받으리라." (딤후 3:12)고 말씀하고 있다.

하나님께서는 고난받는 자를 위해 공의를 베푸신다 (9:15-18)

"열방은 자기가 판 웅덩이에 빠짐이여, 그 숨긴 그물에 자기 발이 걸렸도다. 여호와께서 자기를 알게 하사 심판을 행하셨음이여, 악인은 그 손으로 행한 일에 스스로 얽혔도다(힉가욘, 셀라). 악인이 음부로 돌아감이여, 하나님을 잊어버린 모든 열방이 그리하리로다. 궁핍한 자가 항상 잊어버림을 보지 아니함이여, 가난한 자가 영영히 실망치 아니하리로다"(15-18절).

위 구절들은 얼핏 볼 때 악담 같기도 하고 저주하는 것 같기도 하다. 다윗이 그의 대적들에 대하여 독한 말로 정죄하고 있는 것 같은 인상을 준다. 이런 깊은 원한에 쌓인 말들은 시편 중 여러 곳에 나와 있으나, 특히 시편 109편에서 가장 심하게 다루고 있다. 시편 109편을 읽으면 마치 저주 리스트를 읽는 것 같다. 그래서 루이스(C. S. Lewis)는 이런 저주에 대하여 이렇게 말했다, "저주하는 것 그 자체는 죄이나, 저주하는 자가 불의의 대상에 대하여 정당하게 노했고, 옳고 그른 것에 대하여 보다 더 예민했기 때문에 그랬으며, 최소한 하나님이 죄에 대하여 분노하고 있음을 의미한다"(『시편에 대한 묵상』 중에서).

그러나 우리는 이보다 더 중요한 이유를 트리니티복음주의신학교의 구약학 교수였던 멕코머스키에게서 들어볼 수 있다. 시편에 이런 저주스런 내용이 종종 나오는 이유는 첫째로, 그 내용이 예언적인 것이기 때문이다. 언젠가 주님께서는 그 예언대로 성취하실 것이다. 둘째로, 죄에 대한 하나님의 분노를 솔직하게 표현한 것이다. 하나님은 죄인이 의인을 무참하게 괴롭히는 것에 대하여 무관심하지 않으신다는 뜻이다. 셋째로, 의(義)가 존재한다는 뜻이다. 요즘은 대낮에 사람들이 보는 데서 아무리 불의를 행해도 말리는 사람조차 많지 않아 마치 의가 선혀 존재하지 않는 것처럼 보이나 하나님의 의는 여전히 건재해 있다. 넷째로, 우리의 가장 깊은 원한들을 하나님께서 해결해 주신다는 것이다. 따라서 우리가 스스로 원수갚을 필요가 없다. 다섯째로, 이를 통해 하나님이 공의로우심을 강력하게 나타내 주고 있다. 이로써 우리는 고난받는 중에도 하나님을 더 깊이 의뢰할 수 있다. 그렇다! 하나님께서는 애매하게 고난당하는 사람의 고난에 대하여 무관심하시지 않을 뿐만 아니라, 더 나아가서는 불의를 행하여 고통을 주는 그 대상에 대해서도 내버려 두지 않으신다. 기필코 공의롭게 불의한 자들을 다루실 것이다.

1. **하나님께서는 범죄하는 국가나 사회를 심판하신다** (15-17절) '열방'은 자기가 지은 죄의 함정 곧 자기가 판 웅덩이에 빠지게 될 것이다. 여기서는 다윗을 공격하여 고난을 준 모든 열방을 의미하고 있다. 이들은 하나님의 구원사적인 계획을 좌절시키려고 했다. 그러나 하나님께서는 이들을 자신들이 저지른 일로 말미암아 망하게 하셨다. 하나님께서는 각각 그 행위와 그 행실대로 보응하신다. 앗수르가 그랬고 바벨론, 로마 등이 역시 하나님의 공의대로 심판을 받았다. 이 사악한 자들은 심판만 받지 않고 음부에까지 내려가는 것으로 나타나 있다. 구약에 있어서 이것만큼 큰 형벌을 없을 것이다. 신약에 와서는 악인

은 영원한 죽음과 영원한 형벌을 함께 받는 것을 볼 수 있다.

다윗의 시대나 현대나 국가와 사회가 큰 권력을 갖고 있다. 그러나 그 집단이 하나님의 법을 무시하고 의인에게 고난을 주고 하나님의 나라를 침해하려 할 때 '열방'과 '악인'들이 받았던 똑같은 응징을 받을 수밖에 없다. 이는 현재 권력을 잡은 자들에게 대한 엄중한 경고일 수가 있다.

2. 하나님은 선의의 희생자들을 그대로 방치하지 않으신다   18절에서 보듯이 하나님께서 공의를 베푸실 때 그 때는 열방이 멸망하는 것만으로 끝나지 않을 것이다. 하나님의 이름을 위하여 고난을 받고 하나님을 의뢰하고 사는 가난한 자들이 그대로 잊혀진 상태로 방치되지 않을 것이다. 하나님의 백성으로서 고난받고 가난하게 사는 사람의 삶이 부요하게 된다는 보장까지 18절에서 하셨다. 예수께서도 산상 수훈 중에서 이런 말씀을 하셨다, "가난한 자는 복이 있나니 하나님의 나라가 너희 것임이요…인자를 인하여 사람들이 너희를 미워하며, 멀리하고, 욕하고, 너희 이름을 악하다 하여 버릴 때에는 너희에게 복이 있도다. 그 날에 기뻐하고 뛰놀라. 하늘에서 너희 상이 큼이라"(눅 6:20-23).

세상 사람들의 눈에는 고난을 주는 권력자들이 승승장구하는 것처럼 보일 것이다. 그러나 하나님의 안목으로 볼 때는 이와 다른 결론을 얻을 수 있다. 약자 같고 가난하게 보이나 하나님을 의뢰하는 사람들이 영원히 살 것이다. 성경은 바로 이런 하나님의 백성들이 하나님의 나라를 유업으로 예수님과 더불어 받을 것이라고 말씀하고 있다. 바울 사도는 이런 사람들의 장래에 대하여 "하나님의 후사요 그리스도와 함께한 후사니"(롬 8:17)라고 말했다. 또 다른 곳에서 이 세상의 모든 것이 우리의 것이 될 것이라고 말했다. "바울이나 아볼로나 게바나 세계나 생명이나 사망이나 지금 것이나 장래 것이나 다 너희의 것이요, 너희는 그리스도의 것이요, 그리스도는 하나님의 것이니라"(고전 3:22-23).

비록 고난받는 사람들이 지금은 약하게 보이나 모든 세계를 우리가 그리스도와 함께 관리할 때가 올 것이다. 자연도, 세상의 나라들도, 모든 과학도 이들이 관리할 것이다. 만일 세상 사람들이 현명하다면 참된 주인을 지금부터 알아보고 고난받는 가난한 자들, 곧 하나님을 의뢰하고 사는 사람들에게 세계의 운명에 대하여 문의해 보아야 할 것이다. 그리스도인들은 바로 이와 같은 역사관을 갖는 사람들이다. 따라서 이들은 때때로 고난을 당해도 굽히지 않고 공의를 이루실 하나님을 의지하고 겸손하게 이 세상을 살 수 있다. 공의로운 심판이 있기 때문에 이들은 산상수훈에 있는 대로 오 리를 가자면 십 리도 가고, 원수를 사랑하며, 오른 뺨을 치면 왼 뺨도 내어 주며, 선으로 악을 이기며 살아간다.

하나님께서는 악인의 득세를 영원히 방관만 하지 않으신다 (9:19-20)

시편 기자는 하나님께서 친히 일어나사 최종적인 심판을 내리실 것을 간구하고 있다. "여호와여, 일어나사 인생으로 승리를 얻지 못하게 하시며, 열방으로 주의 목전에 심판을 받게 하소서. 여호와여, 저희로 두렵게 하시며, 열방으로 자기는 인생뿐인 줄 알게 하소서"(19-20절).

여호와께서 일어나시면 최소한도 다음 몇 가지를 하실 것이다. 첫째로, 인생으로 승리를 얻지 못하게 하신다. 인생이 하나님 앞에 서게 되면 심판주로서의 하나님을 대하게 된다. 심판주로서 하나님을 대할 자들에 대하여 요한 사도는 이렇게 기록했다, "땅의 임금들과 왕족들과 장군들과 부자들과 강한 자들과 각 종과 자주자가 굴과 산바위 틈에 숨어 산과 바위에게 이르되 우리 위에 떨어져 보좌에 앉으신 이의 낯에서와 어린 양의 진노에서 우리를 가리우라. 그들의 진노의 큰 날이 이르렀으니 누가 능히 서리요 하더라"(계 6:15-17).

현대적인 무기가 아무리 무섭다고 해도 하나님과 대적하는 편에 서는 것만큼 무서울 수는 없다. 이사야는 하나님 편에 속한 하나님의 선지자였음에도 불구하고, 하나님 앞에 섰을 때 하나님의 거룩함 앞에서 사시나무 떨 듯이 두려워하며 이렇게 외쳤다, "화로다 나여, 망하게 되었도다. 나는 입술이 부정한 사람이요, 입술이 부정한 백성 중에 거하면서 만군의 여호와이신 왕을 뵈었음이로다"(사 6:5).

과연 하나님이 일어서실 때 이길 사람이 어디 있으며 이길 나라들이 어디 있겠는가! 지금은 잠시 동안 사람과 나라들이 여호와께 대적하고 있지만, 이런 기도 내용이 시편 기자 때에도 이루어졌으나 앞으로 더욱더 극적으로 이루어질 날이 우리를 기다리고 있다. 이러한 사실은 주님을 위해 고난받는 모든 사람들에게 말할 수 없는 위로를 줄 수 있다.

둘째로, 하나님 없이는 인간이 아무 것도 아님을 알게 하신다. 인간은 하나님이 함께 하시지 않을 때 지푸라기와 같은 하찮은 존재가 될 수밖에 없다. 하나님 없는 인생은 존엄성도 없다. 하나님 안에서만 인간이 하나님 버금가는 존재가 되고, 하나님의 인격을 본받는 자가 된다. 그러나 하나님 밖에서는 동물적인 차원으로만 존재한다. 그래서 동물적인 행동을 하게 된다. 이들은 하나님의 도움도 받지 못하고 "나의 목자는 나이다"라고 노래할 수밖에 없다. 이런 이들은 목적 의식도 없다. 원래 인간은 하나님과 교제하며 하나님께 영광을 돌리기 위한 목적으로 하나님을 위해 창조되었는데, 그 대상이 없으므로 그 인생은 목적 없이 흩날리는 낙엽같이 되는 것이다.

하나님은 이처럼 "인생이 인생뿐임"을 알게 하실 것이다. 하나님을 위해 고난받는 사람들은 이제 고개를 들고, 하나님께서 악인을 승리하지 못하게 하시며 인생뿐임을 알게 하실 날이 곧 올 것을 기대할 수 있다. 공산권에 사는 이들도, 회교권에서 고난받는 개종자들도, 직장 내에서 거룩하게 살고자 함으로 고난받는 이들도 모두 이제 고개를 들고 "속히 오리라"고 약속하신 재림주이시며, 주 중의 주요, 왕 중의 왕 되시는 주님을 기대할 수 있다.

고난을 통해 받는 교훈

고난은 언제 당하든지 쉽지 않은 것이다. 오랫동안 고난으로 연단된 사람에게도 매번 고난당할 때마다 새로운 하나님의 긍휼이 필요하다. 그런데 문제는 타락한 세상에 사는 우리가 언제 어디서 고난당하게 될지 모른다는 데 있다. 특히 우리가 고난당하는 것도 어렵지만, 우리의 사랑하는 사람들이 고난당할 때는 우리가 직접 고난당하는 것 못지 않게 어려울 수 있다. 물론 이런 고난이 우리가 성숙하게 되는 데 크게 이바지할 것이라는 것도 알지만, 그래도 고난이라면 어렵게만 느껴진다.

그렇지만 어려운 중에도 위로가 되는 것은, 우리가 우리 자신을 아는 것보다 하나님께서 우리 체질을 더 잘 아시므로 우리가 감당할 고난밖에 허락지 않으신다는 점이다. 또 고난받는 동안에도 우리의 기도를 들으신다는 것과, 하나님께서 공의를 베푸실 것과 악인을 영원히 그대로 두지 않으신다는 보장은 우리로 하여금 고난을 극복하고 나아갈 수 있도록 용기를 부여하여, 우리가 그 고난을 통해 마땅히 받아야 할 교훈을 받게 하실 것이다.

"모든 은혜의 하나님 곧 그리스도 안에서 너희를 부르사 자기의 영원한 영광에 들어가게 하신 이가 잠깐 고난을 받은 너희를 친히 온전케 하시며, 굳게 하시며, 강하게 하시며, 터를 견고케 하시리라"(벧전 5:10). 아멘.

11
거룩하게 살고자 하는 사람의 갈등
10 : 1-18

여호와여, 어찌하여 멀리 서시며 어찌하여 환난 때에 숨으시나이까? 악한 자가 교만하여 가련한 자를 심히 군박하오니 저희로 자기의 베푼 꾀에 빠지게 하소서. 악인은 그 마음의 소욕을 자랑하며 탐리하는 자는 여호와를 배반하여 멸시하나이다. 악인은 그 교만한 얼굴로 말하기를 여호와께서 이를 감찰치 아니하신다 하며 그 모든 사상에 하나님이 없다 하나이다. 저의 길은 언제든지 견고하고 주의 심판은 높아서 저의 안력이 미치지 못하오며, 저는 그 모든 대적을 멸시하며, 그 마음에 이르기를 나는 요동치 아니하며 대대로 환난을 당치 아니하리라 하나이다. 그 입에는 저주와 궤휼과 포학이 충만하며 혀 밑에는 잔해와 죄악이 있나이다. 저가 향촌 유벽한 곳에 앉으며, 그 은밀한 곳에서 무죄한 자를 죽이며, 그 눈은 외로운 자를 엿보나이다. 사자가 그 굴혈에 엎드림 같이 저가 은밀한 곳에 엎드려 가련한 자를 잡으려고 기다리며 자기 그물을 끌어 가련한 자를 잡나이다. 저가 구푸려 엎드리니 그 강포로 인하여 외로운 자가 넘어지나이다. 저의 마음에 이르기를 하나님이 잊으셨고 그 얼굴을 가리우셨으니 영원히 보지 아니하시리라 하나이다. 여호와여, 일어나옵소서. 하나님이어, 손을 드옵소서. 가난한 자를 잊지 마옵소서. 어찌하여 악인이 하나님을 멸시하여 그 마음에 이르기를 주는 감찰치 아니하리라 하나이까? 주께서는 보셨나이다. 잔해와 원한을 감찰하시고 주의 손으로 갚으려 하시오니 외로운 자가 주를 의지하나이다. 주는 벌써부터 고아를 도우시는 자니이다. 악인의 팔을 꺾으소서. 악한 자의 악을 없기까지 찾으소서. 여호와께서는 영원 무궁토록 왕이시니 열방이 주의 땅에서 멸망하였나이다. 여호와여, 주는 겸손한 자의 소원을 들으셨으니 저희 마음을 예비하시며 귀를 기울여 들으시고 고아와 압박당하는 자를 위하여 심판하사 세상에 속한 자로 다시는 위협지 못하게 하시리이다.

의인의 갈등 (10:1-2)

선과 악의 문제에 대해서는 쉬운 해답이 없음이 오랜 시간을 통해서 이미 입증되었다. 어떤 이들은 악이란 실존하는 것이 아니라 단지 환상에 지나지 않는다고 말한다(힌두교 등). 또 반면에 선과 악은 대등한 능력을 가지고 무한정 존재한다고 주장하기도 한다(AD 3세기의 마니교와 BC 6세기 경의 조로아스터교). 심지어 어떤 이는 하나님이 악하기 때문에 사람들이 고통받는 것을 즐긴다고 주장하기두 한다(새디즘). 어떤 이는 이보다 한술 더 떠서 하나님은 유한하시다고 주장한다. 따라서 하나님께서 악에 대해 대처할 수 있는 힘의 한계를 느끼시므로 악이 창일하다고 주장한다. 이 모든 원리는 인간들이 최선을 다해서 짜낸 선과 악에 대한 이론들이긴 하지만 우리에게 만족한 대답을 주지 못한다.

성경은 악이 존재하는 것을 부인하지 않는다. 따라서 우리는 종종 성경에서 "여호와여, 어찌하여 멀리 서시며 어찌하여 환난 때에 숨으시나이까?"(1절)라고 절규하는, 악에 대한 실제적인 경험에 대해 읽어볼 수 있다. 그러나 악이 상당한 능력을 갖고 인간을 괴롭히는 것도 사실이나, 하나님과 대등한 세력을 가졌다든지 아니면 영원히 존재한다는 말은 얼토당토 않은 이야기이다. 제한적인 인간의 눈으로 볼 때에는 "어느 때까지니이까? 언제까지 이런 악이 우리를 이렇게 괴롭히겠나이까? 답답해서 죽겠나이다." 등의 한탄이 나올 만도 하다. 실제로 구약에는 그렇게 한탄한 사람들이 많다.

그 중 대표적인 사람이 하박국이라 하겠다. 하박국은 정의의 사나이였다. 그래서 악한 일을 계속하면서도 하나님의 따끔한 매를 맞거나 섬멸되지 않는 자기 백성이나 이웃 나라에 대하여 하나님께 이렇게 항의했던 것이다, "어찌하여 나로 간악을 보게 하시며 패역을 목도하게 하시나이까? 대저 겁탈과 강포가 내 앞에 있고 변론과 분쟁이 일어났나이다. 이러므로 율법이 해이하고 공의가 아주 시행되지 못하오니, 이는 악인이 의인을 에워쌌으므로 공의가 굽게 행함이니이다"(합 1:3-4). "여호와여, 내가 부르짖어도 주께서 듣지 아니하시니 어느 때까지리이까?"(합 1:2상)

성경은 악이 실제로 존재하는 것을 시인만 하지 않고, 그 악의 세력은 시작된 때가 있고(창 3장 및 겔 28:14-19), 멸망될 것이 확정되었고(마 25:41, 46, 계 20:11-15), 지금도 악이 하나님의 능력에 의해서 멸망되어 가고 있음을 말하고 있다. 따라서 악이 소멸되는 것은 시간 문제이다. 바울 사도도 그렇게 생각했던 것이 틀림없다. 그래서 그는 이렇게 말할 수 있었다, "너희가 선한 데 지혜롭고, 악한 데 미련하기를 원하노라. 평강의 하나님께서 속히 사단을 너희 발 아래서 상하게 하시리라"(롬 16:19-20).

그렇다! 우리가 하나님의 안목으로 선과 악을 볼 때 악의 세력 때문에 우리가 느끼는 원통함과 억울함과 한(恨)과 분은 해결될 수 있다. 시편 기자도 아마 그런 경험을 이렇게 기록했을 것이다, "내가 어찌면 이(악에 대한 해결)를 알까 하여 생각한즉 내게 심히 곤란하더니 하나님의 성소에 들어갈 때에야(하나님의 임재함을 느끼고 하나님의 시안으로 볼 때) 저희 결국을 내가 깨달았나이다"(시 73:16-17).

하지만 현실을 보거나 악의 세력 때문에 어처구니 없는 일들이 일어나는 것을 볼 때 우리 속에는 깊은 갈등이 일어날 수밖에 없다. 왜 하나님께서 악의 세력을 지금 뚝 꺾어버리시지 않는가 하는 의문을 제기하지 않을 수가 없다. 특히 그 악의 세력 때문에 연약하고 무기력한 사람들이 피해를 당하는 것을 볼 때는 우리의 의분을 감추기가 매우 힘들다.

아마도 아담이 타락한 이후, 악의 세력이 이 세상에 들어온 이래, 의인 아벨이 악인 가인의 돌에 맞아 무참하게 죽어간 이래 악의 세력에 피해를 입은 한에 맺힌 소리가 무수히 하나님의 귓전을 울렸을 것이고, 의롭고 선하신 하나님께서 그런 억울한 소리를 못 들으셨을 리가 없다. 우리가 인간이기에 이를 허용하시는 하나님께 대해서는 감히 원망할 수 없다. 그러나 악인이 세력을 잡고 계속 그 세력을 온갖 방법을 동해 유지하는 것이 허용되는 것에 대해서는 울분을 느끼지 않을 수 없다. 그리고 시편 기자처럼 우리도 이렇게 토설하지 않으면 숨이 막힐 것 같다, "악한 자가 교만하여 가련한 자를 심히 군박하오니 저희로 자기의 베푼 꾀에 빠지게 하소서"(2절).

한 사회에 마치 대기 오염의 한계치가 있듯이 한의 한계치가 있다는 말을 들어 본 적은 없다. 그러나 악의 세력 때문에 선한 사람들이 느끼는 한이나 울분의 정도가 심하게 될 때 그 사회는 위험할 수밖에 없다. 물론 어느 사회이건 어느 정도의 한은 있을 수밖에 없다. 왜냐하면 아무리 의가 이루어지는 사회라 해도 각자 보는 관점이 다르기 때문에 자기 마음에 들지 않을 때 원한을 품게 될 여지는 얼마든지 있는 것이다. 교양이 있는 사람이라면 타락한 세상에서 살 때 이쯤은 이해하지 않으면 안 된다. 하지만 악의 세력이 인간의 존엄성을 함부로 파괴해도 이에 대한 공정한 대책이 강구되지 못할 때는 문제가 다르다. 또 이와 비슷한 일들이 일어나는 빈도가 잦을 때 비록 마지막에는 공의가 실현되리라는 확신을 가지고 있는 사람일지라도 지금은 갈등할 수밖에 없다.

악인의 표면적 득세 (10:3-11)

하나님의 심판이 너무 높고 깊어서 악인은 보지 못하는 것이 사실이다. 그래서 그들은 자신의 표면적인 득세가 실제적이고 영구적인 것처럼 생각하고 의기양양할 수 있다. 시편 기자는 이런 악인의 태도와 행동은 두 가지 대상을 향해 나타나는 것으로 묘사하고 있다.

1. **하나님** 누구나 하나님이 계시다고 생각한다면 감히 악을 행할 수 없다. 그래서 이들 사상 속에는 하나님이 계시지 않는다고 생각하거나 하나님은 계셔도 하나님이 종이 호랑이라고 생각하는 것이다. 누구든지 악을 마음대로 행하고 싶은 사람은 먼저 선하고 공의로우신 하나님을 부인해 버리지 않고서는 불가능하다.

공산주의가 그 표본이다. 그들은 하나님을 포함한 모든 영적인 존재들을 철저히 부인해 버렸다. 그들의 의식 구조에 있어서 "하나님은 죽었다." 그래서 그들은 함부로 행동할 수 있었다. 독일의 히틀러도 마찬가지이다. 그렇지 않고서야 어떻게 육백만 명이라는 유대인을 끔찍한 방법으로 죽일 수 있었겠는가 말이다. 그러므로 하나님을 부인하는 것이 가장 무서운 사상이며, 가장 위험한 것임을 알 수 있다. "악인은 그 마음의 소욕을 자랑하며, 탐리하는 자는 여호와를 배반하며, 멸시하나이다. 악인은 그 교만한 얼굴로 말하기를 여호와께서 이를 감찰치 아니하신다 하며 그 모든 사상에 하나님이 없다 하나이다"(3-4절).

2. **의롭게 살고자 하는 사람들** 사람이 사람에게 상처를 주는 것만큼 무서운 것이 없다는 사실은 우리 주님께서 하신 다음 말씀 중에 잘 나타나 있다, "누구든지 나를 믿는 이 소자 중 하나를 실족케 하면 차라리 연자 맷돌을 그 목에 달리우고 깊은 바다에 빠뜨리우는 것이 나으리라. 실족케 하는 일들이 있음을 인하여 세상에 화가 있도다. 실족

케 하는 일이 없을 수는 없으나 실족케 하는 그 사람에게는 화가 있도다. 만일 네 손이나 네 발이 너를 범죄(실족)케 하거든 찍어 내버리라. 불구자나 절뚝발이로 영생에 들어가는 것이 두 손과 두 발을 가지고 영원한 불에 던지우는 것보다 나으니라.…삼가 이 소자 중에 하나도 업신여기지 말라"(마 18:6-10).

그러나 하나님을 그 사상 속에 지워 버린 사람은 첫째로, 자신의 위치에 대하여 잘못 생각한다. "그 마음에 이르기를 나는 요동치 아니하며 대대로 환난을 당치 아니하리라"(6절)고 장담한다. 둘째로, 그들은 다른 사람들에게 포학을 행한다. "그 입에는 저주와 궤휼과 포학이 충만하며 혀 밑에는 잔해와 죄악이 있나이다. 저가 향촌 유벽한 곳에 앉으며, 그 은밀한 곳에서 무죄한 자를 죽이며, 그 눈은 외로운 자를 엿보나이다. 사자가 그 굴혈에 엎드림 같이 저가 은밀한 곳에 엎드려 가련한 자를 잡으려고 기다리며 자기 그물을 끌어 가련한 자를 잡나이다. 저가 구푸려 엎드리니 그 강포로 인하여 외로운 자가 넘어지나이다"(7-10절). 셋째로, 하나님께서 자신들의 악한 행동을 보지 못하고 계시다고 합리화시킨다(11절).

오늘날도 선과 악의 문제에 관한 한 시편 기자가 살던 때와 달라진 것이 없다. 악한 자들이 하나님과 사람들에 대하여 함부로 대하고 있다. 우리가 빛과 소금이 되라는 것은 바로 이런 세대에서 그렇게 되라는 것이다. 천국에는 악이 없고, 어두움이 없으며, 부패한 인간이 없고, 모두가 빛과 소금이기 때문에 빛과 소금의 역할이 요구되지도 않을 것이다. 그러나 지금은 문제가 다르다. 지금은 빛과 소금이 절실히 요구된다. 그래서 하나님과 악한 사람들에 대해 함부로 행동하는 사람들의 어두운 면을 우리의 빛으로 비추어 몰아내고, 부패하는 것들을 우리가 소금처럼 녹아서 방지해야 한다. 그렇게 살고자 할 때 인간이기에 종종 갈등을 하지 않을 수 없다.

의인이 취해야 할 적극적인 자세 (10:12-18)

순간순간 불의가 승리하는 것처럼 보여 마음이 아프고 따라서 하나님께 마구 호소할 때가 있다. 그렇게라도 해야지 그렇지 않으면 악인이 하는 것과 똑같은 방법으로 악과 싸울 수가 있다. 이런 경우 남미의 해방 신학을 추구하는 사람들과 같아질 수 있다. 그것은 비록 목적은 좋았지만 방법이 잘못 되어 결과적으로 악인과 큰 차이가 없는 격이 된다. 이런 것을 피하기 위하여 나온 것이 소위 왕국 신학(Kingdom Theology)이다. 아직 누가 중심 인물인지도 모르고 충분히 쓰여진 자료도 없으나, 영국과 미국 등지에서 새로운 악과의 대결 방법이 곧 왕국 신학이다. 이에 의하면 하나님께서는 지금도 통치하시므로 우리가 기도 등을 통해 악의 세력을 물리칠 수 있다는 것이다. 그래서 모든 것을 순전히 영적인 차원에서 다루려는 방법이다. 이 세상은 영적인 면만 아니라 물질적인 면도 있다. 그래서 우리는 좀더 적극적인 자세를 갖지 않으면 안 된다. 시편 기자는 다음 몇 가지를 제시하고 있다.

1. **믿음** 악에 대항해서 싸우는 의인은 믿음을 끝까지 고수해야 한다. 사도 요한도 핍박받는 상황 가운데서 의인이 세상의 악을 이기는 방법은 폭력이 아니라 믿음이라고 다음과 같이 말했다, "대저 하나님께로서 난 자마다 세상을 이기느니라. 세상을 이긴 이김은 이것이니 우리의 믿음이니라. 예수께서 하나님의 아들이심을 믿는 자가 아니면 세상을 이기는 자가 누구뇨"(요일 5:4-5). 그러면 구체적으로 무엇을 믿어야 하는가?

첫째로, 하나님께서는 지금도 이 세상을 보고 계시다는 사실을 믿어야 한다. "주께서는 보셨나이다"(14절). 마치 악인이 그 마음에 이르기를 11절에서 "영원히 보지 아니하시리라"고 한 말을 들으시고 얼토당토 않은 말이라고 논박이라도 하시듯이 아주 강하게 말씀하셨다. 그렇다! 이 세상은 비록 악의 세력에 의해 마음대로 조종되는 것처럼 보일지 모른다. 심지어는 의인들까지도 이를 보고 과연 하나님께서 알고 계실까 하는 의혹을 품게 될지도 모른다. 그러나 하나님께서는 낱낱이 보고 계신다. 하나님 앞에 숨겨질 것은 하나도 없다.

 이단의 지도자들이 좇는 무리를 속이기도 하고 세뇌도 시켜 판단력을 흐리게 할지는 몰라도 하나님께서는 이를 모두 보고 계신다. 악녁 사업주가 세무서 직원의 눈은 피할 수 있을지 모른다. 그러나 하나님의 눈은 피할 수 없다. 양심 없는 정치가들이 국민의 눈은 속일지 모른다. 그러나 하나님의 눈은 속일 수 없다. 하나님께서는 불꽃같은 눈으로 지금도 모든 불의를 보고 계신다. 하나님은 결코 "피동적으로 세상의 처사를 방관하시는 분이 아니다"라고 주석가 프로운은 말했다.

 악인이 의인을 공공연하게 속이고 의기양양해 하는 것을 보고 분통이 터질 것 같아 하는 의인들이여, 하나님을 더 깊이 믿으라. 하나님께서 그 악도 보셨다는 사실을 믿으라. 그리고 그 하나님께 간절히 호소하라. "여호와여, 일어나옵소서. 하나님이여, 손을 드옵소서. 가난한 자를 잊지 마옵소서"(12절). 악이 깊으면 깊을수록, 어두움이 짙으면 짙을수록 하나님을 더욱더 의지하라. 우리가 가는 길이 매우 어둡다 할지라도, 우리가 지나온 뒤를 돌이켜 보면 빛이 비취는 밝은 곳도 있었음을 발견하게 될 것이다. 그리고 그 곳에서 빛이 지금도 비취고 있는 것을 보게 될 것이다.

 둘째로, 하나님께서는 우리를 도우시는 분이심을 믿어야 한다. 주께서는 보고만 계시지 않고 도우시기도 하신다. "주는 벌써부터 고아를 도우시는 자니이다"(14절하). 우리가 호소할 때마다 매번 주께서

"주의 손으로 갚으려 하시는"(14절하) 것을 경험하지 못할 수도 있다. 한편 생각하면 그렇게 기계적으로 호응하시는 것도 위험할 때가 있다. 가령 우리가 짧은 안목을 가지고 어떤 악한 사람을 처벌해 달라고 요청했다고 하자. 조금만 더 기다렸다면 그가 그의 악한 행위를 회개하고 좋은 사람이 될 가능성이 있었는데, 우리가 참지 못해서 그가 회개할 기회를 놓치게 만들 수가 있다. 또 우리가 보는 것이 항상 옳은 것만은 아닐 수도 있다. 우리가 옳다고 생각했지만 사실 그것은 우리의 편견이었지 올바른 것이 아니었을 수가 있다. 따라서 하나님께서 우리가 요청하는 대로 도와 주시는 것도 위험하다. 여기서는 우리가 요청하되 하나님께서 보시기에 합당한 대로 도와 주심을 의미한다고 해야 할 것이다.

바울 사도는 이와 같은 사실을 체험적으로 깨달았을 때, 이렇게 외칠 수 있었다, "만일 하나님이 우리를 위하시면 누가 우리를 대적하리요. 자기 아들을 아끼지 아니하시고 우리 모든 사람을 위하여 내어주신 이가 어찌 그 아들과 함께 모든 것을 우리에게 은사로 주지 아니하시겠느뇨"(롬 8:31-32).

셋째로, 하나님께서는 지금도 통치하신다는 사실을 믿으라. 악이 창일한 것을 보았을 때 또는 하나님께서 더 이상 이 세상을 다스리지 않는다는 생각이 들 때가 인간인 이상 있을 수 있다. 그래서 18세기 영국의 이신론자(deist)들은 하나님께서는 시계의 태엽을 감아 놓듯이 세상을 창조하시고 더 이상 관여하지 않으신다고 믿었다. 이에 대해 시편 기자는 이렇게 말한다, "여호와께서는 영원 무궁토록 왕이시니"(16절). 하나님은 태초에 천지를 창조하셨을 뿐만 아니라(창 1:1) 지금도 통치하시고(시 103:19), 영원토록 계실 것이다. 이 사실을 깨달은 요한 사도는 요한계시록에서 이렇게 외쳤다, "주 하나님이 가라사대 나는 알파요 오메가라. 이제도 있고, 전에도 있었고, 장차 올 자요, 전능한 자라 하시더라"(계 1:8).

우리는 이 하나님께서 지금도 통치하고 계심을 믿어야 한다. 비록 악의 세력이 순간적으로 득세하고, 악이 선을 속인 것처럼 생각하고 우쭐댈 때에도, 어두움의 세력이 노도와 같이 휘몰아 칠 때라도 우리는 하나님께서 지금도 통치하고 계시고 "보라, 내가 속히 오리니"(계 22:7)라는 약속이 곧 이루어지리라는 사실을 믿어야 한다.

넷째로, 하나님께서는 악한 사를 썪으실 것을 믿어야 한다. 악은 3세기 성에 나타난 마니교에서 주장하듯이 영원한 것이 아니다. 악은 하나님의 심판으로 완전히 없어질 것이다. 예수 그리스도의 십자가의 죽으심은 죄에 대한 최종적인 승리였다. 예수께서 죽으심으로 모든 죄가 이미 심판되었고, 죄를 회개하고 예수님을 믿지 않는 모든 사람도 영원한 형벌을 받는 것으로 그 끝을 맺을 것이 명백해졌다. 뿐만 아니라 모든 악한 영적 세력들까지도 그리스도의 십자가 앞에서 모두 패하였음을 바울 사도는 이렇게 말했다. "십자가로 권력들과 권세들의 무장을 해제시키고 개선 행렬에 따라오게 하여 구경거리로 삼으셨다"(골 2:15, 표준신약전서).

물론 주께서 재림하시어 최종적으로 이들을 처벌하실 때까지는 아직도 악의 세력의 기세가 완전히 꺾인 것은 아니다. 그러나 그렇게 되기까지는 시간 문제이다. 우리는 그 날이 올 것을 믿어야 한다.

2. 악과의 대결　이런 믿음이 있는 사람들은 수동적으로 하나님께만 모든 것을 미루어 버리고 살지 않는다. 적극적으로 악과 대항하여 싸우며 살아간다. 첫째로, 기도하는 일을 통해 악과 대항할 수 있다. 리스 하워드는 나치 당시 영국의 윌스 지방의 한 신학대학의 학장이었다. 그는 수없이 많은 날들을 학생들과 함께 무릎을 꿇고 나치 세력을

하나님께서 꺾어 주시기를 기도하며 보냈다. 저 유명한 덩크릭 철수 작전 때에도, 또 노르망디 상륙 작전 때에도 이들은 하나님께 절규하면서 날을 지새웠다. 악의 세력이 이 세상을 뒤덮는 것을 적극적으로 기도함으로 대항했던 것이다.

오늘도 우리는 악의 세력과 대항하여 골방에서 기도로 싸워야 한다. 국가와 국가 간에 존재하는 악에 대해서도, 정치적인 악에 대해서도, 사회적인 악에 대해서도, 우리는 적극적으로 기도를 통해 하나님께 시편 기자처럼 절규해야 한다. "악인의 팔을 꺾으소서. 악한 자의 악을 없기까지 찾으소서"(15절). 주석가 프로운은 이 구절에 대하여 이렇게 해석하고 있다. "이런 내용이 대개는 악에 대하여 용서해 달라는 것이지만, 여기서는 그런 의미가 아니다. 여기서는 악인과 그 악의 세력이 이 세상에서 없어져서 누가 찾으려 해도 찾지 못하게 해 달라는 뜻이다."

"악인의 악을 꺾으소서"의 주어도 '하나님'(Thou)으로 보는 것이 타당하다. 이 경우 하나님께서 악을 심판하고 제거하여 더 찾으려고 해도 찾을 수 없게 해 달라는 뜻이 된다. 악에 대한 이런 적극적인 자세가 우리에게도 필요하다. 둘째로, 주께서 하시는 일에 참여함으로 악과 대결할 수 있다. '하나님의 선교'(Missio Dei)를 주장하는 일부 사람들이 말하듯 선한 목적을 위한 것이라면 아무 일이나 다 하나님의 일이라는 생각은 받아들일 수가 없다. 그러나 하나님의 거룩한 방법대로 악을 꺾고, 악에 대하여 거절하는 일은 우리가 하지 않으면 안 된다. 장사하는 사람은 비록 이익이 적게 남아도 나쁜 물건을 거절하고 좋은 물건을 파는 것으로 악을 대항할 수 있다. 사업을 경영하는 사람들은 고용인들에게 적절한 임금과 그 복지를 향상시켜 줌으로 악한 착취욕과 대항할 수 있다. 제조업자들은 나쁜 재료를 써서 이윤을 많이 남기려는 악한 마음을 버리고 인간에게 유익한 재료를 씀으로 악과 대항할 수 있다. 정치하는 사람들은 수단과 방법을 가리지 않고 권력을 잡으려는 악한 정권욕을 버림으로 악과 싸울 수 있다.

오늘날 우리 사회에는 이와 같이 조용히 하나님의 방법대로 악과 대항하여 싸우는 사람들이 각계 각층에서 더 많이 나와야 한다. 그렇게 될 때 악의 세력은 그 위력을 잃어가게 될 것이다. 그러나 이런 행동은 우리의 힘만으로는 불가능하다. 하나님께서 우리에게 힘을 주시지 않고서는 불가능하다. 하나님께서 우리에게 힘을 주시지 않고는 우리가 이를 능히 할 수 없다. 하나님의 능력을 의지하고 악의 물결에 대항하는 사람들이 더 많이 나오지 않는다면, 악의 물결이 사회를 너무 거세게 휩쓸어 갈 것이고, 우리가 경제적인 부흥을 한다고 해도 도덕적인 부패 때문에 우리 후손들이 마음놓고 살 수 없게 될 것이다.

최근 우리 주위에는 악의 세력이 너무 많이 나타나고 있다. 도덕적으로도 그렇고, 정신적으로도 별로 나을 것이 없다. 이런 가운데서 사는 의인들은 갈등하지 않을 수가 없다. 물론 "적당히 살아가면 되지"라고 생각하든지, 아니면 "세상이야 어떻게 되든 말든 나는 이미 천국에 갈 수 있는 자격도 얻었고, 사업도 괜찮게 되는데, 뭐 그렇게 걱정할 필요가 있겠는가?"라고 생각한다면 별로 할 말이 없다. 그러나 중요한 것은 바로 이런 사고 방식 때문에 우리 사회 속에 날로 악의 세력이 더 팽창해 가고 있다는 사실이다.

더 중요한 사실은 주께서 다시 오실 때까지 우리는 이 사회 속에서 살지 않으면 안 된다는 점이다. 오히려 우리는 계속 갈등해야 할 것이다. 그리고 의인 노아가 하나님을 위해 세상의 조류를 역행했듯이, 의인 아벨이 악의 세력을 거부하여 희생되었듯이 하나님을 의지하고 악과 전적으로 대항하며 이렇게 기도하며 살아야 될 것이다, "하늘에 계신 우리 아버지여, 이름이 거룩히 여김을 받으시오며, 나라이 임하옵시며, 뜻이 하늘에서 이룬 것같이 땅에서도 이루어지이다." 아멘.

12
고난받는 사람이 피할 곳
11:1-7

내가 여호와께 피하였거늘 너희가 내 영혼더러 새 같이 네 산으로 도망하라 함은 어찜인고? 악인이 활을 당기고 살을 시위에 먹임이여, 마음이 바른 자를 어두운 데서 쏘려 하는도다. 터가 무너지면 의인이 무엇을 할꼬? 여호와께서 그 성전에 계시니 여호와의 보좌는 하늘에 있음이여, 그 눈이 인생을 통촉하시고 그 안목이 저희를 감찰하시도다. 여호와는 의인을 감찰하시고 악인과 강포함을 좋아하는 자를 마음에 미워하시도다. 악인에게 그물을 내려 치시리니 불과 유황과 태우는 바람이 저희 잔의 소득이 되리로다. 여호와는 의로우사 의로운 일을 좋아하시나니 정직한 자는 그 얼굴을 뵈오리로다.

우리 아이가 열한 살 때 수두를 아주 심하게 앓고 난 다음 이런 말을 했다, "이 세상에 병과 같이 고통스러운 것이 하나도 없었으면 좋겠어요." 실제로 세상에는 표현은 하지 않으나 속으로 이런 마음을 품고 있는 사람이 얼마나 많은지 모른다. 고통과 고난은 그 누구에게도 환영받지 못하고, 또 이것이 우리에게 궁극적으로 양약이 되는 것을 안다 해도 이를 일부러 찾아다니는 것은 결코 기독교인의 정상적인 가치관이 될 수 없다.

그럼에도 불구하고 이 세상을 살다 보면 우리가 예기치 않았던 고통과 고난들이 찾아오기 마련이다. 그것이 병이든지, 실직이든지, 아니면 타인을 통해 오는 고난이든지 우리를 괴롭힐 때가 있다. 이와 같은 사실은 시편 기자가 살고 있던 때에나 현대를 사는 우리에게나 예외가 없음을 우리는 경험적으로 알고 있다. 그 반응도 크게 두 가지로 나타나는 것을 알 수 있는데, 그것은 인간의 관점에서 보는 것과 하나님의 관점에서 보는 것이다. 똑같은 고난이라도 인간의 관점에서 보는 것과 하나님의 관점에서 보는 것은 큰 차이가 있다.

인간의 관점에서 본 고난 (11:1-3)

비록 신앙이 있어서 주께 피할 마음을 가진 사람이라도 실제로 고난이 너무 심할 때, 우리는 하나님의 관점에서 보지 않고 인간의 관점에서 보게 될 가능성이 크다. 우리는 이런 태도를 신앙이 없는 태도라고 너무 쉽게 판단할 수가 있다. 그러나 하나님은 그렇게 생각하시지 않는 것 같다. 하나님은 인간성과 인간의 감정을 깊이 이해하시므로 우리보다 더 깊은 이해심을 갖고 계실 것이다. 그러기에 우리가 주님 안에 있으면 궁극적으로 모든 것이 주님 뜻대로 되리라는 확신이 있음에도 불구하고, 고난이 너무나 심하기 때문에 현실적으로 느끼는 고통을 적나라하게 표현하는 것을 주님은 이해하셨을 것이다. 그렇게 볼 때 시편 기자의 항의는 너무나 당연하고 정당한 것이었다고 생각할 수 있다. 이는 인간의 고뇌와 번뇌를 하나님께서도 무시하시지 않는 것으로 볼 수 있기 때문이다.

예수님께서도 십자가에 돌아가시기 전까지는 아버지의 뜻과 예수님의 뜻을 실행하기를 원하는 마음을 갖고 계셨음이 분명하다. 그러나 다가오는 십자가의 격심한 고통 앞에서는 아버지의 뜻을 놓고 자신의 어려움을 다음과 같이 솔직하게 표현한 것을 볼 수 있다, "...고민하고 슬퍼하사 이에 말씀하시되 내 마음이 심히 고민하여 죽게 되었으니 너희는 여기 머물러 나와 함께 깨어 있으라....나의 원대로 마옵시고 아버지의 원대로 하옵소서"(마 26:37-39).

우리는 여기서 하나님께서도 우리가 받고 있는 고난에 대하여 현실적으로 이해하고 계심을 알 수 있다. 이것은 현대 이데올로기의 추종자들이 자신들의 주의나 사상을 관철해 나가기 위해서는 인간의 고뇌와 고난은 문제가 되지 않는다고 생각하는 비인격적인 면과 얼마나 다른가? 하나님은 우리의 현실적인 고통을 이해하신다. 그 고통으로부터 오는 슬픔과 괴로움을 시인하신다. 주님께서도 이를 경험하셨기 때문에 무시하지 않으신다. 히브리서 기자는 이런 사실을 다음과 같이 표현했다. "우리에게 있는 대제사장은 우리 연약함을 체휼하지 아니하는 자가 아니요, 모든 일에 우리와 한결같이 시험을 받은 자로되 죄는 없으시니라. 그러므로 우리가 긍휼하심을 받고 때를 따라 돕는 은혜를 얻기 위하여 은혜의 보좌 앞에 담대히 나아갈 것이니라"(히 4:15-16).

시편 기자가 "여호와께 피하였을 때"(1절) 하나님께서는 이미 시편 기자를 맡으셨다. 하나님께서 한 번 맡으시면 그 손에서 빼앗을 자가 없다. 심지어는 젖먹이를 가진 어머니까지도 극한 상황을 만날 때 그 어린 아이를 버릴 가능성이 없지 않아 있다. 그러나 하나님은 그 손에 맡으신 자들을 버리시는 일이 없다고 이사야 선지자는 우리에게 말해 주었다. "여인이 어찌 그 젖 먹는 자식을 잊겠으며, 자기 태에서 난 아들을 긍휼히 여기지 않겠느냐? 그들은 혹시 잊을지라도 나는 너를 잊지 아니할 것이라"(사 49:15). 그럼에도 불구하고 하나님께서는 하나님의 깊은 섭리를 우리의 근시안적인 요청이나 필요에 따라 우발적으로 바꾸지 않으신다. 이런 하나님의 일관성은 곧 하나님의 사랑의 표현이다. 사랑은 오래 참고 기다린다. 이는 어떤 때는 하나님께서 우리가 당하는 고난을 보았을 때 즉시 개입하여 그 고통을 옮겨 주고 싶지만, 만일 그렇게 하는 것이 궁극적으로 우리에게 손해를 가져온다면 우리의 고통을 보시고 함께 마음 아파하시면서도 우리의 유익을 위하여 오래 참고 기다리신다는 뜻도 의미할 수 있을 것이다.

이와 같은 사실은 우리에게 중요한 신앙적 원리 하나를 제시해 준다. 가령 우리가 우리의 문제를 가지고 하나님께로 나아가서 그 앞에 내려놓는다 하자. 그럼에도 불구하고 계속해서 우리에게 고통이 없어지지 않고 괴로움이 존재한다고 하자. 이 때 우리는 가볍게 이렇게 생각하지 말아야 할 것이다, "그렇다. 하나님은 나를 돕지 않으신다. 그는 존재하지 않으신다." 또 사단이 이렇게 말하는 것을 거부해야 한다, "거봐, 내가 항상 이야기했듯이 하나님은 네 기도를 듣지 않고 기도는 다만 독백에 지나지 않아. 증거가 분명하지 않은가? 고통이 그대로 있는 걸 볼 때 하나님은 그 고통을 옮길 능력이 없는 꾸며낸 존재에 불과하단 말이야."

이런 꾀임에 빠져버릴 때 우리는 최소한 몇 가지 손해를 입게 된다. 첫째로, 우리는 우리를 공격하는 많은 적들과 우리가 사랑하는 분들에 대해 더 나아가서는 하나님에게까지 피해 의식을 갖게 될 가능성이 있다. 그래서 하나님께 이렇게 외치게 될 가능성이 있다, "당신께 피했으나 아무런 효과도 없었습니다. 지금까지 신앙 생활을 위해 희생한 것도 다 헛된 것입니다." 하나님께 대해 피해 의식을 갖고 있는 사람은 자신의 주변에 있는 사람들에게 종종 그 분풀이를 하게 된다. 목회자들이나 신앙의 선배들이 바로 그런 분풀이의 대상이 되는 경우가 있다.

둘째로, 우리는 불안한 가운데 살게 된다. 이 경우 우리는 현실적으로 나타나는 것만 보고 판단하게 되므로 하나님께서 함께 하심을 보지 못하게 될 가능성이 있다. 인간적인 관점에서만 본 시편 기자의 측근들은 바로 이렇게 불안에 떨고 있었던 것이 틀림없다. 그래서 모든 상황을 인간적인 관점에서 보고 인간적인 충고를 한 것을 볼 수 있다. 시편 기자가 여호와께 피하고 환경에 따라 좌우되지 않았던 반면에 그에게 충고하던 자들은 순전히 인간적인 관점에서 사태를 보았다. 요약하면 이렇다, "모든 것은 실패로 돌아갔다. 이제 최선의 방법은 모든 것을 포기하고 살기 위해 도망하는 길밖에 없다." 그러나 이런 이야기는 인간적인 관점에서 본 것이고, 이기주의적인 것이며, 하나님보다 더 안전한 곳이 있다고 주장하는 사람들에게서 나온 것이다(프로운 주석, 172쪽). 다음 내용이 이런 심령을 잘 나타내 보이고 있다. "악인이 활을 당기고 살을 시위에 먹임이여, 마음이 바른 자를 어두운 데서 쏘려 하는도다. 터가 무너지면 의인이 무엇을 할꼬"(2-3절).

이들이 보지 못한 사실은 시편 기자가 여호와께 피하였으므로 여호와께서 그와 함께 하셨다는 사실이다. 만일 이 시편이 사울 왕이 다윗에게 고통을 주었을 때를 배경으로 한 것이라면 이러한 면을 더욱 분명히 알 수 있다. 사무엘상 18장은 이를 우리에게 이렇게 말해 주고 있다, "여호와께서 사울을 떠나 다윗과 함께 하시므로"(삼상 18:12). 여호와께서 자기에게 피한 시편 기자와 함께 계셨다는 사실은 사무엘상 18장에만 최소한 세 번이나 기록되어 있다.

우리가 어려운 일을 당하여 여호와께 피했다면 이제는 더 이상 인간적인 관점에서 현실만 보고 성급한 결론을 내리지 말고, 여호와를 끝까지 붙잡고 "나에게는 또 다른 피난처가 필요 없다"라고 단호하게 말할 수 있어야 한다. 그리고 현실적으로 어려운 문제도 주께 솔직히 고백하고 주님의 도우심을 지속적으로 받고 기다려야 할 것이다. 그렇게 할 때 우리는 다음 성경 말씀을 실제적으로 경험하게 될 것이다,

"그러므로 우리가 믿음으로 의롭다 하심을 얻었은 즉 우리 주 예수 그리스도로 말미암아 하나님으로 더불어 화평을 누리자. 또한 그로 말미암아 우리가 믿음으로 서 있는 이 은혜에 들어감을 얻었으며 하나님의 영광을 바라고 즐거워하느니라. 다만 이뿐 아니라 우리가 환난 중에서도 즐거워하나니 이는 환난은 인내를, 인내는 연단(단련된 인격)을, 연단은 소망을 이루는 줄 앎이로다"(롬 5:1-4).

하나님의 관점에서 본 고난 (11:4 7)

시편 기자는 자신이 여호와께 피한 것이 소용없는 일이라고 생각할 수 있었던 이유가 최소한 두 가지 정도는 더 있다고 기록했다. 첫째는 환경적인 것으로서 현실적으로 없어지지 않는 고난이었다. 둘째는 인간적인 관점에서 본 측근들의 충고였다. 보통 사람들은 이 두 가지에 의해 그대로 넘어지기 쉽다. 그러나 시편 기자는 인간적인 관점에서의 시각을 하나님의 관점으로 돌렸다. 그 때 제일 큰 위로는 "여호와께서 그 성전에 계시니"(4절)라는 말씀이었을 것이다.

최근 우리 나라를 위시해서 세계 각처에서는 지금 당장 능력이 나타나지 않으면 하나님이 계시지 않는 것처럼 '하나님'과 '능력'을 동일시하려는 풍조가 있다. 그래서 얼마 전까지만 해도 하나님의 말씀으로 사람들이 구원받는 것을 기대하고 열심히 전도했으나, 이제는 마치 우리가 하나님의 능력을 과시해서 사람들에게 그 능력을 느끼게 해야 사람들이 믿게 되는 것처럼 생각하는 것이 소위 예수를 믿는다는 사람들 마음 속에까지 파고들고 있다. 성경에서 힘과 힘의 대결로 하나님의 복음과 그 뜻을 나타낸 적이 있는 것은 사실이다. 그러나 우리가 조심해야 할 사실은 하나님께서 그런 능력을 과시하신 것은 계시의 차원에서였고 예외였지 그것이 기준은 아니었다. 오히려 기준은 하나님께서 그런 기적을 동반하여 우리에게 하신 말씀을 통하여 우리가 하나님을 믿고 그의 나라와 그의 의가 이루어질 것을 확신한다는 것이다. 이 말은 우리가 수동적으로 하나님의 뜻을 기다리고만 있어야 된다는 말은 아니다. 우리는 적극적으로 그 뜻을 찾아 실현해야 한다. 그런 가운데 하나님도 우리와 함께 또는 별도로 그 뜻을 실현하신다.

이 시편 내용으로 볼 때, 또 사무엘상 18장이 사울 왕과의 관계에서 온 것이라고 볼 때, 하나님은 능력 가운데 과시하시지 않고 오히려 시편 기자가 어려운 고난을 참아가도록 하신 것으로 보는 것이 더 타당하다. 그럼에도 불구하고 시편 기자에게 충격적이었던 것은 "하나님이 성전에 계신다"는 계시였다. 하나님이 성전에 계신다는 의미는 히브리 시의 성격으로 보아 "여호와의 보좌는 하늘에 있음이여"라는 말씀과 평행으로 보아야 한다. 따라서 4절의 '성전'도 예루살렘 성전보다는 하늘의 참 하나님의 성전임을 의미한다. 이런 계시는 오랜 후에 하박국 선지자가, 하나님의 선민인 이스라엘 나라가 갈대아인들로부터 당하고 있는 고난과 자기 나라에 대한 섭리와의 사이에 나타난 간격을 놓고 괴로워하고 하나님께 항의하던 중 받은 해답이기도 하다. "오직 여호와는 그 성전에 계시니 온 천하는 그 앞에서 잠잠할지니라"(합 2:20). 또 이사야 선지자가 국왕이 죽은 후에 자기 나라가 풍전등화 같은 때에 이상을 보고 용기를 얻고 소명을 받은 곳이기도 하다. "웃시야 왕의 죽던 해에 내가 본즉 주께서 높이 들린 보좌에 앉으셨는데…"(사 6:1).

하나님의 관점에서 보았을 때 하나님께서 아직도 모든 상황을 다스리고 계신다는 사실을 시편 기자는 보게 된 것이다. 그랬을 때 시편 기자는 더 이상 현실만 보고 절망하거나, 사람들의 말만 듣고 여호와

이외의 피난처를 찾아 헤매지 않아도 되었다. 오늘을 사는 우리에게 이것은 너무나 큰 위로를 준다. 요즘처럼 무역 전쟁으로 국제 사회가 서로 다투고 노사 분규 등으로 국내가 어려운 때, 과연 어디에 마음을 붙일지 고민하는 사람들에게 아직도 여호와는 건재하시다는 소망이 필요하다. 여호와는 지금도 '성전'에 계신다는 확신이 필요하다. 치명적인 병이 들어 하루 아침에 건강에 대한 자신감을 잃어버린 사람도 하나님은 지금도 세상을 통치하시고 우리 주님의 자녀 한 사람 한 사람을 망각하지 않으셨음을 알아야 한다. 그리고 더욱더 하나님께 피해야만 한다.

여호와께서 성전에 계신다는 것은 먼 하늘 보좌에 앉아서 우리와 완전히 동떨어져 계시다는 뜻이 아니다. 만일 여호와가 사람과 같다면 그가 하늘의 보좌에 앉아 계시다는 것이 우리에게 아무런 도움이 되지 못했을 것이다. 그러나 여호와께서는 하늘의 보좌에 앉으셔서 모든 것을 다 통치하시며 알고 계실 뿐만 아니라 "그 눈이 인생을 통촉하시고 그 안목이 저희를 감찰하시도다"(4절하)라고 시편 기자는 말했다. 우리 방법대로, 우리가 원하는 때에, 우리의 원하는 대로 역사하신다는 보장은 없으나, 우리는 우리의 뜻보다 훨씬 좋게 역사하신다는 확신을 갖고 살 수 있다. 이렇게 믿는 사람들은 지금 당장 결과들이 눈에 보이지 않아도 다음 몇 가지를 확신하고 살아갈 수 있다.

첫째로, 믿음의 눈으로 보았을 때 우리에게 다가오는 어려움들은 하나님께서 의인과 악인을 분리시킬 수 있는 기회가 된다. 하나님께서는 악인에 대해서는 이들이 회개하지 않는 한 이들을 심판하실 것을 처음부터 끝까지 이렇게 말씀하셨다, "여호와는…악인과 강포함을 좋아하는 자를 마음에 미워하시도다. 악인에게 그물을 내려치시리니 불과 유황과 태우는 바람이 저희 잔의 소득이 되리로다"(5-6절).

이들이 지금도 심판을 받아 고통을 받고 있으며, 어느 날 한꺼번에 최종적인 심판과 고통을 받을 것은 너무나 당연한 이치이다.

그러나 의인이 고난받을 것을 말씀하시면서 "여호와는 의인을 감찰하신다"(5절)는 말씀을 아울러 하고 있다. 여기에서 감찰이란 말은 마치 순수한 귀금속을 만들기 위하여 타는 불에 녹여서 불순물을 제거하는 것과 같은 의미로 쓰였다. 악인이 악을 인하여 고난받는 일은 자신이 앞으로 당연히 받을 것을 지금도 받는 것으로 볼 수 있으나, 의인이 당하는 고난은 그가 이런 고난 중에도 하나님을 의지하고 여호와를 그의 피난처로 삼는가를 증명할 수 있는 좋은 기회가 될 수 있다. 물론 하나님께서는 사람들의 심중을 살피시므로 이미 어떻게 반응을 보일 것까지 알고 계시며, 끝까지 의인을 보호하시는 것도 사실이다. 그러나 하나님께서는 고난 중에서 의인을 더욱 의인으로 드러나게 만드시고, 하나님을 거역하는 자들의 잔학성을 더욱더 폭로하신다.

이런 일은 다음과 같은 예를 통해서 지금도 일어나고 있음을 볼 수 있다. 1987년 7월 12일에 있었던 일이다. 브라인 로렌스라는 미국 선교사 부부가 필리핀 민다나오 섬에 있는 국립대학에서 선교사로 일하기 위해 현지 언어를 공부하고 있었다. 그런데 회교의 극렬 분자가 그 남편을 인질로 잡아갔다. 그는 선교사를 작은 섬으로 데리고 갔다. 그 후 부인과 군 지도자의 도움을 받아 그는 무사히 풀려 나오게 되었는데, 그 때 그는 이렇게 말했다. "무엇보다도 나를 통치하시는 하나님을 더욱 의지하게 되었다." 하나님은 고난을 통해 극렬 분자들의 죄상을 폭로하셨고, 선교사들은 더욱더 하나님을 의지하는 자들로 이들 둘 사이를 의심의 여지가 없도록 구분하셨다. 그리고 우리가 정금처럼 연단되도록 하신다. 이를 경험한 욥은 이렇게 외칠 수 있었다, "나의 가는 길은 오직 그가 아시나니 그가 나를 단련하신 후에는 내가 정금같이 나오리라"(욥 23:10).

둘째로, 믿음의 눈으로 보았을 때 우리에게 다가오는 어려움들은 우리가 하나님의 얼굴을 뵈올 수 있는 계기를 제시한다. "여호와는 의로우사 의로운 일을 좋아하시나니 정직한 자는 그 얼굴을 뵈오리로다"(7절). 고난받는 성도들에게 주어진 상급 중에 가장 큰 상급은 하나님의 얼굴을 뵈옵는 것이다. 우리가 이 몸을 가지고는 하나님의 얼굴을 성면으로 뵈옵고 살 사람이 없다고 했다(출 33:20). 따라서 그 상급은 천국에 가서야 온전하게 누릴 것이다. "그의 종들이 그를 섬기며 그의 얼굴을 볼 터이요, 그의 이름도 저희 이마에 있으리라"(계 22:3-4). 비록 직접 뵈옵는 것은 후에 있을 일이라 해도, 현재 몸을 갖고도 하나님께서 가까이 나타나셔서 그의 고난당하는 종들을 위로하신 경우는 얼마든지 찾아볼 수 있다. 모세도 이스라엘 백성을 애굽에서 인도하여 내는 일을 하며 온갖 고난을 받았으나 하나님의 깊은 임재를 체험한 사람이었다. 사역을 시작할 때 가시떨기 나무에서도 경험했고(출 3:6), 또 다시 이스라엘 백성을 가나안 복지로 인도하는 과정 가운데서도 경험하였다(출 33:22-23).

이 세상에서는 "무릇 그리스도 예수 안에서 경건하게 살고자 하는 자는 핍박을 받으리라"(딤후 3:12)고 하나님께서 우리에게 말씀하셨다. 이런 사실은 시편 기자가 살고 있던 구약 시대나 지금이나 변함이 없다. 문제는 우리가 그런 고난을 인간의 관점에서 보는가 아니면 하나님의 관점에서 보는가에 있다. 하나님의 관점에서 보는 사람은 시편 기자처럼 이렇게 외칠 수 있다. "내가 여호와께 피하였거늘 너희가 내 영혼더러 새같이 네 산으로 도망하라 함은 어찜인고"(1절).

13
악인의 공격에 대한 하나님의 답변
12 : 1-8

여호와여, 도우소서. 경건한 자가 끊어지며 충실한 자가 인생 중에 없어지도소이다. 저희가 이웃에게 각기 거짓말을 말함이여, 아첨하는 입술과 두 마음으로 말하는도다. 여호와께서 모든 아첨하는 입술과 자랑하는 혀를 끊으시리니, 저희가 말하기를 우리의 혀로 이길지라 우리 입술은 우리 것이니 우리를 주관할 자 누구리요 함이로다. 여호와의 말씀에 가련한 자의 눌림과 궁핍한 자의 탄식을 인하여 내가 이제 일어나 저를 그 원하는 안전 지대에 두리라 하시도다. 여호와의 말씀은 순결함이여, 흙 도가니에 일곱 번 단련한 은 같도다. 여호와여, 저희를 지키사 이 세대로부터 영영토록 보존하시리이다. 비루함이 인생 중에 높아지는 때에 악인이 처처에 횡행하는도다.

말의 위력

하나님께서 처음 말씀으로 천지를 창조하신 이후(창 1:3) 말은 인간 사회와 하나님과 우리의 관계에 있어서 필수 불가결의 요소로 등장했다. 인류의 첫 부부인 아담과 하와는 말로 깊은 관계를 가질 수 있었다. 하나님께서는 말씀으로 아브라함과 언약을 맺고 그와 그의 가족과 그와 동질의 믿음을 갖는 백성들에게 한없는 축복을 내려 주실 것을 약속하셨다. 목회자는 말로 회중에게 하나님의 심중을 알려 줄 수 있고, 사업가들은 말로 큼직큼직한 계약을 함으로 인간 사회의 복지 향상을 위하여 기여할 수 있고, 선생들은 말로 학생들을 인격자로 빚어가기도 한다.

이처럼 '말'이 창조적이며 유익한 것이라 해도, 하나님을 도외시하고 자기 마음대로 '혀'를 사용하는 사람들에 의해 악용될 때 말은 가장 깊은 상처를 줄 수 있는 무기로 전락하게 된다. 시편 12편 1절부터 4절은 말이 악용되었을 때 얼마나 독하고 무서운가를 잘 알려 주고 있다. 원수로 여기고 있다면 처음부터 독하고 무서운 말이 나오리라 기대하고 있기 때문에 나쁜 말이 나와도 상대방에게 미치는 피해가 오히려 적을지 모르겠다. 그러나 '이웃'에게 각기 '거짓말'을 하고, '아첨하는 말'을 하며, 진실하지 못하고, 이중 인격적인 말을 하며, 상대방을 마구 흔드는 것은 그 상처가 보다 깊숙이 들어가 박힐 수 있다(2-3절).

독일의 주석가 아더 바이서는 이 시편의 상황이 아마도 세상 사람보다도 소위 신앙이 있다고 선택된 백성인 '이웃' 중에서 있었던 일이었을 것으로 보고 있다. 그 증거로 '경건한 자'(1절)가 없어지고, '충실한 자가 인생 중에서 끊어지며'(1절)라고 시편 기자가 탄식한 것을 들고 있다. '충실한 자'라는 말은 대개는 하나님께서 이스라엘 백성과 맺으신 언약에 충성을 다하는 사람을 가리키고 있기 때문이다.

더 깊은 원인

'말'이 이웃에게 남용되었을 때 깊은 상처를 줄 수 있는 것을 시편 기자가 2절과 3절에서 한탄한 것은 사실이다. 그러나 이것은 더 깊은 원인을 갖고 있는 한 가지 증상에 지나지 않았다. 시편 기자가 보았던 더 깊은 문제는 마땅히 거룩하고 정직하고 공의를 행하고 신빙성 있는 말을 해야 할 하나님의 공동체가 세상 사람들과 별로 다를 바 없는 상태까지 그 도덕성이 타락한 점이라 하겠다. 이 때가 어느 시대를 반영하고 있는지 정확히는 알 수 없으나, 이 시편이 한 개인의 문제보다는 공동체가 처해 있었던 위험한 상태에 대한 애통시임에는 틀림이 없다.

인간적인 관점에서 보았을 때 경건하게 살고자 하는 사람은 적고 세상적으로 흘러가는 사람은 많아, 하나님의 공동체가 풍전등화처럼 느껴질 때가 역사적으로도 여러 번 있었다. 이런 때에 결국 그 공동체의 운명은 여러 사람보다 소수의 의롭게 살고자 하는 사람들의 손에 달려 있었음을 볼 수 있다. 사울의 궁전에서 사울의 부하들에게 둘러싸여서 언제 자기 생명을 잃을지 모르는 상태에 있었던 다윗의 경우가 바로 그런 예 중의 하나였을 것이다. 만일 이 때 다윗이 악인들에 의하여 그 생명을 잃게 되었다면 하나님의 계획은 어떻게 되었을까 하는 생각은 이 부분을 읽는 사람들의 손에 땀을 쥐게 만든다. 엘리야는 자기만 홀로 남고 온 세상이 바알을 좇는 것처럼 느껴져 하나님께 울부짖었다.

히틀러가 유럽을 온통 집어삼키고 영국과 소련을 대항하여 싸우고 있었을 때의 일이다. 세상은 온통 나치 정권에 의하여 끝날 것처럼 느껴졌을 것이다. 이런 때에도 본 회퍼같은 소수의 사람들이 하나님께 생명을 바쳐가며 충성을 다했다. 먼 예를 들지 않고도 이런 예는 우리 주위에서도 쉽게 찾아볼 수 있다. 6.25당시 공산군에 의하여 온 국토가 짓밟히고 한 때 부흥을 맛보았던 한국 교회가 이제는 마치 끝나는 것처럼 느껴진 때가 있었다. 하나님께서는 이 때에도 하나님의 사람들의 간구를 들으시고 극적으로 유엔군이 우리 나라를 도울 수 있도록 길을 열어 주셨다.

현재는 하나님의 공동체가 외부로부터 위협을 당하고 있지는 않지만, 세속화되고 그 결과 경건의 능력을 잃어가고 있는 듯 보인다. 이럴 때에는 악인이 승리하는 것처럼 보이고 의인은 무기력한 것처럼 보인다. 그러나 이들 중에 "여호와여, 도우소서. 경건한 자가 끊어지며 충실한 자가 인생 중에 없어지나이다"(1절)라고 외치는 소수가 있다면 하나님께서 결국은 대세를 결정하게 될 것이다. 우리는 다윗의 시편들을 보며 그가 어떻게 하나님을 경외하고 하나님께 간구하였는가 보게 된다. 이 시편에서도 그는 이미 말한 대로 이렇게 외쳤다, "여호와여, 도우소서." 엘리야의 경우, 그가 하나님 앞에 간구하였을 때 하나님께서는 그의 간구를 들으셨다. 후에 야고보 사도는 야고보서에서 우리에게 하나님 편에서 본 그 당시의 상황을 이렇게 말해 주었나, "의인의 간구는 역사하는 힘이 많으니라. 엘리야는 우리와 성정이 같은 사람이로되 저가 비 오지 않기를 간절히 기도한 즉 삼 년 육 개월 동안 땅에 비가 아니 오고, 다시 기도한즉 하늘이 비를 주고 땅이 열매를 내었느니라"(약 5:16-18).

하나님의 답변

옛날이나 지금이나 공동체의 운명을 놓고 심각하게 기도하는 내용을 하나님께서는 간과하지 않고 들으시는 것을 볼 수 있다. 한국 교회의 상황도 과거 다윗이 "여호와여, 도우소서"라고 간구했던 때와 큰 차이가 없는 것 같다. 오늘날은 세상과 교회와의 정교한 균형이 깨어지고 있다. 예수께서 요한복음 17장에서 대제사장의 기도를 하실 때 교회는 세상에 있으나 세상에 속하지는 않게 해 달라고 하셨다. 교회가 세상에서 너무 멀리 떨어져서 홀로 성을 쌓고 그 안에서 거룩함을 지키는 것도 문제이다. 그렇게 되면 교회가 세상의 빛과 소금의 역할을 제대로 할 수 없기 때문이다. 반면에 세상의 물결이 교회 안으로 들어와서 교회와 세상의 구분이 잘 되지 않아도 문제인데, 현재 한국 교회는 세상의 물결이 너무 많이 들어오고 있다고 볼 수 있다.

시편 기자가 탄식한 대로 오늘도 공동체의 암담한 상태를 놓고 하나님 앞에 간구하는 자들이 있다. 이에 대하여 우리는 다음과 같은 하나님의 반응을 기대할 수 있다.

행동하실 것을 약속하심 (12:5)

인간들이 그 속에 있는 부패성 때문에 독한 말로 의로운 자들의 심령을 상하게 하였으나, 이제는 하나님께서 말씀하시는 소리를 시편 기자가 듣게 되었다. "여호와의 말씀에 가련한 자의 눌림과 궁핍한 자의 탄식을 인하여 내가 이제 일어나 저를 그 원하는 안전 지대에 두리라"(5절). 하나님의 눈과 귀는 온 땅을 두루 살피시며 땅에서 일어나는 일들을 보고 계신다. 이 세상에서 일어나는 일 중에 하나님께서 모르는 일이 있을 수 없다. 시편 기자는 시편 139편에서 이렇게 말했다, "여호와여, 주께서 나를 감찰하시고 아셨나이다. 주께서 나의 앉고 일어섬을 아시며, 멀리서도 나의 생각을 통촉하시오며, 나의 길과 눕는 것을 감찰하시며, 나의 모든 행위를 익히 아시오니, 여호와여, 내 혀의 말을 알지 못하시는 것이 하나도 없으시니이다"(1-4절).

그러나 그 중에도 특히 하나님께서는 세상 사람들이 하는 대로 살기를 거부함으로 이 세상에서는 '가련한 자'와 '궁핍한 자'가 되어 탄식하는 사람들에 대하여 알고 계신다. 그뿐만 아니라 이들을 위하여 하나님께서 '일어나시리라'고 약속하셨다. 그리고 저들이 그렇게 원하는 안전한 장소로 저들을 옮겨 주시겠다고 하나님께서 직접 말씀하셨다. 하나님의 말씀을 시편 기자가 어떻게 받았는가에 대해서는 언급이 없다. 구약 시대에는 선지자들이 직접 하나님께로부터 받는 것이 상례였다. 따라서 이 경우도 하나님께서 깊은 감동 중에 시편 기자에게 이런 약속을 알려 주셨을 것으로 추측된다. 이로써 이 시편을 읽는 우리에게까지 하나님의 생각을 알게 해 주고 있다.

오늘날도 세속화되어 가는 공동체를 대신하여 하나님 앞에 울부짖는 사람들은 세상 사람들과 심지어는 공동체 내의 사람들로부터 고난당할 수 있다. 이들은 온갖 말을 통해 깊은 상처를 입을 수 있다. 그러나 하나님께서 우리를 약속하신 '안전 지대'에 두시는 것은 시간 문제이다. 히브리어 원문을 보면 '일어나시는' 분과 우리를 '안전 지대'에 두시는 분이 모두 여호와 하나님으로 되어 있는 사실이 더욱 분명하게 나타난다. 여호와께서 친히 우리를 안전 지대에 두시면 악한 자들이 우리를 다시 옮길 수 없다.

이 사실을 깨달은 사도 요한은 핍박받는 무리들을 위하여 "열면 닫을 사람이 없고, 닫으면 열 사람이 없는"(계 3:7) 분으로 하나님을 묘사하고 있는 것을 볼 수 있다. 하나님은 이신론자들이 주장하듯이 방관자도 아니시며, 세속 신학자들이 주장하듯이 인간이 꾸며낸 분도 아니다. 하나님은 오늘 살아서 온 우주를 주관하시며 지금도 공동체의 운명을 위해 간구하는 기도를 들으실 뿐만 아니라 행동하는 분이시다.

약속을 지키실 것을 보장하심 (12:6)

시편 기자는 악한 사람들의 마음 속에서 악한 말들이 나와서 경건한 자와 충성된 사람들을 상하게 하기는 하나 그 말들이 진리가 아닌 허구임을 이미 언급했다. 이와 반대로 하나님의 말씀은 그 효력이 있는데, 그 이유는 하나님의 말씀의 성격 때문임을 여기서 잘 표현하고 있다. 여기서는 일반적인 하나님의 말씀에 대하여 설명하고 있는데, 5절에서 약속하신 내용뿐만 아니라 하나님은 언제든지 진실한 말씀만 하신다는 사실을 우리에게 일러 주고 있다. 하나님의 말씀은 '순결'(6절)하다. 거짓이 섞여있지 않다. 인간은 아무리 진실만 말하려고 해도 본의 아니게 허위 사실을 말할 수 있다. 하나님은 진지하신 분이시므로 언제나 진리인 말씀만 하신다. 그래서 그 말씀의 순결함을 은에 비유했는데, 그 은도 일곱 번이나 제련을 하여 완전하게 순은만 남은 것으로 비유했다. 그 당시 은은 상업에 사용되는 물질로 때로는 금보다 더 귀중하게 여겨졌다(앤더슨의 『시편 강해』, 127쪽).

하나님의 말씀은 이처럼 진실하며 전혀 거짓이 없는데, 바로 이런 하나님의 말씀으로 우리에게 하나님의 약속이 이행될 것을 보장하신 사실을 우리는 볼 수 있다. 물론 여기서는 악한 세력을 대항하여 외롭게 하나님 앞에 나와 울부짖는 사람들을 위해 세운 언약을 결코 잊지 않으신다는 것이 일차적인 의미겠으나, 그 밖에도 하나님의 신실성에 대한 일반적인 의미로도 받아들일 수 있다.

다시 말해서, 구원을 의심하는 사람은 다음과 같은 하나님의 말씀에 입각하여 자신이 구원받았음을 확신할 수도 있다, "영접하는 자 곧 그 이름을 믿는 자들에게는 하나님의 자녀가 되는 권세를 주셨으니"(요 1:12). 죄사함에 대하여 흔들리는 자는 다음과 같은 불변하는 하나님의 말씀의 약속을 믿고 자신의 죄사함을 믿을 수 있다, "또 저희 죄와 저희 불법을 내가 다시 기억지 아니하리라 하셨으니, 이것을 사하셨은즉 다시 죄를 위하여 제사드릴 것이 없느니라"(히 10:17-18). 그 마음에 평안이 필요한 자는, "평안을 너희에게 끼치노니, 곧 나의 평안을 너희에게 주노라. 내가 너희에게 주는 것은 세상이 주는 것 같지 아니하니라. 너희는 마음에 근심도 말고 두려워하지도 말라"(요 14:27)는 말씀에 따라서 하나님께서 평안을 주실 것을 믿을 수 있다. 세상에서 수고하고 무거운 짐을 지고 고생하는 자는 하나님께서 약속하신 대로 "쉬게 하실 것"을 믿을 수 있다.

오, 얼마나 더 이야기해야 하겠는가. 하나님의 신실하심에 대하여 말하려면 우리에게 있는 시간과 공간이 부족할 것이다. 그러나 시편 기자는 이를 단순하고도 심오하게 이렇게 말했다, "여호와의 말씀은 순결함이여, 흙도가니에 일곱 번 단련한 은 같도다"(6절).

영원한 안전을 주실 것을 보장하심 (12:7-8)

어떤 히브리 사본이나 70인역에는 "우리를 지켜주소서"라는 탄원으로 되어 있으나(앤더슨, 127쪽), 사실상 이 부분은 탄원이라기 보다는 약속으로 받아들이는 것이 타당하다(MT, NIV, NASB 등의 번역판도 이렇게 받아들임). 그래서 7절을 다시 번역하면 다음과 같다, "여호와여, 당신께서는 저희를 지키실 것입니다. 당신께서는 저희를 이 세대로부터 영영토록 보존하실 것입니다"(7절, 필자 역). 시편 기자는 기도를 사용하여 하나님께서 하나님의 공동체를 위해 간구하며 억눌리고 탄식하는 자들이 가질 수 있는 하나님에 대한 확신을 나타내 주고 있다.

하나님께서 함께 하시면 그 누구도 우리를 어떻게 할 수 없다는 사실은 시편 기자의 신앙만이 아니라 바울 사도의 신앙이기도 하다. 바울 사도는 오랜 후에 로마서에서 이를 다음과 같이 표현했다, "그런즉 이 일에 대하여 우리가 무슨 말 하리요. 만일 하나님이 우리를 위하시면 누가 우리를 대적하리요....내가 확신하노니 사망이나, 생명이나, 천사들이나, 권세자들이나, 현재 일이나, 장래 일이나, 능력이나, 높음이나, 깊음이나, 다른 아무 피조물이라도 우리를 우리 주 그리스도 예수 안에 있는 하나님의 사랑에서 끊을 수 없으리라"(롬 8:31, 38-39).

심지어는 '비루함'이 인생 중에 높아지고 "악인이 처처에 횡행하는" 때까지도 하나님께서는 의인을 보호하실 것이 분명하다(앤더슨, 127쪽).

아무리 많은 사람들이 많은 말을 한다 해도 하나님의 말씀의 약속을 붙들고 서 있는 자들을 대적할 수는 없다. 비록 외적으로나 숫자적으로는 하나님께 충성을 다하는 사람들이 열세인 것처럼 보이나, 하나님께서 "흙도가니에 일곱 번 단련한 은"과 같은 말씀으로 응답하실 때 거기에는 영원한 안전이 있다. 순결한 하나님의 말씀은 암울한 이 세대에도 역사하고 계시며, 의로운 소수의 탄식과 부르짖음을 들으시고 오늘도 친히 행하고 계심을 우리는 믿을 수 있다.

14
냉랭함에 대한 하나님의 처방
13 : 1-6

여호와여, 어느 때까지니이까? 나를 영영히 잊으시나이까? 주의 얼굴을 나에게서 언제까지 숨기시겠나이까? 내가 나의 영혼에 경영하고 종일토록 마음에 근심하기를 어느 때까지 하오며, 내 원수가 나를 쳐서 자긍하기를 어느 때까지 하리이까? 여호와 내 하나님이여, 나를 생각하사 응답하시고 나의 눈을 밝히소서. 두렵건대 내가 사망의 잠을 잘까 하오며, 두렵건대 나의 원수가 이르기를 내가 저를 이기었다 할까 하오며, 내가 요동될 때에 나의 대적들이 기뻐할까 하나이다. 나는 오직 주의 인자하심을 의뢰하였사오니 내 마음은 주의 구원을 기뻐하리이다. 내가 여호와를 찬송하리니 이는 나를 후대하심이로다.

하나님을 믿는 사람에게 있어서 타락 다음으로 위험한 것이 있다면 하나님께 대한 열정을 잃고 마음이 냉랭해지는 것이라 하겠다. 현대 사회는 우리로 하여금 하나님께 대하여 우리 마음을 냉랭하게 만든다. 이런 사실이 서구 사회에서는 벌써부터 경험되고 있음을 우리는 볼 수 있다. 그들은 하나님에 대한 말씀을 들어도 마음 속에서 화답함이 없고 오히려 깊은 공허가 그들 마음을 채우고 있음을 유럽의 거리를 걸어 본 사람은 알 수 있을 것이다.

우리의 신앙이 냉랭해졌을 때 일어나는 무서운 현상에 대하여 바울 사도는 그의 수제자 디모데에게 이렇게 경고했다, "아들 디모데야, 내가 네게 이 경계로써 명하노니 전에 너를 지도한 예언을 따라 그것으로 선한 싸움을 싸우며 믿음과 착한 양심을 가지라. 어떤 이들이 이 양심을 버렸고 그 믿음에 관하여는 파선하였느니라"(딤전 1:18-19).

시편 13편에서 우리는 하나님께 대하여 우리 마음이 냉랭해지는 것을 어떻게 방지할 수 있는가를 배울 수 있다.

하나님께 갈급한 마음 (13:1-2)

하나님께 대한 갈급한 마음이 항상 우리에게 있는 것이 아니다. 오히려 우리는 하나님께 대한 간절한 마음보다 냉랭한 마음으로 생활할 때가 더 많다. 그러면 어떻게 우리가 하나님께 대한 갈급한 마음을 가질 수 있는가? 우리가 하나님께 대하여 갈급한 마음을 갖기 위해서는 몇 가지 조건이 채워지지 않으면 안 된다.

첫째로, 하나님께서 우리에게 하나님의 얼굴을 찾고자 하는 마음을 주시지 않으면 안 된다. "여호와여, 어느 때까지니이까? 나를 영영히 잊으시나이까?"(1절)라는 부르짖음은 우리 이성적인 생각만으로는 나올 수 없는 것이다. 오히려 어떻게 하면 우리의 어려움을 이길 수 있겠는가 하고 논리적으로, 이성적으로 더 찾기를 원하는 것이 우리의 자연 그대로의 성품이다. 오직 성령께서 우리 속에 역사하시어 우리를 위하여 말할 수 없는 탄식으로 간구하실 때 우리는 간절한 마음으로 하나님을 구하게 된다. 부흥이 일어났을 때 종종 이와 같은 성령의 역사는 더욱 강력하게 체험된다.

70년대 중반에 성령의 강한 역사가 세계 여러 곳에서 일어났던 적이 있다. 한국에서도 이런 성령의 역사를 여러 곳에서 체험하게 되었는데, 이 때 이를 경험한 청년들은 하나님을 향하여 한없이 부르짖었다. 서울의 어느 교회에서는 대학생들이 아무런 지도자도 없이 함께 대학부에서 기도하고 교제하는 중 강력하게 하나님을 찾고 싶은 충동을 느끼어 모일 때마다 하나님을 찾았다고 한다. 이들은 젊은 나이에 하나님께 대한 갈급함으로 가득 차서 함께 기도하고, 하나님의 말씀을 공부하며, 배운 것을 여러 곳에 전파하였다. 그 결과 이들에 의해서 농촌에서 교회들이 개척되기도 하였다.

성경에서는 성령의 충만을 여러 각도에서 설명하고 있다. 하나님께 대한 갈급한 마음이 있는 것 그 자체가 성령께서 내 속에서 강력하게 역사하시고 계신 증거이다. 따라서 갈급함은 성령이 충만한 증거 중의 하나일 수 있다. 그러므로 오늘날 우리 마음 속에 이런 갈급한 마음이 있으면 그 마음이 소멸되지 않기 위하여 최선을 다해야 한다. 죄와 세상에 대한 사랑은 이런 소욕을 삽시간에 꺼버릴 수 있다.

둘째로, 하나님을 깊이 체험하고 그 귀함을 인식하는 것이 필요하다. 시편 기자는 "주의 얼굴을 나에게서 언제까지 숨기시겠나이까"라고 울부짖었는데, '주의 얼굴'을 믿음의 눈으로 보고 그 아름다움을 경험한 적이 있었던 것이 분명하다. 그래서 이 시편에서 묘사되고 있는 상황으로 말미암아 주의 얼굴을 뵙지 못하게 되자 하나님께 대한 울부짖음이 그 마음 속에서부터 우러나오게 된 것이다.

그렇다! 하나님과 깊이 사귐을 가져보지 않고서는 하나님을 향해 갈급해 할 이유조차 느끼지 못할 것이다. 그러나 하나님께 가까이 가서 하나님의 영광을 본 사람은 이 세상이 주는 그 어떤 것으로도 만족할 수 없다. 신약 학자 커어드는 요한계시록 21장 4절에 대해 말하며 새 예루살렘 성을 본 사람만이 이 세상의 휘황찬란한 바벨론 성의 모습을 보고 감히 음녀라 부를 수 있을 것이라고 했다. 마찬가지로 하나님의 얼굴에서 비치는 영광의 빛을 본 사람만이 이 세상의 쾌락과 명예와 부귀가 주는 유혹을 감히 죄라고 거부할 수 있을 것이다. 현대는 하나님의 얼굴을 보기에는 너무나 많은 안개가 끼어 있다. 심지어 우리의 예배도 하나님의 얼굴을 보는 계기가 되는 것보다 오히려 형식에 그치기가 쉽고, 하나님의 말씀의 강론이란 구실 아래 도덕 강의를 듣고 마음이 감동되지 못한 채 끝나 버리는 수가 허다하다. 교인들이 사나워지는 경우는 그들이 지닌 죄성 때문이기도 하지만, 그들이 하나님의 얼굴을 보지 못하여 그 마음이 냉랭해졌기 때문일 경우도 적지 않을 것이다.

셋째로, 하나님 없이 사는 삶이 얼마나 무미건조한 것인지를 우리 마음으로 인식하는 것이 필요하다. 시편 기자는 "내가 나의 영혼에 경영하고 종일토록 마음에 근심하기를 어느 때까지 하오며 내 원수가 나를 쳐서 자긍하기를 어느 때까지 하리이까"(2절)라고 했다. 이는 하나님이 가까이 계시지 않다고 느끼는 삶에서 나오는 탄식이라 하겠다. 여기에 대하여 주석가 키드너는 "시편 기자가 마음에 고통을 느끼었음을 뜻한다"라고 지적했다. 하나님께서 우리 마음에 계시지 않을 때 우리의 마음은 별별 생각으로 다 채워질 수 있다.

루터는 그런 경우를 이렇게 설명했다, "우리의 마음은 마치 노도가 치는 바다와 같다. 이 때 온갖 생각들이 우리 마음 속에서 파도처럼 일었다가 사라지곤 한다. 우리는 그 곳에서 벗어나기 위해 별 방법을 다 고안해 내지만 절망적인 말밖에는 들리지 않는다."

만일 이 시편이 다윗의 시편이라면 아마도 그가 사울 왕에게 쫓기는 생활을 하는 중, 하나님께서 숨으신 것처럼 느꼈을 때 기록한 개인적인 얘기였을 것이다. 사울과 그의 군대에게 에워싸이는 것은 그에게 중대한 일이었으나, 아마도 이를 허용하신 것은 하나님께서 그로부터 숨으셨기 때문일 것이라는 생각이 더욱더 고통스러운 일이었을 것이다.

그렇다. 우리가 하나님과의 관계를 맺은 후에 죄 등의 이유로 말미암아 하나님과 교제가 끊어졌을 때 오는 좌절과 냉랭한 마음은 직접 경험해 보지 못한 사람은 이해할 수 없을 것이다. 이런 사람들은 그 어떤 희생을 치르고서라도 다시 하나님과의 관계를 회복하려고 노력하게 될 것이다. 이런 사실을 잘 이해하고 있는 시편 기자는 이렇게 말하고 있다, "주의 궁정에서 한 날이 다른 곳에서 천 날보다 나은즉 악인의 장막에 거함보다 내 하나님 문지기로 있는 것이 좋사오니"(시 84:10).

하나님께 대한 간절한 호소 (13:3-4)

시편 기자는 자신의 냉랭함을 해결하기 위하여 하나님께 대한 간절한 마음만 갖고 있지 않았다. 이제 그는 한 걸음 더 나아가서 하나님께 간절히 기도함으로 하나님께 대한 열정을 다시 찾으려는 것을 볼 수 있다. 독일의 주석가인 바이서는 이 부분이야말로 아주 짤막하고도 단도직입적인 명령문들로 구성되어 있다고 말했다. 이는 하나님과 함께 나눌 수 있었던 깊은 관계가 다시 형성됨으로 하나님께 대한 열정이 다시 살아날 수 있게 하기 위한 것이었다고 그는 덧붙였다. 그 이유를 바이서는 이렇게 말했다, "하나님의 임재함과 하나님의 선하심이 없이는 시편 기자가 절망할 수밖에 없었기 때문이다. 따라서 시편 기자는 강력하게 하나님께 요구하고 있으나 이는 사실상 하나님께서 은혜로 호응해 주실 것에 대한 간구이다"(아더 바이서, 『시편』, 163쪽).

그렇다. 우리는 하나님께 요구할 자격조차 없는 사람들이다. 그러나 하나님께서 우리에게 주시는 은혜 때문에 이제는 아들과 딸의 관계가 형성된 것이다. 바울 사도는 이런 관계를 다음과 같이 말했다, "그 기쁘신 뜻대로 우리를 예정하사 예수 그리스도로 말미암아 자기의 아들(딸)들이 되게 하셨으니, 이는 그의 사랑하는 자 안에서 우리에게 거저 주시는 바 그의 은혜의 영광을 찬미하게 하려는 것이라"(엡 1:5-6). 따라서 우리가 담대하게 우리의 냉랭함을 해결해 달라고 하나님께 호소할 수 있게 된 것이다. 이는 "사랑 안에 두려움이 없고 온전한 사랑이 두려움을 내어 쫓기"(요일 4:18) 때문이다. 우리는 하나님의 사랑 안에서 감히 우리의 냉랭함을 다음과 같이 호소할 수 있는 것이다.

첫째로, 하나님께 우리의 냉랭함에 대하여 관심을 가져 달라고 호소할 수 있다. "여호와 내 하나님이여, 나를 생각하사"(3절). 우리 마음이 냉랭할 때에는 하나님께서 우리에게 귀를 기울이신다는 생각조차 들지 않을 수가 있다. 따라서 시편 기자는 먼저 자신을 생각해 달라고 호소했다.

이는 주께서 우리에게 그 얼굴을 숨기지 마시고 우리 마음의 문제를 고려해 달라는 애타는 부탁이다. 문법적으로 보아도 그 간절함을 볼 수 있는데, 강력한 명령형으로 쓰여졌다. 물론 시편 기자는 여기에서 자신의 처해 있는 어려운 상황을 보고 하나님께서 자기에게 그 얼굴을 돌리시지는 않았는지 하는 의심을 했을 것이다. 그래서 이런 기도를 했음에 틀림없다.

그러나 우리의 경우 우리의 냉랭함이 어떻게 시작되었든지 간에 우리는 하나님께 호소할 수가 있다. 그렇게 호소하기 전에 만일 우리 속에 하나님이 멀리 하실 수밖에 없는 죄가 있다면 그것은 먼저 그 죄를 하나님께 자백하는 것이 원칙이다. 이는 만일 우리 속에 죄가 있으면 하나님께서 우리 호소를 듣지 않으시기 때문이다(시 66:18). 하지만 아무런 죄도 없으나 환경이 우리를 어렵게 만들고 우리가 하나님으로부터 멀어진 것처럼 느껴질 때 우리도 시편 기자처럼 시간을 내어 하나님 앞에 간절히 호소하며 기다리는 마음이 필요하다.

둘째로, 하나님께 냉랭한 우리의 마음을 고쳐 달라고 호소할 수 있다. "여호와 내 하나님이여, 나를 생각하사 응답하시고"(3절). 우리는 여기서 시편 기자가 하나님의 시선을 끄는 데서 끝나지 않고 더 나아가서 이제 하나님의 직접적인 응답을 호소한 것을 볼 수 있다. 즉 하나님께서 그의 마음을 어루만져 주시어 다시 한 번 하나님을 가깝게 느낄 수 있도록 응답해 달라는 호소였다.

과연 우리는 하나님께 나와서 이렇게 간절하게 우리 냉랭함을 해결해 달라고 호소한 적이 얼마나 있는가? 우리가 직장을 달라고 호소하고, 병 낫기를 위해 호소하고, 자녀들의 입학을 위해 호소한 적은 많지만 하나님이 가까이 계시지 않는 것이 안타까워 하나님 앞에 탄식으로 호소한 적이 얼마나 있는가?

우리에게는 이와 같은 호소가 더 필요하다. 시편 기자가 한 것처럼 단도직입적으로 하나님 앞에 나아가서 "응답하소서"라고 말씀드릴 필요가 있다. 부귀를 달라는 것도 아니고, 성공할 수 있게 해 달라는 것도 아니고, 오직 하나님을 더 깊이 체험할 수 있게 하여 우리의 냉랭함이 없어지도록 부탁드릴 수 있다. 하나님은 하나님을 찾는 사람을 가장 좋아한다. 히브리서 기자는 이를 다음과 같이 표현했다, "…하나님께 나아가는 자는 반드시 그가 계신 것과 또한 그가 자기를 찾는 자들에게 상 주시는 이심을 믿어야 할지니라"(히 11:6).

바울 사도는 선교를 위하여 생명을 아끼지 않고 자신의 생애를 송두리째 바친 사람으로 응당 자신의 생의 목표가 선교를 더 잘하는 것이라고 해야 당연한 것처럼 느껴진다. 그럼에도 불구하고 바울 사도의 최우선 목표는 선교가 아니라 그리스도를 더욱더 깊이 아는 것이라고 했다(빌 3:10 참조).

셋째로, 우리의 믿음의 눈을 열어서 하나님을 볼 수 있게 해 달라고 호소할 수 있다. "나의 눈을 밝히소서. 두렵건대 내가 사망의 잠을 잘까 하오며"(3절하). 종종 영적 싸움이 너무나 심각해질 때 우리는 마치 우리 생사가 거기 달려 있는 것처럼 느껴질 때가 있다. 이 경우도 아마 시편 기자가 피부로 느끼는 위험을 통해 자신이 영적 싸움을 싸우고 있다고 생각한 듯 싶다.

이런 모든 것 중에 그에게 가장 심각했던 것은 하나님이 그에게 가까이 계시지 않다는 느낌이있다. 물론 이런 감정은 이 시편 전체를 통해 느낄 수 있는 것이다. 그 예로서 "어느 때까지이니이까?" 하는 한탄의 소리가 여섯 구절 중에 무려 네 번이나 나오고 있는데, 이런 사실을 미루어 보아서 시편 기자가 하나님께 대한 갈급함이 얼마나 컸었던가를 알 수 있다. 그런 마음은 결국 하나님께서 그의 믿음의 눈을 열어서 다시 하나님의 모습을 볼 수 있게 해 달라는 호소로 나타나게 됨을 알 수 있다. 위험을 당한다고 해서 우리에게 자동적으로 이처럼 하나님께 갈급한 마음이 생기는 것은 아니다.

그러나 만일 우리로 하여금 믿음의 눈을 뜨게 하여 우리의 냉랭함을 해결할 수 있게 해 준다는 보장만 있다면 우리는 사망으로 인도하는 것 같은 어려움도 기꺼이 받을 수 있어야 할 것이다.

넷째로, 하나님의 공의에 호소할 수 있다. "두렵건대 나의 원수가 이르기를 내가 저를 이기었다 할까 하오며 내가 요동될 때에 나의 대적들이 기뻐할까 하나이다"(4절). 만일 내가 원수에게 쓰러진다면, 다시 말해서 내가 하나님께 도움을 받지 못하며 이대로 원수가 승리한다면 이는 하나님의 명예가 손상되는 것이라고 시편 기자는 외쳤다.

우리도 이제 우리가 냉랭하게 쓰러지게 될 때 우리의 원수가 좋아하게 될 것이기 때문에 제발 우리의 호소를 들으시고 하나님의 임재를 우리가 다시 체험하게 해 달라고 하나님께 접근해야 한다.

비록 시편 기자가 어려운 일을 당하여 생명의 위협을 피부로 느끼고는 있었으나 그는 실제로는 행복한 사람이었다. 그 이유는 마음으로 하나님을 가까이 경험할 수 있게 해 달라는 호소를 할 수 있었기 때문이다. 이는 마음이 냉랭하면서도 전혀 그 사실을 모르고 육신적으로만 안전하게 사는 사람보다 훨씬 행복한 상태임을 우리는 알아야 할 것이다.

하나님을 간절히 기다리는 마음 (13:5-6)

아직 시편 기자의 상황이 변한 것은 아니다. 그러나 여기서부터는 현저한 변화를 볼 수 있다. 더 이상 앞에서와 같은 불확실성이 엿보이지 않고 오히려 확신으로 가득 차 있는 것을 볼 수 있다. 더 이상 파도치는 바다 위에 떠 있는 돛단배 같은 자세가 아니다. 이제는 하나님을 깊이 의뢰하는 모습을 볼 수 있다. 하나님이 멀리 계신 것 같고 하나님께서 그 얼굴을 감추신 것 같아 몸부림치던 시편 기자가 어떻게 그렇게 갑자기 변화될 수 있었을까? 하나님께 대한 갈급한 마음이 도움이 되었을 것이다. 또 하나님께 드린 간절한 호소가 하나님의 온기를 느끼게 하는 데 결정적인 역할을 했을 것은 자명한 사실이다. 그러나 그 이외에도 두 가지 정도의 이유를 더 볼 수 있다.

첫째로, 시편 기자의 마음의 결단이다. 그가 갈급한 태도와 간절한 호소를 해서인지는 몰라도 시편 기자는 그 마음을 여호와께 맡겨버린 것을 알 수 있다. 이제 그의 감정만 아니라 그의 의지를 다 드려서 여호와 하나님을 의뢰했다.

그 다음은, 하나님의 '후대하심'에 있다. 내가 여호와께 맡겨도 여호와께서 '후대'하시지 않는다면 모두가 다 허사이다. 그러나 이처럼 하나님께 생명을 내놓고 의뢰하는 자를 하나님은 멸시하시지 않는다. 그러나 명백히 해둘 것은 이것이 우리의 공로 때문이 아니라, 우리에게 향하신 주님의 '인자'하심 때문인 것이다. 즉 하나님의 언약적인 사랑 때문에 하나님은 두 손 들고 하나님께 나아오는 사람들을 '후대'하시는 것이다. 그래서 우리의 냉랭한 마음에 하나님의 임재를 다시 찾게 해 주시는 것이다.

결론적으로, 환경적으로는 안락하게 살면서 하나님께 대해서는 냉랭한 것보다 어려운 환경 중에서도 하나님의 후대하심을 받아 하나님께 대한 열정을 계속 불태우는 것이 오히려 훨씬 더 가치가 있음을 우리는 알 수 있다.

15
하나님을 부인하는 사람들에 대한 경고
14 : 1-7

어리석은 자는 그 마음에 이르기를 하나님이 없다 하도다. 저희는 부패하고 소행이 가증하여 선을 행하는 자가 없도다. 여호와께서 하늘에서 인생을 굽어 살피사 지각이 있어 하나님을 찾는 자가 있는가 보려 하신즉 다 치우쳤으며 함께 더러운 자가 되고 선을 행하는 자가 없으니 하나도 없도다. 죄악을 행하는 자는 다 무지하뇨? 저희가 떡 먹듯이 내 백성을 먹으면서 여호와를 부르지 아니하는도다. 저희가 거기서 두려워하고 두려워하였으니 하나님이 의인의 세대에 계심이로다. 너희가 가난한 자의 경영을 부끄럽게 하나 오직 여호와는 그 피난처가 되시도다. 이스라엘의 구원이 시온에서 나오기를 원하도다. 여호와께서 그 백성의 포로된 것을 돌이키실 때에 야곱이 즐거워하고 이스라엘이 기뻐하리로다.

우리는 살아가는 동안 수없이 많은 결정들을 내리게 된다. 사실상 인생은 결정의 연속이라고 해도 과언이 아닐 것이다. 크게는 어느 학교를 갈 것인가, 누구와 결혼할 것인가, 어떤 직장을 택할 것인가 등의 결정이 있을 수 있다. 반면에 점심 식사는 무엇을 할 것인가, 무슨 차를 마실 것인가 등 우리가 어떻게 결정하든지 간에 우리의 장래에 큰 영향을 주지 않는 것들도 있다. 그러나 어떤 결정을 잘못 내렸을 때 인생에 있어서 치명적인 결과를 초래할 수 있다. 그 중의 하나가 "하나님은 계시지 않는다"라는 결정을 내리는 것이다. 가령 원한이 가득한 사람이 "하나님은 없다"라는 결정을 했을 때 그는 모든 수단과 방법을 가리지 않고 자기에게 한을 품게 한 대상에게 복수하려고 할 가능성이 있다. 하나님이 계신다는 사실을 믿는 사람이라면 하나님의 섭리와 하나님을 두려워하는 마음 때문에 달리 생각할 가능성이 높을 것이다.

현대의 이데올로기만 해도 그렇다. 공산주의의 경우 "하나님은 계시지 않는다"라는 결정을 내린 사람들이 그들 나름대로의 역사와 사회에 대해 평가하고, 그에 따라서 그들이 생각하는 무신론적 방법으로 유토피아를 만들어 나가자는 데 문제가 있는 것이다. 마르크시즘의 철학적 기초를 제공한 헤겔만 해도 "하나님은 계시지 않는다"라는 데까지는 가지 않았다. 그러나 마르크스가 그의 이론을 세우는데 직접적인 열쇠를 제공한 포이에르바하는 다르다. 그는 헤겔의 변증론 중 유신론적인 부분은 완전히 제거해 버리고 무신론적, 유물론적 토대 위에서 그것을 정립했다. 마르크스는 포이에르바하에서 열쇠를 찾아 마르크시즘이라는 무서운 이데올로기의 기초를 놓게 되었다. 그후 레닌, 스탈린, 모택동, 김일성 등에 의하여 정치적으로 마르크시즘이 기용되는 데서부터 시작하여 한 때 세계 인구의 40% 이상을, 그리고 전 아시아 인구의 55%를 그 이데올로기로 속박해 두는 데까지 갔었다. 얼마나 끔찍스러운 일들이 공산주의 때문에 일어났으며, 또 지금도 북한에서 일어나고 있는가?

이로 보건대 "하나님은 없다"라는 결정은 단순한 결정이 아니다. 자신에게만 영향을 주는 것이 아니라 다른 사람들, 나아가서는 전 세계까지 영향을 주는 결정이 될 수 있다. 물론 "하나님은 없다"라는 결정을 내리고도 마르크스나 스탈린처럼 되지 않은 사람들이 허다하다. 그러나 그들도 따지고 보면 자기의 조물주를 자신이 내린 결정에 따라서 자신의 마음 속에서 몰아내어 버린 사람들로 인간적인 안목에서는 별 하자가 없는 것처럼 보일지 모르나, 궁극적으로 보면 비참한 것은 마찬가지이다. 영국의 유명한 주석가인 스토트는 "하나님은 없다"라고 결정한 사람의 비극에 대하여 이렇게 언급했다, "인간성을 무시하는 것은 그 어떤 것이라도 우리에게 환멸을 느끼게 한다. 그러나 복음을 거부하거나 알지 못함으로 말미암아 우리가 하나님과 분리되었을 때만큼 우리의 인간성이 더 깊이 파괴되는 때는 없다."

이유 (14:1)

"하나님은 없다"라는 결정은 실로 중대한 결단이다. 사람들은 무슨 이유로 그렇게 결정할까 하는 문제를 생각해 볼 필요가 있다. 사람들 편에서 보면 여러 가지 이유들이 있을 것이다. 그러나 하나님의 해답은 지나칠 정도로 단순하다. 하나님께서는 그 이유가 다음과 같다고 말씀하신다, "어리석은 자는 그 마음에 이르기를 하나님이 없다 하도다. 저희는 부패하고 소행이 가증하여 선을 행하는 자가 없도다"(1절). 한 마디로 어리석기 때문이라고 하나님은 말씀하신다. 그렇다면 "하나님은 없다"라고 생각하는 사람들은 과연 다 어리석은 사람들인가? 인간적인 차원에서 볼 때 결코 그렇지 않을 수도 있다. 그들은 종종 어리석기는커녕 오히려 석학에 속한 경우가 많다. 그러면 하나님의 말씀이 틀렸다는 것인가? 우리는 여기서 '어리석다'라고 번역한 '나발'(נָבָל)이라는 단어의 원래의 의미를 이해하지 않으면 이 구절을 곡해할 가능성이 있다. '나발'이라는 말은 지혜서에서 종종 사용되는 말로 단순히 세상적으로 판단력이 부족하다는 뜻이 아니다. 오히려 그것은 하나님께 대한 경외심을 저버려서 하나님을 알지 못하게 된 사람을 가리킨다. 주석가 프로운은 이런 사람에 대하여 다음과 같이 논평하고 있다, "이런 사람은 자신의 이성만을 자랑하며 자신의 이성이 비추어 주는 희미한 빛 가운데서 더듬어 감으로 자신이 갖고 있는 이성이 얼마나 무가치한가를 스스로 증명하고 있는 자이다."

성경은 무신론에 대하여 관심을 표명하거나 하나님의 존재에 대하여 증명하려는 태도를 전혀 갖고 있지 않다. 창세기 1장 1절에서도 하나님의 행동에 대하여 선포를 하였을 뿐, 하나님의 존재를 증명하려고 들지 않았다. 누구든지 진실로 정직하다면 하나님의 존재를 부인할 사람은 없을 것이다. 여기에 나와 있는 어리석은 사람도 사실상 하나님의 존재를 부인하는 것이 아니다. 오히려 "하나님은 없다"라고 그 마음에 결정한 것이라 볼 수 있다. 그는 그의 결정에 따라서 그의 생의 철학과 행동을 선택하게 된 것이다. 이런 사람에 대하여 프로운은 이렇게 설명했다, "어리석은 사람(나발)은 철학적으로 하나님의 존재를 부인하는 이론을 제시하는 사람을 가리키고 있지 않다(칼빈). 그는 자신의 사악한 행위로 말미암아 자신의 마음 속에 있는 하나님에 대한 의식을 왜곡하고 부패하게 만들어 하나님을 전혀 인정하지 않는 사람이다."

바울 사도는 이런 사람들에 대하여 하나님이 어떻게 하셨는지를 잘 설명해 주고 있다. "그러므로 하나님께서 저희를 마음의 정욕대로 내어 버려두사....이를 인하여 하나님께서 저희를 부끄러운 욕심에 내어 버려 두셨으니....또한 저희가 마음에 하나님 두기를 싫어하매 하나님께서 저희를 그 상실한 마음대로 내어 버려두사 합당치 못한 일을 하게 하셨으니..."(롬 1:24, 26, 28). 하나님은 사람이 하나님과의 관계를 맺은 가운데서만 그 존재 의식을 느끼고, 가정도 그 의의를 찾고, 목적 의식도 갖게 하신 것이다(창 1:26, 28, 2:21-25).

생활 (14:2-4)

그러면 "하나님이 없다"라고 결정한 사람들의 생활은 어떠할까? 첫째로 거룩하지 못한 생활을 하게 된다. "…저희는 부패하고 소행이 가증하여 선을 행하는 자가 없도다"(1절하). 주석가 키드너는 하나님을 마음에 두기를 거부한 사람은 '부패'하게 된 자아를 가지고, 하나님 앞에서도 "소행이 가증하게 되며", 이웃과의 관계에 있어서도 "선을 행하지 않게" 된다고 말했다. 이런 사람들은 하나님 앞에서 더 이상 고집을 부리며 악을 행할 필요가 없다. 더 이상 병든 마음을 갖고 살 필요가 없다. 하나님은 이런 사람들을 돌이켜 하나님과 다시 관계를 맺어 마음이 고쳐질 수 있게 하기 위하여 성경 여러 곳에서 다음과 같은 다정한 말씀으로 달래고 계신다. "여호와께서 말씀하시되, 오라 우리가(하나님과 우리가) 서로 변론하자. 너희 죄가 주홍같을지라도 눈과 같이 희어질 것이요, 진홍같이 붉을지라도 양털같이 되리라"(사 1:18). "오라 우리가 여호와께로 돌아가자. 여호와께서 우리를 찢으셨으나 도로 낫게 하실 것이요, 우리를 치셨으나 싸매어 주실 것임이라. 여호와께서 이틀 후에 우리를 살리시며 제 삼 일에 우리를 일으키시리니 우리가 그 앞에서 살리라. 그러므로 우리가 여호와를 알자. 힘써 여호와를 알자. 그의 나오심은 새벽빛같이 일정하니 비와 같이 땅을 적시는 늦은 비와 같이 우리에게 임하시리라 하리라"(호 6:1-3).

둘째로, 하나님을 실망시키는 생활을 하게 된다. "여호와께서 하늘에서 인생을 굽어 살피사 지각이 있어 하나님을 찾는 자가 있는가 보려 하신즉 다 치우쳤으며, 함께 더러운 자가 되고, 선을 행하는 자가 없으니 하나도 없도다"(2-3절). 하나님은 우리를 도울 수 있는 가장 귀한 분이시다. 하나님만이 우리를 아가페적 사랑(무조건적인 사랑)으로 사랑하시는 분이시다. 그분은 우리의 행동의 결과에 따라 사랑하시지 않고 먼저 사랑하시는 분이시다. 요한 사도는 이런 하나님의 사랑을 다음과 같이 가장 간결하고도 명료하게 표현했다. "보라, 아버지께서 어떠한 사랑을 우리에게 주사 하나님의 자녀라 일컬음을 얻게 하셨는고. 우리가 그러하도다"(요일 3:1).

우리가 "하나님은 없다"라는 결정을 했을 때 우리는 바로 이런 분을 배척하는 것을 의미한다. 상대적으로 서로 끌려 남녀가 깊이 사랑하다가도 한 쪽에서 아무런 이유 없이 다른 쪽을 배척했을 때에는 엄청난 상처를 상대방에게 줄 수 있다. 하물며 독생자이신 예수 그리스도를 십자가에서 우리 대신 죽게 하신 하나님의 아가페적 사랑을 배척했을 때 얼마나 더 큰 실망을 하나님께 안겨드리겠는가. 그것도 다른 존재들이 아닌 바로 하나님 자신이 직접 창조하신 사람들이 하나님을 배척하고 다른 데로 갔으니 말이다.

선지서들은 이스라엘 백성이 이처럼 하나님의 사랑을 배척하고 다른 신을 섬기는 데 대하여 하나님의 상한 마음을 너무나 잘 표현해 주고 있다. 그 중에서도 예레미야 선지자가 하나님의 상한 심정을 가장 깊이 표현해 주고 있는 것을 볼 수 있다. 한 가지 예로 그는 하나님의 상한 심령을 이렇게 토로하였다, "내(여호와)가 스스로 말하기를 내가 어떻게 하든지 너를 자녀 중에 두며 커다란 나라 중에 아름다운 산업인 이 낙토를 네게 주리라 하였고, 내가 다시 말하기를 너희가 나를 아버지라 하고 나를 떠나지 말 것이니라 하였노라. 그런데 이스라엘 족속아, 마치 아내가 남편을 속이고 떠남같이 저희가 정녕히 나를 속였느니라. 여호와의 말이니라....배역한 자식들아, 돌아오라. 내가 너희 배역함을 고치리라"(렘 3:19-20, 22).

예수께서는 그 상한 마음을 다음과 같이 표현하셨다, "예루살렘아, 예루살렘아, 선지자들을 죽이고 네게 파송된 자들을 돌로 치는 자여, 암탉이 새끼를 날개 아래 모음같이 내가 네 자녀를 모으려 한 일이 몇 번이냐? 그러나 너희가 원치 아니하였도다"(마 23:37).

하나님은 오늘도 불꽃같은 눈으로 온 땅을 두루 살피시며 그 마음이 하나님께 향한 사람을 찾고 계신다. 그러시다가 사람들이 그 마음이 어리석어서(지각이 없어서) 하나님을 찾지 않고 도리어 악을 행하는 것을 보시면 실망하실 것이다. "하나님이 없다"라고 결정한 사람은 자신의 마음이 비뚤어진 상태에 있다는 사실을 깨닫는 것도 중요하지만, 더 나아가서 자신이 창조주의 마음을 아프게 해 드리고 있다는 점도 간과해서는 안 될 것이다.

셋째로, 무지한 생활을 하게 된다. "죄악을 행하는 자는 다 무지하뇨? 저희가 떡 먹듯이 내 백성을 먹으면서 여호와를 부르지 아니하는도다"(4절). 주석가 앤더슨은 "하나님이 없다"라고 그 마음에 정한 사람은 자신들에게 내려지는 '형벌'이나 여호와 하나님께 대한 자신들의 '책임'에 대하여 무지하다고 말했다. 그는 또 "이런 의미에서 볼 때 그들은 소나 당나귀보다도 더 무지하다"라고 말했다. 하나님께 대하여 이러할진대 하물며 그들이 동족에 대하여서는 어떻게 행동하겠는가? 그 결과는 뻔하다. 그들이 하나님의 백성인 의로운 사람들을 마치 밥 한 끼 먹듯이 착취해 버리는 것은 너무나 쉬운 일이다. 하나님을 온전히 인정하고 알 때 비로소 인간의 가치도 온전히 인정하게 된다. 따라서 한 신학자는 우리가 하나님을 알면 알수록 더욱더 인본주의자가 될 수밖에 없다고 말했다.

하나님의 원래 뜻은 하나님을 아는 사람들이 온 세상을 채우고, 그들이 위로는 하나님을 섬기며 옆으로는 이웃을 그들의 몸처럼 사랑하게 되는 것이었다. 하나님께서는 바로 이런 백성을 이 땅에서 지금도 재창조해 나가고 계신다. 어느 날 주님께서 새 하늘과 새 땅을 마련하시고 직접 자기 백성들과 거하게 될 것이며, 그 때 하나님의 계획은 극치에 이를 것이다. 요한 사도는 그 때 모습을 이렇게 기록했다, "...보라, 하나님의 장막이 사람들과 함께 있으매 하나님이 저희와 함께 거하시리니 저희는 하나님의 백성이 되고 하나님은 친히 저희와 함께 계셔서"(계 21:3). 이와 같은 사실을 모르는 사람은 진정 '무지'한 것이다.

경고 (14:5-6)

루이스는 이렇게 경고했다. "종말에 가서 결국 둘 중의 하나가 우리를 기다리고 있다. 하나님의 기쁜 얼굴이 아니면 온 우주가 떠는 그 얼굴, 둘 중의 하나이다. 전자의 경우 형언할 수 없는 영광을 우리에게 주실 것이고, 후자의 경우 돌이키거나 감추는 것이 불가능한 부끄러움을 우리에게 주실 것이다."

하나님은 계신다. 비록 "하나님이 없다"라고 생각하는 사람들 마음 속에는 느껴지거나 만져지지 않을지 모르나 하나님은 엄연히 계신다. 하나님은 살아 계셔서 지금도 온 우주를 관장하시고 우리의 일거수 일투족을 지켜 보신다. 그분께서는 특히 '의인의 세대'(5절하)에 계신다. 과거 이스라엘 중 의롭게 살고자 하는 사람들 가운데만 계시는 것이 아니라, 지금도 하나님을 의지하고 하나님의 뜻대로 살고자 하는 사람들 가운데 계신다. 인간은 누구든지 하나님을 구주가 아니면 심판주로 맞이하게 될 것이다. 그 때 가서 우리의 입장을 바꾸는 것은 불가능한 일이다.

하나님은 의로운 사람들 중에 계실 뿐만 아니라 또한 하나님을 의뢰하며 사는 사람들의 피난처가 되신다. "너희가 가난한 자의 경영을 부끄럽게 하나 오직 여호와는 그 피난처가 되시도다"(6절). 여기에서 가난한 자는 하나님을 의뢰하고 하나님의 뜻대로 살기 때문에 압박당하고 어렵게 사는 사람들을 가리킨다. 하나님은 바로 그런 사람들의 피난처로 엄연히 지금도 계시다는 것이다.

하나님은 '의인들' 중에 계시며 '정직한 피압박자들' 중에 계시다는 것을 바꾸어 말하면, 우리 중에 '의인들'과 '정직한 피압박자들'을 보면 하나님이 계시다는 사실을 알 수 있다는 뜻으로 받아들일 수 있다. 그들은 바로 "하나님이 없다"라는 사람들에게 경고가 되고 있음을 잊지 말아야 할 것이다. 그들은 적신호이다. 적신호를 무시하고 그대로 가는 사람들은 필경 파경에 이를 것이다.

결 론 (14:7)

"이스라엘의 구원이 시온에서 나오기를 원하도다. 여호와께서 그 백성의 포로된 것을 돌이키실 때('백성의 번영을 돌려 주실 때'라고도 번역할 수 있음—NIV 참조)에 야곱이 즐거워하고 이스라엘이 기뻐하도다"(7절). 이 구절에 대해서는 포로에서 돌아오는 것을 언급함으로 포로 후에 추가한 것으로 보는 측도 있다. 그러나 이것이 꼭 포로를 의미하지 않을 수도 있다. 그 이유로서 이것이 포로보다 일반적인 적의 손에서 풀려나는 것을 의미할 수도 있고, "번영을 다시 누릴 때"로 볼 수도 있다(NIV). 여하튼 이 구절의 중요한 메시지는 "여호와로부터 오는 도움을 기대할 수 있다"라고 앤더슨은 말했다.

사람들은 그 때나 지금이나 "하나님이 없다"라고 그 마음에 결정하고 그대로 살 수 있다. 그러나 여호와께서 존재하시는 것과 그를 의뢰하는 자들에게 여호와께서 도움을 주시며, 마지막에 하나님의 뜻이 이 땅에서 이루어지는 일을 그 누구도 막을 수 없을 것이다.

16
주의 장막에 유할 자
15 : 1-5

여호와여, 주의 장막에 유할 자 누구오며 주의 성산에 거할 자 누구오니이
까? 정직하게 행하며, 공의를 일삼으며, 그 마음에 진실을 말하며, 그 혀로
참소치 아니하고, 그 벗에게 행악지 아니하며, 그 이웃을 훼방치 아니하며,
그 눈은 망령된 자를 멸시하며, 여호와를 두려워하는 자를 존대 하며, 그
마음에 서원한 것은 해로울지라도 변치 아니하며, 변리로 대금치 아니하며,
뇌물을 받고 무죄한 자를 해치 아니하는 자니, 이런 일을 행하는 자는 영영
히 요동치 아니하리이다.

주제 질문 (15:1)

우리가 하나님을 만나는 데 있어서 예배 의식은 매우 중요한 역할을
한다. 모든 세속적인 생각과 일들을 멈추고 오로지 하나님과만 대화하
며, 찬송하고, 말씀을 들으며, 헌금을 드림으로 하나님과 만나는 깊은
체험을 할 수 있다. 조직 신학자 싸우시는 이런 예배야말로 교회의 궁
극적인 목표에 해당된다고 주장한다. 예배를 통하여 우리는 하나님이
어떤 분이신가를 고백하게 된다. 그리고 하나님께서는 예배 가운데 임
재하시어 우리가 하나님을 만나는 축복을 경험하게 해 주신다.

이런 귀중한 예배 의식도 예배드리는 사람들이 어떤 자세로 임하는
가에 따라서 원래 하나님께서 의도하신 중요한 역할을 다 할 수도 있
고, 아니면 그저 형식에 그칠 수도 있다.

이사야가 빈 껍데기만 있는 예배 의식에 대하여 다음과 같이 적나라하게 힐책한 것은 이런 이유 때문이다, "너희 소돔의 관원들아, 여호와의 말씀을 들을지어다. 너희 고모라의 백성아, 우리 하나님의 법에 귀를 기울일지어다. 여호와께서 말씀하시되 너희의 무수한 재물이 내게 무엇이 유익하뇨? 나는 수양의 번제와 살진 짐승의 기름에 배불렀고, 나는 수송아지나 어린 양이나 수염소의 피를 기뻐하지 아니하노라. 너희가 내 앞에 보이러 오니 그것을 누가 너희에게 요구하였느뇨? 내 마당만 밟을 뿐이니라. 헛된 제물을 다시 가져오지 말라. 분향은 나의 가증히 여기는 바요, 월삭과 안식일과 대회로 모이는 것도 그러하니, 성회와 아울러 악을 행하는 것을 내가 견디지 못하겠노라. 내 마음이 너희의 월삭과 정한 절기를 싫어하나니 그것이 내게 무거운 짐이라"(사 1:10-14).

그럼 과연 어떤 예배가 하나님께 상달되는 예배인가? 하나님의 장막에 유하며 하나님과 만날 수 있는 자는 과연 누구이겠는가? 시편 15편은 아마도 공적 예배가 제정된 후에 그것이 형식적이고 의식주의로 흐르지 않게 하기 위하여 회중들을 교화시킬 목적으로 쓰여졌을 가능성이 크다(주석가 르폴드 등이 주장).

주석가 프로운은 이 시편이 사무엘하 6장 12절부터 19절(대상 15장 비교)을 배경으로 한 것으로 하나님의 언약궤를 다윗 성에 안치할 때 다윗이 백성들에게 훈계한 내용이라고 주장한다. 또 다른 이들(앤더슨, 바이서 등)은 이 시편을 성전 출입 시편이나 지혜 시편으로 보는 경향도 있다(다홋). 중요한 사실은 이 시편이 의식주의적으로 흐르는 것을 방지하기 위한 것이라는 점이다. 그런 면에서 볼 때 이 시편은 구약의 야고보서라 해도 과언이 아니다.

다시 말해서 여호와의 장막에 유할 자는 의식에만 참예하는 것으로 만족하지 말고 그 생활 자체가 아울러 변하지 않으면 안 된다. 생활이 뒤따르지 않는 예배는 하나님께서 싫어하신다. 이사야 선지자도 참된 예배의 조건을 다음과 같이 언급했다, "너희는 스스로 씻으며, 스스로 깨끗하게 하며, 내 목전에서 너희 악업을 버리며, 악행을 그치고, 선행을 배우며, 공의를 구하며, 학대받는 자를 도와 주며, 고아를 위하여 신원하며, 과부를 위하여 변호하라 하셨느니라"(사 1:16-17).

이는 무속 신앙적인 예배 의식과는 너무나 다른 내용이다. 무속 신앙은 신에게 잘 보이면 축복을 받고 신에게 뇌물을 주어서 달래지 않으면 저주가 온다는 식의 생각을 갖고 있다. 그래서 도덕성은 별로 중요하지 않고 다만 의식이 중요할 뿐이다. 삶의 변화는 언급하지 않고 축복을 받는 길과 저주를 피하는 것만 말하는 무속 신앙적인 모든 예배 의식을 이 시편은 배제시키고 있다.

무속 신앙적인 토양에서 자라온 한국 교회에 이 시편의 메시지가 주는 의미는 대단히 크다고 볼 수 있다. 매주일 예배 의식만 참예하고 그것으로 만족하는 많은 교인들은 하나님이 그들의 그런 행위를 어떻게 생각하고 계신지를 똑바로 알아야 할 것이다. 하나님은 말씀하신다. 과연 누가 하나님의 존전에 나와서 유하며 거할 수 있겠는가? 주석가 르폴드는 세 가지 원리와 그에 따른 구체적인 실천 사항이 이 시편에 나와 있음을 주장하고 있다.

세 가지 원리 (15:2)

우리가 이런 원리를 제시하는 데 있어서 조심해야 할 사실은 결코 이런 원리를 지켰기 때문에 우리가 그 공로로 하나님의 존전에 들어가서 예배드릴 수 있는 자격을 얻는 것이 아니라는 점이다. 우리가 하나님을 만날 수 있는 자격은 언제든지 하나님의 언약적 사랑으로만 가능한 것이다. 하나님이 먼저 우리를 사랑하시어 우리 죄를 용서하시고 받아주심으로만 우리는 하나님 앞에 나아갈 수 있는 자격을 얻는다는 성경의 일반적인 가르침을 우리가 간과해서는 안 된다.

반면에 우리가 하나님 앞에 언약적 사랑으로 구원을 받았다면 우리 속에 하나님의 성령을 모셨기 때문에, 또 신의 성품에 참예하였기 때문에 그 생활에 변화가 와야 된다는 것이다. 그런 변화는 때에 따라서는 갑자기 올 수도 있고, 또 다른 경우에는 점진적으로 성장 과정을 통해서 올 수도 있다. 베드로 사도는 그런 성장 과정을 체험하고 이를 다음과 같이 기록했다, "그의 신기한 능력으로 생명과 경건에 속한 모든 것을 우리에게 주셨으니, 이는 자기의 영광과 덕으로써 우리를 부르신 자를 앎으로 말미암음이라. 이로써 그 보배롭고 지극히 큰 약속을 우리에게 주사 이 약속으로 말미암아 너희로 세상에서 썩어질 것을 피하여 신의 성품에 참예하는 자가 되게 하셨으니, 이러므로 너희가 더욱 힘써 너희 믿음에 덕을, 덕에 지식을, 지식에 절제를, 절제에 인내를, 인내에 경건을, 경건에 형제 우애를, 형제 우애에 사랑을 공급하라"(벧후 1:3-7).

시편 기자는 이런 점진적인 면은 제시하지 않고 완전한 면을 제시하고 있다. 깊은 내용이나 복잡한 내용을 간단하게 함축적으로 표현할 수 있는 것이 시인데, 여기에서 우리는 그 예를 잘 찾아볼 수 있다. 따라서 시편 기자가 요구하고 있는 세 가지 원리는 지금은 완전하지는 못하나 하나님의 은혜를 체험하고 하나님의 자녀로서 완전을 향하여 가는 '과정'에 있는 사람도 포함하고 있다고 보아야 타당하다.

첫째 원리는 "정직하게 행하며"(2절상)이다. 하나님의 장막에 유하는 사람은 정직하게 행애야 된다고 말했다. 여기에서 '정직'이라고 번역한 말은 타밈(תמים)이라는 단어로, 영어로는 "아무런 흠도 없는"

(blamelessly)으로 번역되었다. 주석가 앤더슨은 이를 단순히 "야훼의 계시된 뜻에 대해 충성을 다하는 자"라고 말했다. 이런 사람은 도덕적으로 볼 때 미개발된 영역이 하나도 없는 자라고도 볼 수 있다(르폴드). 예배 의식 중 제물을 드리는 것만을 중요한 골자로 알고 있던 그 당시 사회에서 제물에 대해서는 한 마디도 언급이 없이 다만 도덕성에 대해서만 말했다는 것은 획기적인 사실이라 하지 않을 수 없다. 예배 의식 중 드리는 제물보다 하나님의 뜻을 순종하는 것이 더욱더 중요하다는 구약의 다음과 같은 예배의 중심적 진리가 여기에 나타나 있음을 알 수 있다(바이서). "사무엘이 가로되 여호와께서 번제와 다른 제사를 그 목소리 순종하는 것을 좋아하심 같이 좋아하시겠나이까? 순종이 제사보다 낫고 듣는 것이 수양의 기름보다 나으니, 이를 거역하는 것은 사술의 죄와 같고, 완고한 것은 사신 우상에게 절하는 죄와 같음이라…"(삼상 15:22-23). 이에 대하여 주석가 바이서는 다음과 같이 말했다, "시편의 영적 위엄이 이처럼 높은 도덕 기준 가운데 그 찬란한 빛을 발하고 있다."

그렇다. 우리 같은 죄인이 하나님의 은혜로 구원을 받은 것은 사실이나 우리가 하나님의 장막에 유하고 거하기 위해서는 도덕성을 무시할 수가 없다. 적어도 우리 가운데 숨겨진 죄는 없어야 되며 계속 악을 즐기는 마음이 십자가를 보고 회개하는 마음으로 변해 있어야 된다. 아마도 시편 기자가 하나님의 장막에 들어갔을 때 우리로서는 상상할 수 없는 아름다움을 보았으리라 믿는다.

완전한 미(美)는 완전한 거룩과 불가분의 관계를 갖고 있다. 이 거룩하고 아름다운 광경을 여호와의 장막에서 경험한 자는 감히 다음과 같이 외칠 수 있을 것이다, "만군의 여호와여, 주의 장막이 어찌 그리 사랑스러운지요! 내 영혼이 여호와의 궁정을 사모하여 쇠약함이여,

내 마음과 육체가 생존하시는 하나님께 부르짖나이다.…주의 궁정에서 한 날이 다른 곳에서 천 날보다 나은즉 악인의 장막에 거함보다 내 하나님 문지기로 있는 것이 좋사오니…"(시 84:1-2, 10). 또 이런 경험을 한 사람은 계속해서 하나님의 장막에 유하기 위하여 "타밈"(아무런 흠도 없는)의 생활을 하기에 힘쓰게 될 것이다.

둘째 원리는 "공의를 일삼으며"(2절중)이다. 사실상 이 원리는 첫 번째 원리와 큰 차이가 없는 것이다. 그 인격이 도덕적으로 온전할 때 그 인격에서 나오는 일도 공의롭게 된다. 주의 장막에 유하는 자는 공의로운 행위가 뒤따르는 사람이어야 한다. 인간적으로 볼 때에도 우리는 부모의 모습을 닮게 되는데, 영적으로 하나님을 아버지로 모신 우리에게 있어서 하나님 아버지의 성품을 닮아 공의를 행하는 것은 너무나 당연한 일이다.

셋째 원리는 "그 마음에 진실을 말하며"(2절하)이다. 루터는 이 세 원리에 대하여 다음과 같이 요약했다, "먼저는 사람이 하나님께 용납될 수 있도록 깨끗해야 되고, 그 다음 옳은 행위가 뒤따라야 되며, 그 후에는 진실한 말이 그로부터 나와야 된다." 이는 혀에서 나오는 말이 아니라 그 마음 속에서 나오는 말을 의미한다. 여기에서는 마음이 진실하게 되어 그 마음의 표현으로 나오는 말을 의미한다. 시편 기자는 바로 이런 사람이야말로 주의 장막에 유할 수 있다고 했다. 주석가 바이서는 시편 기자의 이런 도덕관은 주님께서 우리에게 주신 산상수훈에 나타나 있는 기본적인 도덕률과 별 차이가 없는 것이라고 말했다.

이와 같이 높은 도덕률과 분리된 예배 의식은 시편 기자만 배척한 것이 아니라 모든 선지자들이 이구동성으로 배척했고, 신약에서도 이를 배척하고 있다. 비록 누구든지 자기가 행한 옳은 일로 하나님께 나아갈 자격을 얻을 수는 없다 할지라도, 하나님께 은혜로 나아갈 자격을 얻은 사람은 날이 갈수록 도덕적으로도 시편 기자가 말하는 대로 "정직하게 행하며, 공의를 일삼으며, 그 마음에 진실을 말하는 사람" 이 되어야 한다. 이런 사람은 주의 장막에 잠시 유하는 데서 그치지 않고 계속 거할 수 있다. 마치 사무엘과 엘리가 주의 임재하심이 있는 성전에서 거했듯이 말이다.

구체적인 실천 사항들 (15:3-5)

2절에서는 세 가지 근본적인 원칙들을 다루었고, 이제 3절부터는 우리가 계속해서 실천하지 않으면 안 될 면들을 구체적인 예를 들어 가며 다루고 있다. 첫 번째 내용은 그 이웃에 대한 태도이다. "그 혀로 참소치 아니하고, 그 벗에게 행악지 아니하며, 그 이웃을 훼방치 아니하며"(3절). 우리가 한 입으로 하나님 앞에서 찬양을 드리고 다음 순간 돌아서서 독한 말로 애매하게 다른 사람들을 공격할 수는 없다. 이는 얼토당토 않은 말이다.

야고보 선생도 이런 이중 인격의 위험성에 대하여 다음과 같이 경고했다. "이것(혀)으로 우리가 주 아버지를 찬송하고 또 이것으로 하나님의 형상대로 지음을 받은 사람을 저주하나니 한 입으로 찬송과 저주가 나는도다. 내 형제들아, 이것이 마땅치 아니하니라. 샘이 한 구멍으로 어찌 단물과 쓴물을 내겠느냐..."(약 3:9-11).

하나님의 장막에 유하는 자는 말로 이웃을 악하게 공박하지 않을 뿐만 아니라, 그 벗에게 '행악'도 범하지 않게 된다. 더 나아가서는 그 이웃에 대한 악한 비방을 듣기를 거부한다. 남의 악한 비방을 듣기 좋아하는 것은 도둑질한 물건을 도적에게 받는 것과 흡사하게 모두 나쁜 것이라고 스펄전 목사는 말했다. 이런 사람들은 모두가 다 주의 장막에 유할 수 없다고 시편 기자는 분명히 말했다. 주의 장막에 유하는 사람들이 갖추어야 할 높은 도덕률을 시편 기자는 우리에게 밝히 알려 주고 있다. 이러한 사실은 우리가 매주일 주님 앞에 예배드릴 때 어떤 자세로 드려야 하는가를 분명히 말씀해 주기도 한다. 또 얼마나 많은 예배들이 이런 자세를 갖추지 못함으로 말미암아 헛되이 드려지고 있는가에 대해서도 알 수 있다.

두 번째 내용은 선과 악에 대한 분명한 태도이다. "그 눈은 망령된 자를 멸시하며, 여호와를 두려워하는 자를 존대하며, 그 마음에 서원한 것은 해로울지라도 변치 아니하며"(4절). 진실한 사람은 자기 편리에 따라서 악을 받아들이거나 손해가 온다고 해서 선을 배척하는 일이 없다. 그는 일관성 있게 악은 거부하고, 선은 수용하게 된다. 이런 사람은 하나님의 장막에 유할 뿐만 아니라 그 장막에 거하게 된다: 하나님은 진리이시다. 그에게는 비진리가 하나도 없으시다. 따라서 하나님께 예배하는 자도 진실과 신령함이 없는 하나님의 존전에 나아갈 수 없다.

세 번째 내용은 물질에 대한 태도이다. "변리로 대금치 아니하며, 뇌물을 받고 무죄한 자를 해치 아니하는 자니"(5절상). 이 구절은 돈에 대한 변리(邊利) 행위를 일률적으로 금하는 것이 아닐 것이다. 이스라엘 사람들이 사업을 확장시키기 위해 변리 행위를 종종 한 것을 우리는 볼 수 있다(르폴드).

그러나 상대방이 곤경에 빠져 있는 것을 악용하여 자신의 이익을 추구한다든지, 아니면 가난한 자들을 착취하여 내 재산을 불리기 위해 부당하게 변리하는 모든 행위는 정당하지 않다고 성경은 말하고 있다(출 22:25, 레 25:36, 신 23:20). 더 나아가서 권력을 잡은 자들이 뇌물을 받고 무죄한 자에게 불리한 판단을 내리는 것은 고금을 통하여, 또 세계 각처에서 흔히 찾아볼 수 있는 처사이다. 이 모든 것은 인격의 진실성의 결핍으로 이런 사람들은 주의 장막에 유할 자격이 없다고 시편 기자는 말하고 있다.

주석가 프로운은 주의 장막에 거하는 사람들이 갖추어야할 이상과 같은 높은 도덕 기준에 대하여 다음과 같은 적절한 논평을 하고 있다, "하나님을 믿는 행위와 순전한 인격을 갖는 것은 불가분의 관계를 갖고 있다. 우리의 신앙은 우리의 약함을 두둔하거나 비정직성에 대해 핑계거리를 제공해 주지 않는다. 우리가 사회적으로 모든 도덕을 준수할 때에만 비로소 우리에게 주어진 하나님의 사랑의 가치가 있는 그대로 평가될 수 있다. 이 시편은 각 행마다 우리가 갖추어야 할 내용들을 제시하고 있다. 마음으로부터 진실을 말하는 것, 이웃에 대해 악한 행동을 하지 않는 것…이것들이야말로 그리스도인들이 온전히 갖추지 않으면 안 될 자세가 아니겠는가?"

결 론 (15 : 5하)

"…이런 일을 행하는 자는 영영히 요동치 아니하리이다"(5절하). "이런 일을 행하는 자"는 주의 장막에 영영히 거하리라고 시편 기자가 그 결론을 맺을 것 같은데, 우리는 여기서 사실상 그렇게 하지 않았음을 볼 수 있다. 그 대신 "영영히 요동치 아니하리라"는 약속을 주었다. 비록 표현은 달라졌으나 그 내용을 보아서는 똑같은 진리임을 우리는 알 수 있다. 다만 좀더 광범위하게 표현한 것뿐이다.

위에 언급한 것과 같이 행하고 주의 장막에 유하는 자들은 비록 이 세상에서는 풍파를 만날 때가 있고, 가난에 시달릴 때도 있고, 건강이 쇠약해질 때도 있고, 애매하게 고난당할 때도 있을지 모르나, 하나님께서 그들과 함께 계시고 하나님께서 그들을 붙들고 계시기 때문에 "영영히 요동치 아니하리라"는 것이다. 그 이유는 그들이 주의 장막에 유하며 주의 성산에 거할 수 있기 때문이다.

17
주께 피하는 사람의 복
16 : 1-11

하나님이여, 나를 보호하소서. 내가 주께 피하나이다. 내가 여호와께 아뢰되 주는 나의 주시오니 주 밖에는 나의 복이 없다 하였나이다. 땅에 있는 성도는 존귀한 자니 나의 모든 즐거움이 저희에게 있도다. 다른 신에게 예물을 드리는 자는 괴로움이 더할 것이라. 나는 저희가 드리는 피의 전제를 드리지 아니하며 내 입술로 그 이름도 부르지 아니하리로다. 여호와는 나의 산업과 나의 잔의 소득이시니 나의 분깃을 지키시나이다. 내게 줄로 재어 준 구역은 아름다운 곳에 있음이여, 나의 기업이 실로 아름답도다. 나를 훈계하신 여호와를 송축할지라. 밤마다 내 심장이 나를 교훈하도다. 내가 여호와를 항상 내 앞에 모심이여, 그가 내 우편에 계시므로 내가 요동치 아니하리로다. 이러므로 내 마음이 기쁘고, 내 영광도 즐거워하며, 내 육체도 안전히 거하리니, 이는 내 영혼을 음부에 버리지 아니하시며 주의 거룩한 자로 썩지 않게 하실 것임이니이다. 주께서 생명의 길로 내게 보이시리니 주의 앞에는 기쁨이 충만하고 주의 우편에는 영원한 즐거움이 있나이다.

나의 복이신 주님 (16 : 1-2)

어떤 그리스도인 사역자가 어느 날 친구의 집들이에 초대를 받았다. 그는 그 날 저녁 여러 그리스도인들과 기쁜 시간을 가졌다. 그러나 집으로 돌아오는 길에 그 그리스도인 사역자는 시험을 받게 되었다. 그의 마음 속에서는 이런 소리가 들렸던 것이다, "너는 평생 가야 저런 집도 없이 살 것이다." 그는 실의에 빠져 지하실에 전세로 살고 있는 집으로 돌아왔다. 그 날 저녁 그는 실망한 상태에서 외로운 마음을 갖고 기도도 제대로 하지 못한 채 잠자리에 들었다.

그 다음 날 아침 그는 경건의 시간을 갖기 위하여 성경을 펼쳤을 때 늘 읽어나가는 순서에 따라서 신명기 18장을 보게 되었다. 그리고 신명기 18장 2절에서 그의 눈이 멈추게 되었다. "그들(레위 지파)이 그 형제 중에 기업이 없을 것은 그들에게 대하여 말씀하심같이 '여호와께서 그들의 기업'이 되심이니라."

그 순간 그의 눈에서는 눈물이 쏟아졌다. 그는 전날 밤 갖고 있던 문제가 순식간에 말끔히 사라지는 것을 느꼈다. 그에게는 더 이상 집 같은 것이 문제가 되지 않았다. 여호와께서 친히 그의 분깃이 되신다는 사실을 그 순간 깨달았던 것이다. 그는 이렇게 기도했다, "여호와께서 저와 함께 계신다면 저는 아무 것도 부족한 것이 없습니다."

매슬로우는 우리의 기본적인 필요에 대하여 신체적인 것으로부터 시작하여 정신적인 면까지 사다리처럼 표시하면서 우리가 신체적인 필요를 먼저 공급받지 않으면 정신적인 면도 만족할 수 없다는 암시를 주고 있다. 우리 속담에도 "금강산도 식후경"이라는 비슷한 말이 있다. 영적인 면에 있어서도 우리에게 물질적인 필요와 정신적인 필요가 먼저 채워지지 않으면 신앙적인 것도 쓸데없는 것처럼 생각하는 경향이 있다. 그러나 위에 말한 그리스도인 사역자의 경험은 그렇지 않았다. 오히려 그 반대였다. 하나님만 함께 하신다는 확신이 있으면 나머지는 문제가 되지 않았다. 오히려 모든 것이 다 있고 하나님의 임재하심을 느끼지 못할 경우 그것이 문제가 되었다.

그리스도인에게 있어서 가장 중요한 것은 하나님이 그와 함께 하신다는 사실이다. 그 나머지는 모두 다 이차적인 것이다. 시편 기자의 경우도 그와 같았다. 환경적으로 시편 기자는 그다지 기뻐하거나 희망적일 수가 없는 처지에 놓여 있었던 것 같다. 만일 이 시편이 사무엘상 26장을 배경으로 한 것이라면 시편 기자가 처해 있던 환경은 오히려 절망적이었던 경우라고 하겠다.

사울 왕이 '십(Ziph) 황무지'에서 삼천이나 되는 병정들을 데리고 다윗과 그 부하들을 찾기 위해 이 잡듯이 뒤지고 있었던 것이다. 그러나 여호와께서 그와 함께 하시면 사람이 그에게 어찌할 수 없다는 사실을 그는 분명히 알고 있었던 것 같다. 그래서 그는 하나님께 그의 마음 속 깊은 데서부터 나오는 호소인 '믹담'을 이렇게 아뢸 수가 있었다. "하나님이여, 나를 보호하소서. 내가 주께 피하나이다. 내가 여호와께 아뢰되 주는 나의 주시오니 주 밖에는 나의 복이 없다 하였나이다"(1-2절).

오늘의 현대인에게도 이런 복이 필요하다. 아스팔트길을 질주하는 차 안에 있는 사람에게도, 회교 지역에서 사역하는 선교사에게도, 가정을 지키는 주부에게도 시편 기자의 깨달음과 같은 깨달음이 필요하다. "주 밖에는 나의 복이 없다 하였나이다"(2절하).

부수적인 복들 (16:3-6)

이렇게 하나님 자신이 우리의 '복'이신 줄 깨닫고 무엇보다도 하나님을 전적으로 의뢰하고 동행하는 사람에게 하나님께서도 계속 함께 하시기를 기뻐하신다. 그 결과 그런 사람들은 다음과 같은 부수적인 복들도 누릴 수 있다.

1. 성도 간의 기쁨 (3-4절) 주석가 바이서는 3절 내용을 70인역에 따라서 다음과 같이 번역했다, "주께서 땅에 있는 성도를 존귀하게 대하셨다. 그들 안에 나의 모든 즐거움이 있다." 물론 히브리어 성경에는 "주께서"라는 말이 없다. 그러나 "땅에 있는 성도는 존귀한 자니"라

고 했을 때 주께서 그들을 존귀하게 대해 주신 것으로 히브리인들(특히 70인역 역자들)은 간주한 것이 틀림없다. 그렇다면 성도는 하나님께서 특별한 은혜로 함께 하여 주는 사람들이다. 하나님의 특별한 은혜를 경험한 사람들은 "다른 신에게 예물을 드리는 자"(4절상)와는 전혀 다르다. 시편 기자는 그런 자들의 길로 자신은 결코 가지 않을 것을 다짐했고 오히려 다음과 같이 선언했다, "나는 저희가 드리는 피의 전제를 드리지 아니하며 내 입술로 그 이름도 부르지 아니하리로다"(4절하). 그 길로 가는 사람들은 "괴로움이 더할 것"(4질중)이라고 했다. 오히려 하나님께서 존귀하게 대하는 사람들에게로부터 그의 모든 기쁨을 얻는다고 그는 말했다.

하나님께서 존귀히 여기는 성도들과 함께 교제할 때에는 구약 시대나 신약 시대를 막론하고 큰 기쁨이 있었던 것이 사실이다. 먼저는 주께서 그들 중에 영광을 나타내시는 것에 대하여 그들은 기뻐할 수 있고, 그 다음은 주의 영광을 통하여 변화된 성도가 서로에게 주는 격려 때문에 기쁨을 누릴 수 있다.

따라서 시편 기자는 성도의 교제에 대하여 시편 133편에서 이렇게 외칠 수 있었다. "형제가 연합하여 동거함이 어찌 그리 선하고 아름다운고…"(1절). 하나님을 복의 근원으로 믿는 사람들은 또 다른 성도들에게 기쁨의 통로가 될 수 있다. 서로 헐뜯고 무시하고 희생시켜야 자기가 올라갈 수 있는 경쟁 사회에서 이런 사실은 사막에서 만난 생수와 같은 것이다.

2. 하나님이 주시는 만족감 (5-6절) 시편 기자는 다시 한 번 자신과 주님의 관계에 대하여 먼저 설명하고 있다. "여호와는 나의 산업과 나의 잔의 소득이시니 나의 분깃을 지키시나이다"(5절). 이는 사실상 2절의 확대 설명이라 하겠다. 주석가 르폴드는 "여호와는 나의 산업과

나의 잔의 소득이시니"라고 한 부분을 이렇게 설명하고 있다, "나는 나의 주님보다 더 귀하게 여기는 것은 없다." 그리고 "나의 잔의 소득"은 앞의 말과 유사한 표현이다. 따라서 주님을 이렇게 귀하게 여기는 사람들에게는 여호와께서 "그 영혼의 목마름을 해갈시켜 주고 새롭게 회복시켜 준다"는 뜻으로 볼 수 있다. 이는 예수께서 요한복음 4장에서 다음과 같이 말씀하신 내용과 대등한 것이라 볼 수 있다, "내가 주는 물을 먹는 자는 영원히 목마르지 아니하리니 나의 주는 물은 그 속에서 영생하도록 솟아나는 샘물이 되리라"(요 4:14).

이는 예수님을 구주로 삼고 예수님께 전적으로 삶을 의탁하는 사람들이 누리는 기쁨이요, 이들에게서 찾아볼 수 있는 공통적인 만족감이라 하겠다. 한 찬송가 작가는 이런 기쁨을 다음과 같이 썼다:

예수로 나의 구주 삼고 성령과 피로써 거듭나니,
이 세상에서 내 영혼이 하늘의 영광 누리도다.
이것이 나의 간증이요 이것이 나의 찬송일세.
나 사는 동안 끊임없이 구주를 찬송하리로다.

이런 기쁨은 실제로 경험해야 알 수 있는 것이다. 말만으로는 설명하기가 어렵다. 하나님을 깊이 의뢰함으로 얻는 만족은 쉽게 누가 줄 수 있는 것도 아니고 또 빼앗아갈 수 있는 것도 아니다.

시편 기자는 여호와께서 그의 "분깃을 지키시나이다"(5절하)라고 고백했는데, 시편 기자의 경우 그의 환경이 그 만족을 빼앗을 수가 없었다. 그가 비록 사울과 그의 부하들에게 쫓기는 몸이었으나 그 마음의 만족은 없어지지 않았던 것을 볼 수 있다. 이는 여호와를 그 분깃으로 삼는 모든 사람이 누리는 공통적인 복이라 하겠다. 여기에 대하여 칼빈은 이렇게 말했다, "종종 정당한 소유주가 그 소유물을 잃는 수가 있다. 그 이유는 아무도 그 권익을 보호해 주는 사람이 없는 경우가 있기 때문이다. 그러나 하나님께서 하나님 자신을 우리에게 분깃으로 주셨을 때에는 하나님이 주시는 도우심으로 하나님께서 주시는 기쁨(만족)을 계속 누릴 수 있다."

우리는 지금 무엇으로부터 만족을 얻고 살고 있는가? 우리가 갖고 있는 직위인가? 아니면 우리의 재산인가? 더 나아가서는 우리의 후손들이 우리의 만족의 근원이 되고 있는가? 이런 것들은 다 중요한 것이나, 이것만이 나의 만족의 근원이라면 언젠가는 이것들을 빼앗길 날이 올 수 있고, 그 때 우리는 더 이상 만족하지 못할 것이다.

그러나 만일 여호와가 나의 분깃이고, 나의 만족이 여호와와의 깊은 관계로부터 온다면 이런 것들을 빼앗기든 계속 소유하든 상관 없이 우리는 계속 마음 속 깊은 곳에서 솟아나는 만족을 누릴 것이다. 하나님은 우리에게 이와 같은 만족을 주시려고 우리에게 이사야 선지자를 통하여 이렇게 초대하신다, "너희 목마른 자들아, 물로 나아오라. 돈 없는 자도 오라. 너희는 와서 사먹되 돈 없이 값 없이 와서 포도주와 젖을 사라"(사 55:1).

시편 기자는 자신이 얻을 분깃의 확실성에 대하여 계속해서 6절에서 이렇게 말하고 있다, "내게 줄로 재어 준 구역은 아름다운 곳에 있음이여, 나의 기업이 실로 아름답도다." 어떤 이들은 이것이 여호와를 분깃으로 얻는 이들이 누릴 물질적인 축복이라고 말하기도 한다. 그러나 오히려 5절 내용과 이 시편 전체의 흐름에 입각하여 볼 때 오히려 여호와가 나의 분깃일 경우, 그것은 가나안 땅을 정복한 후 그 땅을 배분받는 것보다 더 아름다운 것이라는 사실을 시편 기자가 우리에게 전달하고 있다고 보는 것이 타당하다.

그렇다. 여호와와의 깊은 교제를 깨달은 사람은 이 세상에서 그 어느 것보다 이런 관계를 아름답고 귀중하게 생각하게 될 것이다. 바로 하나님에 대한 이런 깨달음 때문에 사람들은 하나님의 영광을 위해 선교사가 되기도 하고, 사역자가 되기도 하며, 또 나아가서 직장이나 학교에서 예수님의 이름을 전파하는 생활을 하게 된다.

우리의 분깃이신 하나님은 그 어떤 예술보다도 아름다우시다. 그래서 예술가가 하나님의 실재를 체험하면 그의 세상에서의 추구는 끝난다. 이제는 하나님 안에서 그의 신비로운 아름다움에 심취해 버리기 때문이다. 이와 같은 순례자 중의 하나가 18세기 모라비안 교도들의 지도자가 된 진젠돌프 백작이다. 그는 귀족의 가문에 태어나 그 당시 귀족들이 공부하는 법학을 전공해야 마땅한 사람이었다. 그러나 어느 날 그가 화랑에서 예수님의 초상화를 보게 되었다. 머리에 가시면류관을 쓰신 예수님의 그림이었다. 그 위에 이런 팻말이 붙어 있었다. "나는 모든 것을 너를 위해 했다. 너는 나를 위하여 무엇을 하고 있는가?"

그 순간부터 진젠돌프는 귀족으로 사는 삶으로는 자신이 만족할 수 없음을 깨달았다. 무슨 대가를 치르는 한이 있어도 자신에게 이처럼 구원을 주신 하나님을 위해 자신의 전 생애를 바치고 싶어했다. 그리하여 후에 그는 현대 세계 선교의 선구자 중의 한 사람이 되었던 것이다.

하나님의 신실하신 도움 (16:7-11)

하나님 자신을 기업으로 받은 사람은 비단 하나님 자신을 모시는 복만 누리는 것이 아니라 그 부수적인 복도 받는다. 더 나아가서는 하나님께서 신실하게 우리를 도와 주시는 것을 체험할 수 있게 된다. 이런 도우심은 최소한 다음 세 가지로 나타날 수 있다.

1. **하나님의 인도하심** "나를 훈계하신 여호와를 송축할지라. 밤마다

내 심장이 나를 교훈하도다....주께서 생명의 길로 내게 보이시리니, 주의 앞에는 기쁨이 충만하고, 주의 우편에는 영원한 즐거움이 있나이다"(7, 11절). 주께서 우리를 인도하시는 것은 주의 훈계에 따라서 하신다. 그 훈계로 말미암아 시편 기자는 하나님을 자기의 분깃으로 받아들였다(5-6절).

이런 사실을 주석가 프로운은 다음과 같이 설명했다, "하나님께서는 내가 하나님 안에서 기쁨을 찾을 수 있도록 인도하셨다. 이제 나는 한밤 중 모든 것이 고요하고 묵상하기가 좋을 때 이 사실을 묵상한다. 내 심장 그 자체도 나를 교훈하는데, 그 이유는 하나님의 음성을 내 심장이 계속 듣고 있기 때문이다. 그리고 나는 계속 들은 대로 행동하기를 힘쓴다." 그 결과 시편 기자는 다음과 같은 두 가지 사실을 경험할 수 있었다.

첫째로, 그는 하나님을 '송축'했다. 이는 쉬운 말로 해서 하나님을 축복했다는 뜻이다. 하나님에게 우리가 축복을 받았으면 받았지 어찌 감히 하나님을 축복할 수 있겠는가? 그러나 우리가 하나님의 축복을 깊이 체험하게 되면 우리는 다시 그 축복을 하나님께 찬양과 감사와 예배로 돌려드리고 싶은 마음으로 가득 차게 된다.

요한계시록에 나오는 이십 사 장로들이 그 면류관을 주님의 발 앞에 던졌을 때에도 바로 하나님께 송축하고 싶은 마음이 넘쳤기 때문에 한 행동이라고 생각된다(계 4:10). 하나님께서 우리를 인도하셔서 우리가 하나님께 가까이 가는 경험을 할 때 우리는 하나님께 송축할 수밖에 없다. 이 때 우리는 그 송축의 표시로 우리의 면류관이 아니라 우리 자신들까지도 산 제사로 하나님께 드리게 된다.

둘째로, 우리는 말할 수 없는 기쁨을 경험하게 된다. 시편 기자는 이 기쁨의 위치를 '주의 앞'과 '주의 우편'이라고 설명했다. 이 기쁨은 세상에서 찾을 수 있는 그런 기쁨이 아니라 주의 존전에서만 누릴 수 있는 기쁨이다. 그리고 주의 존전에 있는 기쁨이므로 거룩한 기쁨이다. 더 나아가서 이 기쁨은 '영원히' 누릴 수 있는 기쁨이라고 했다.

이는 "주께서 생명의 길로 내게 보이시므로" 오는 기쁨이기도 하다. 다시 말해서 우리가 하나님을 분깃으로 받았을 때 우리는 하나님께서 주시는 생명의 길을 가게 되었으며 그 앞에서 그가 주시는 기쁨도 누릴 수 있게 되었다는 뜻이다.

이래도 우리는 각자의 길로 가고 "다른 신들에게 예물을 드리겠다"라고 말할 것인가? 잠언 기자는 "어떤 길은 사람의 보기에 바르나 필경은 사망의 길이니라. 웃을 때에도 마음에 슬픔이 있고 즐거움 끝에도 근심이 있느니라"(잠 14:12-13)고 경고했다.

2. 하나님의 견고케 하심 (8절) 성경은 우리를 풀과 같은 존재라고 종종 말하고 있다. 그러나 우리가 비록 풀과 같이 한 계절밖에 살지 못하고 바람이 조금만 불어도 흔들리는 존재이나, 그 풀이 커다란 참나무와 함께 묶이게 되면 참나무가 안전한 것처럼 그 안전을 누릴 수 있다.

시편 기자는 비록 자신의 약함을 알았으나 여호와께 자신을 의탁했을 때 그가 견고케 된다는 사실을 이렇게 말하고 있다, "내가 여호와를 항상 내 앞에 모심이여, 그가 내 우편에 계시므로 내가 요동치 아니하리로다"(8절).

비록 현대인들은 시편 기자처럼 창검을 든 군사들에게 쫓기는 일이 없을지 모르나 똑같은 위협감을 항상 느끼며 산다. 선교지에서는 질병과 강도와 게릴라의 위협을 느낄 수 있다. 국내에서도 늘 위협감이 우리를 괴롭힐 수가 있다. 건강에 대한 위협감, 직장에 대한 위협감, 실패에 대한 위협감이 그것들이다. 그러나 시편 기자처럼 여호와를 항상 그 마음에 모시는 사람은 여호와께서 그 우편에, 즉 능력을 주실 수 있는 위치에 계시므로 요동치 않고 견고하게 설 수 있다.

이런 사람은 시편 기자와 같이 이렇게 찬송할 수 있다, "여호와는 나의 목자시니 내가 부족함이 없으리로다....내가 사망의 음침한 골짜기로 다닐지라도 해를 두려워하지 않을 것은 주께서 나와 함께 하심이라. 주의 지팡이와 막대기가 나를 안위하시나이다"(시 23:1, 4).

3. **하나님의 부활케 하심 (9-10절)** 부활의 교리는 신약에 가서야 구체적으로 나타나는 것이 사실이다. 그러나 신약의 저자들이 이 구절들을 부활과 연관시켜서 인용한 것을 보면 분명히 이 구절들이 부활에 대해 말씀하고 있음을 알 수 있다(행 2:24-28, 13:35-36 참조).

시편 기자는 아직 부활에 대해 잘 깨닫지는 못했으나 "주의 거룩한 자" 곧 구세주〔NASB와 NIV는 The Holy One(거룩한 자)로 번역했음〕로 썩지 않게 하실 것을 기대했고 자신도 하나님과 계속 끊임없이 교제할 것을 믿었음을 알 수 있다.

그렇다. 구약 시대나 신약 시대나 주님을 그 분깃으로 여기고 주님을 항상 모시고 주님의 존전에서 사는 사람은 죽음도 핍박도 그 어느 것도 하나님과 갖는 깊은 교제로부터 분리시킬 수가 없다. 따라서 시편 기자와 같이 이렇게 외칠 수 있다, "이러므로 내 마음이 기쁘고 내 영광(영혼)도 즐거워하며 내 육체도 안전히 거하리니"(9절).

바울 사도도 이런 사실을 다음과 같이 외쳤다, "그런즉 이 일에 대하여 우리가 무슨 말 하리요. 만일 하나님이 우리를 위하시면 누가 우리를 대적하리요....그러나 이 모든 일에 우리를 사랑하시는 이로 말미암아 우리가 넉넉히 이기느니라. 내가 확신하노니 사망이나, 생명이나, 천사들이나, 권세자들이나, 현재 일이나, 장래 일이나, 능력이나, 높음이나, 깊음이나, 다른 아무 피조물이라도 우리를 우리 주 그리스도 예수 안에 있는 하나님의 사랑에서 끊을 수 없으리라"(롬 8:31, 37-39).

우리가 하나님을 우리의 분깃으로 받아들일 때 우리는 하나님의 임재만 누리게 되는 것이 아니라 그 부수적인 복과 아울러 하나님의 도우심도 받게 된다. 반대로 우리가 다른 모든 것을 분깃으로 얻고도 정작 하나님 자신을 분깃으로 얻지 못한다면 우리는 결과적으로 가장 소중한 것을 잃어버리게 된다. 하나님을 잃을 때 우리는 모든 것을 잃어버리는 것이다.

18
양심의 가책이 없는 생활
17 : 1-15

여호와여, 정직함을 들으소서. 나의 부르짖음에 주의하소서. 거짓되지 않은 입술에서 나오는 내 기도에 귀를 기울이소서. 나의 판단을 주 앞에서 내시며 주의 눈은 공평함을 살피소서. 주께서 내 마음을 시험하시고, 밤에 나를 권고하시며, 나를 감찰하셨으나 흠을 찾지 못하셨으니, 내가 결심하고 입으로 범죄치 아니하리이다. 사람의 행사로 논하면 나는 주의 입술의 말씀을 좇아 스스로 삼가서 강포한 자의 길에 행치 아니하였사오며, 나의 걸음이 주의 길을 굳게 지키고 실족지 아니하였나이다. 하나님이여, 내게 응답하시겠는고로 내가 불렀사오니 귀를 기울여 내 말을 들으소서. 주께 피하는 자를 그 일어나 치는 자에게서 오른손으로 구원하시는 주여, 주의 기이한 인자를 나타내소서. 나를 눈동자 같이 지키시고 주의 날개 그늘 아래 감추사 나를 압제하는 악인과 나를 에워싼 극한 원수에게서 벗어나게 하소서. 저희가 자기 기름에 잠겼으며 그 입으로 교만히 말하나이다. 이제 우리의 걸어가는 것을 저희가 에워싸며 주목하고 땅에 넘어뜨리려 하나이다. 저는 그 움킨 것을 찢으려 하는 사자 같으며 은밀한 곳에 엎드린 젊은 사자 같으니이다. 여호와여, 일어나 저를 대항하여 넘어뜨리시고 주의 칼로 악인에게서 나의 영혼을 구원하소서. 여호와여, 금생에서 저희 분깃을 받은 세상 사람에게서 나를 주의 손으로 구하소서. 그는 주의 재물로 배를 채우심을 입고 자녀로 만족하고 그 남은 산업을 그 어린 아이들에게 유전하는 자니이다. 나는 의로운 중에 주의 얼굴을 보리니 깰 때에 주의 형상으로 만족하리이다.

현대는 주님을 깊이 사랑하는 사람일수록 양심의 가책을 받지 않고 살기가 힘들다. 현 사회 구조 내에서는 양심의 가책도 받지 않고 승진도 하며 하루 하루를 산다는 것은 너무 큰 긴장감을 갖게 만든다.

어떤 은행 직원이 아주 노골적으로 "내가 예수를 믿지 않는 이유는 양심의 가책을 받지 않기 위함이다"라고 말하는 것을 들은 적이 있다. 우리가 수도원이나 기도원에 가서 살든지 아니면 자영업을 운영하지 않고서는 문화적(구조적)으로 우리의 양심을 건드리는 복병들을 피해가기가 너무 어렵다.

특히 양심이 지나칠 정도로 예민한 사람은 자신이 갖고 있는 결벽증적 자세 때문에 현 문화의 고아가 되기 쉽다. 문화가 갖고 있는 모든 모순에 대하여 지나치게 비판적으로 대하다 보니 자신이 수용할 수 있는 문화의 폭도 그만큼 축소되기 마련이다. 성경의 기준을 분명히 알면 알수록 이런 부류의 사람은 점점 문화로부터 탈피하는 생활을 하게 되며, 자신과 같은 생각을 가진 사람이 모이는 소집단이나 교제권에만 자신의 문화적 생활을 국한시키기 쉽다.

교회가 만일 이런 소극적인 종류의 사람들이 모이는 은신처가 된다면 주님께서 교회의 척도로 주신 "세상에 있으나 세상에 속하지 않고"(요 17:11 참조)라는 원리에 입각하여 볼 때 그 균형을 잃게 될 것이다. 교회는 양심이 예민한 사람들이 자신들이 만든 네 개의 벽 속에서 자신들만 양심의 가책을 받지 않고 살라고 이 세상에 있는 것이 아니다. 오히려 교회의 안팎에서 빛과 소금의 역할을 하여 문화권 내에서 양심의 기준이 되라고 하나님께서는 교회에 분부하셨다.

그래서 제 2차 바티칸 공회(Vatican Ⅱ, 1962-65, 가톨릭 주교들의 모임)에서는 교회의 선교 소명에 대하여 이렇게 규정하였다, "온 세상에 보내심을 받아 범세계적으로 구원의 성례(Universal Sacrament of Salvation)가 되는 것이다." 우리는 싫든 좋든 우리가 그어

놓은 울타리 안에서만 존재할 수는 없다. 오히려 세상과 문화 속에 뛰어들어가서 사람들이 먹고 영생을 얻게 하는 예수님의 살과 피를 적극적으로 떼어 주는 역할을 해야 한다.

그렇다고 다른 극단으로 갔을 때도 물론 좋은 것은 아니다. 만일 우리가 이 문화권에서 함부로 살면서도 양심의 가책을 전혀 받지 않고 산다고 생각해 보자. 이들은 영혼의 '적신호'라 할 수 있는 양심이 서서히 그 빛을 잃게 된 사람이라 할 수 있다. 이들은 자신들의 위험을 알려 줄 수 있는 신호등의 역할을 하는 양심이 망가져서 깊은 죄를 지어도 느끼지 못하고 파멸을 향하여 줄달음질치고 있는 사람들이다. 이런 경우 양심의 가책을 받지 않는다는 것은 결코 좋은 현상이 아니다.

그럼 우리가 어떻게 위의 양극단으로 흐르지 않고서도 양심의 가책을 받지 않고 살 수 있는가? 본문의 배경을 사울 왕이 다윗을 애매히 핍박하던 시기로 본다면(프로운, 르폴드 등 주장) 시편 기자가 양심의 가책을 받지 않고 산 것은 그 당시 사회와 격리되어 살았기 때문이 아닌 것은 분명하다. 더구나 그의 양심이 마비되었기 때문에 양심의 가책을 받지 않고 산 것은 더욱 아니다.

오히려 그는 그 당시 사회의 구조적인 악의 상징이라 말할 수 있는 사울 왕에 의하여 말할 수 없이 시달리며 산 사람이다. 따라서 그가 좋은 환경을 만났기 때문에 양심의 가책을 받지 않고 살았다는 주장은 맞지 않다. 우리는 이 본문을 통해 양심의 가책을 받지 않고 우리에게 주어진 문화 가운데서 사는 법을 배울 수 있다.

담대함 (17:1-3 중)

시편 기자가 양심의 가책이 없었던 이유는 오히려 그가 하나님과 사람 앞에 담대함을 갖고 있었기 때문이라고 말할 수 있다. 그의 담대

함은 그가 드린 기도를 통해 나타났다:

여호와여, 정직함을 들으소서.
나의 부르짖음에 주의하소서(관심을 표명하소서).
거짓되지 않은 입술에서 나오는 내 기도에
귀를 기울이소서.
나의 판단을 주 앞에서 내시며,
주의 눈은 공평함을 살피소서(주께서 옳게 보아 주소서).
주께서 내 마음을 시험하시고,
밤에 나를 권고(성찰)하시며,
나를 감찰하셨으나 흠을 찾지 못하셨으니(1-3절중)

시편 기자가 빗발치는 정죄와 화살 속에서도 담대함을 가졌던 이유는 그가 최소한도 두 가지 오류를 범하지 않았기 때문이다.

1. **생활과 신앙의 괴리(乖離)** 우리는 대개 신앙이 있는 것과 생활 구석구석까지 그 신앙이 가져다 주는 원리에 따라서 지배받는 것을 별개의 것으로 여겨도 아무런 갈등을 느끼지 않는 문화권 속에서 살아왔다. 따라서 신앙이 좋다는 것은 반드시 하나님과 사람들 앞에 정직하게 산다는 것과 일치되지 않아도 된다는 사고 방식을 갖는 경우가 많다. 성경은 이 둘 사이에 괴리가 있어서는 안 된다는 사실을 가르치고 있다.

다시 말해서, 시편 기자는 하나님의 은혜로 자신이 죄 용서를 받고 하나님의 언약적인 사랑으로 말미암아 하나님의 백성이 되었음을 알고 있었다(시 32:1, 51:1, 103:10-14). 그럼에도 불구하고 그는 자신의 경건 생활에 대하여 힘써서 신앙과 생활의 괴리가 생기지 않도록 노력한 것을 볼 수 있다. 물론 이것은 자신의 죄가 전무하다는 주장은 아닐 것이다. 다만 자신이 하나님 앞에 감출 것이 하나도 없이 살았다는 고백일 뿐이다. 그는 이와 같은 사실을 '정직,' '거짓되지 않은 입술,' '공평함(옳음),' '흠이 없음' 등의 말로 표현하고 있음을 알 수 있다. 그 결과 그는 하나님 앞에 담대함을 갖고 기도할 수 있었다. 하나님께서 그 마음과 뜻을 이미 알고 계시기 때문에 담대함을 갖고 하나님께 나아갈 수 있었다. 이런 담대함과 확신을 갖는 사람은 주위에 어떤 중상과 모략이 있어도 양심의 가책을 받지 않고 살 수 있다.

　　2. 문화와 신앙과의 괴리　시편 기자는 생활과 신앙과의 괴리만 없었던 것이 아니다. 그 당시 그가 살고 있었던 문화권과의 괴리도 없었다. 사실 우리가 국회 의원으로, 올림픽 위원장으로, 회사 중역으로, 공장에서 여러 동료들과 일하는 공원으로 신앙을 지키기란 쉬운 일이 아니다. 그들은 주위 사람들과의 관계도 생각해야 하고, 자기가 속한 사회 조직 속에서 남에게 뒤떨어지지 않으면서 책임을 올바로 이행해야 한다.

　그런데 우리 문화권이 자기가 착실히만 하면 승진도 하고, 칭찬도 듣고, 발전도 할 수 있다면 얼마나 좋겠는가마는 사회의 여건이 반드시 그렇지는 않은 것 같다.

　그런 중에 찾아오는 것은 '갈등'이다. 제대로 신앙 생활도 못하고 실패했다는 죄책감과 그렇다고 수단과 방법을 가리지 않고 출세에만 급급한 사람만큼 실적을 올렸는가 하면 그렇지도 못했기 때문이다. 이럴 때 우리가 받는 유혹은 최소한 두 가지 정도가 될 수 있을 것이다. 스스로 아예 이런 생활을 떠나서 교역자가 되거나 아니면 은둔 생활을 하는 것이다. 또 다른 길은 이중 생활을 아주 속 편하게 하는 것이다. 회사에 나가서는 신앙 생활과 상관 없이 열심히 다른 사람들과 똑같은 사고 방식대로 일하고, 교회에 와서는 온전한 교인 생활을 하는 것이다.

이상에서 말한 둘은 모두 성경에서 말씀하고 있는 신앙관이 아니다. 본문에서는 다윗이 신앙과 문화를 괴리시키지 않은 채 성전에서나 문화권 내에서나 구별 없이 하나님의 지배를 받은 생활을 한 것을 볼 수 있다. 따라서 그는 이렇게 기도할 수 있었다, "내가 사울의 신하로 있을 때나 여호와의 존전에 있을 때나 변함 없는 삶을 살았습니다. 나의 '정직함'을 보소서, 나의 '거짓되지 않은 입술'의 말을 들으소서. 주께서 한 번 저를 '판단'해 주옵소서. 주께서 내 깊은 '마음'까지도 아시지 않습니까? 주께서는 제가 제일 연약하고 유혹을 받기 쉬운 '밤'에도 나를 보고 계십니다."

이런 사람은 각종 제도 속에 있는 악을 보고 갈등하고 때로는 그 피해자가 되기도 하지만(다윗의 경우처럼), 하나님 앞에 양심의 가책을 받지 않고 살 수 있다. 성경에서는 이런 삶을 아주 높이 평가하고 있다. 모든 물질을 갖고도 양심의 가책이나 평강을 잃고 사는 것보다 오히려 별로 가진 것은 없어도 마음의 평강과 양심의 가책을 받지 않고 사는 생활이 귀함을 이렇게 표현했다, "가산이 적어도 여호와를 경외하는 것이 크게 부하고 번뇌하는 것보다 나으니라"(잠 15:16).

굳은 결심 (17:3하-5)

그럼 우리가 어떻게 하여 하나님과 사람 앞에서 담대함을 갖는 사람이 될 수 있을까? 다윗이 아마 하루 이틀에 그런 생활을 하게 된 것은 아닐 것이다. 그는 그의 부친의 양을 칠 때부터 하나님을 의지하는 습관이 자라서 들짐승으로부터 양을 보호하기도 하며, 급기야는 그 당시 병정의 힘으로는 도저히 물리칠 수 없었던 골리앗 장군을 혈혈단신으로 여호와의 능력을 의지하고 물리치는 데까지 이르렀다.

우리가 하나님 앞에 담대하게 나아갈 수 있는 신앙심을 갖게 되는 데도 일반적으로 시간이 필요하다. 물론 무조건 시간만 지났다고 사람들이 담대해지는 것은 결코 아니다. 시간이 지남에 따라서 주님에 대한 사랑(감정)과 하나님의 섭리에 대한 이해(지식)와 죄를 거부하고자 하는 굳은 결심, 곧 의지가 생겨야 된다는 말이다. 이 셋 중에서도 특히 굳은 의지가 최종적으로 우리를 죄와 유혹으로부터 건져 주고, 우리로 하여금 하나님을 좇게 하는 결정적인 요소의 역할을 하게 된다. 우리는 이런 굳은 의지의 표현을 다음과 같은 구절들을 통하여 볼 수 있다.

...내가 결심하고 입으로 범죄치 아니하리이다.
사람의 행사로 논하면(사람의 행실로 말하자면)
나는 주의 입술의 말씀을 좇아 스스로 삼가서
강포한 자의 길에 행치 아니하였사오며,
나의 걸음이 주의 길을 굳게 지키며(주의 길에서 떠나지 않으며)
실족지 아니하였나이다(3하-5절).

현대는 바야흐로 굳은 의지의 부재 시대이다. 죄를 거부하려는 의지가 자꾸 줄어들고 있다. 자신들의 충동대로 행동하기를 원하고 있다. 앞으로 우리 나라는 자유화의 물결을 타고 이런 추세가 더욱더 가중될 것이다.

선을 행하고 창의력을 북돋아 주는 자유는 얼마든지 좋은 것이다. 그러나 나쁜 것들에 대하여 "아니오"하고 거부할 수 있는 굳은 의지의 표현이 없는 자유는 방종으로 흐르기 쉽다. 그 비근한 예를 현재 미국을 위시한 서방 문화권에서 찾아볼 수 있다. 만일 미국이 금세기에 무너진다면--여러 예언가들의 이론처럼--이는 결국 악을 거부하고 선을 택하겠다는 의지의 결여 때문에 올 것이다. 만일 한국 교회가 "세상에 있으나 세상에 속하지 않고" 계속 민중의 참된 양심으로서 예언자적 책임을 다할 수 없게 된다면, 이도 역시 죄를 거부하고 선을 택하겠다는 굳은 의지의 결여로부터 기인된 것일 것이다.

신앙의 참된 능력을 오직 기적을 행하고 철야 기도를 하고, 금식을 행하는 데서만 찾아서는 안 될 것이다. 시장 바닥에서, 회사 사무실에서, 공장 일터에서, 국회 의사당에서, 운동장에서 아무런 쇼맨쉽을 발휘하시 않고 굳은 의지의 표현으로 불의를 거부하고 하나님의 말씀의 기준을 따라서 행동하는 것으로도 하나님의 능력이 나타나야 되겠다.

확신 (17:6-12)

굳은 의지를 가지고 하나님 앞에 담대함을 얻은 사람은 누구보다도 하나님과 자신이 갖는 친밀한 관계에 대하여 확신할 수 있다. 이런 확신은 우리로 하여금 양심의 가책이 없게 함으로 자신이 간구하는 기도에 대해서도 하나님께서 응답하리라는 확신을 가질 수 있게 할 것이다. "하나님이여 내게 응답하시겠는고로 내가 불렀사오니 귀를 기울여 내 말을 들으소서"(6절).

이론적으로 볼 때 이 세상이 모두 나를 대적한다 해도 하나님이 나와 함께 계신다는 확신만 있으면 문제가 없다. 신앙이 있는 사람들이라도 이런 사실을 처음부터 받아들이지 못하고 오히려 그들이 당하는 어려운 곤경을 통해 그들의 믿음이 성장함에 따라서 차츰 더 이렇게 믿게 된다. 예수께서 포도나무 비유에서 말씀하셨듯이 우리가 주님을 떠나서는 아무 것도 할 수 없다(요 15:5).

이제 시편 기자는 좀더 나아가서 자기 자신의 양심의 청결함과 담대함만 가지고는 부족함을 암시하고 있다. 그는 자신이 하나님 앞에 나아가서 구하는 것을 주실 것이라 확신할 수 있는 이유를 최소한 두 가지 더 말씀하고 있다.

1. 하나님의 놀라운 언약적 사랑 (7절) 주석가 케일과 데일리지는 시편 기자를 대적하는 무리가 너무 강하기 때문에 하나님께서 '특별하고 기적적인 방법'(7절)으로 역사하여 주실 것을 기대했다고 했다. 시편 기자는 하나님께서 아주 분명하게 구원의 역사를 보여 주실 것을 간구했다, "주께 피하는 자를 그 일어나 치는 자에게서 오른손으로 구원하시는 주여, 주의 기이한 인자를 나타내소서"(7절). 그는 이것을 간구할 때 하나님의 언약적 사랑에 입각해서 했다.

그렇다. 우리가 이 세상에서 의롭게 살려면 사방으로 우리 대적에 의해 우겨쌈을 당하는 것 같은 경험을 피할 수 없을 것이다. 하지만 우리가 언제나 기대할 수 있는 것은 하나님 편에서 우리에게 끊임없는 사랑을 주심으로 주님께 피하는 사람들에게 피난처가 되신다는 사실이다.

우리의 양심의 청결함과 하나님의 언약적인 사랑이 서로 조화를 이루어 나타날 때 우리는 바울 사도처럼 이렇게 외칠 수 있을 것이다, "...만일 하나님이 우리를 위하시면 누가 우리를 대적하리요....누가 능히 하나님의 택하신 자들을 송사하리요....누가 우리를 그리스도의 사랑에서 끊으리요"(롬 8:31, 33, 35).

2. 성도에게 부여한 하나님의 고귀한 가치 (8-12절) "눈동자와 같이 지키시고"와 "주의 날개 그늘 아래 감추사"(8절)는 모두 여호와께서 그의 성도들에게 얼마나 놀라운 가치를 부여하고 있는지를 알려 주는 예화이다. 하나님께서는 성도들을 마치 눈동자를 보호하듯이 보호하시며 새가 새끼를 그 날개 아래 품듯이 소중히 여기신다. 아마도 이런 확신이 시편 기자로 하여금 악인의 노도 같은 공격에도 불구하고 하

나님 앞에 양심의 가책이 없는 생활을 할 수 있는 동기를 부여했는지 모른다. 다음 본문을 다시 볼 필요가 있다, "나를 압제하는 악인과 나를 에워싼 극한 원수에게서 벗어나게 하소서. 저희가 자기 기름에 잠겼으며 그 입으로 교만히 말하나이다. 이제 우리의 걸어가는 것을 저희가 에워싸며 주목하고 땅에 넘어뜨리려 하나이다"(9-11절).

우리의 대적은 오늘날도 시편 기자의 시대와 같이 강퍅한 마음을 가졌으며, '교만한 말'로 우리를 공격하며, 우리를 '에워싸고' 우리를 '땅에 넘어뜨리려' 한다. 하나님을 대적하는 세력은 갈수록 더 기세를 떨칠 것이다. "그 움킨 것을 찢으려 하는 사자 같으며 은밀한 곳에 엎드린 젊은 사자"(12절)처럼 말이다.

따라서 바울 사도는 이렇게 말했다, "악한 사람들과 속이는 자들은 더욱더 악하여져서 속이기도 하고 속기도 하나니"(딤후 3:13). 그럼에도 불구하고 우리는 시편 기자처럼 양심의 가책이 없는 생활을 할 수 있다. 그 이유는 우리가 갖는 담대함 이외에도 확신이 있기 때문이다. 하나님의 언약적인 사랑과 하나님께서 성도에게 부여하는 고귀한 가치를 통해 우리는 그 확신을 굳힐 수 있다.

여호와의 의도 (17:13-15)

그럼 우리를 이처럼 괴롭히는 악에 대해 우리는 무능하게 피해만 입으란 말인가? 아마 이 해답은 하나님의 왕국에 대한 두 가지 견해에 따라서 두 가지 다른 대답이 나올 수 있을 것이다.

하나님의 왕국과 세상을 동일시하는 사람들은 어떤 수단으로든지 악을 이 세상에서 제거해야 한다고 할 것이다. 반면에 하나님의 왕국이 지금 이 땅에 시작되었으나 어느 날 하나님의 적극적인 개입으로 완성된다고 보는 사람들은 그 견해를 달리 할 것이다.

그들은 첫째로, 악을 없애기 위하여 하나님께 간절히 간구할 것이다. 여기에 시편 기자가 그 모범을 보여 주고 있다, "여호와여, 일어나 저를 대항하여 넘어뜨리시고 주의 칼로 악인에게서 나의 영혼을 구원하소서. 여호와여, 금생에서 저희 분깃을 받은 세상 사람에게서 나를 주의 손으로 구하소서…"(13-14절). 악을 없애고 자신의 영혼(생명)을 구원하여 달라고 간구했다. 이는 곧 악의 세계가 붕괴되고 하나님의 자녀들이 보존될 것을 위하여 한 간구이다.

둘째로, 악에 대하여 하나님 앞에 양심의 가책을 받지 않는 방법으로 싸우는 것이다. 먼저는 자신이 악에 물들지 않게 하고, 그 다음은 악을 선으로 바꾸는 일에 최선을 다하는 것이다. 바로 이것이 신약과 구약에 나타난 하나님의 의도이다. 하나님은 이것을 어느 날 재림하시어 기적적으로 이루실 것이다. 그 때까지 우리는 충성을 다하여 하나님의 의도를 좇아 우리의 할 일을 굳은 의지를 가지고 해 나가야 할 것이다.

오늘날도 세상에서 굳은 의지와 확신을 가지고 살면서 하나님 앞에서나 사람들 앞에서 담대하게 사는 사람들이 있다. 이들은 비록 그 생애가 항상 평탄하다고는 할 수 없을지 모르나, 그 양심의 가책을 받지 않고 하나님과 사람들을 대할 수 있을 것이다. 그리고 이런 사람은 시편 기자가 말한 것처럼 이 세상에서도 의로운 중에 주(주의 얼굴)를 볼 것이며, 부활 때(깰 때)에는 더욱더 주의 실상(주의 형상)을 뵈옵고 만족하게 될 것이다(15절).

19
여호와는 나의 반석이시니
18：1-19

나의 힘이 되신 여호와여, 내가 주를 사랑하나이다. 여호와는 나의 반석이
시요, 나의 요새시요, 나를 건지시는 자시요, 나의 하나님이시요, 나의 피
할 바위시요, 나의 방패시요, 나의 구원의 뿔이시요, 나의 산성이시로다.
내가 찬송 받으실 여호와께 아뢰리니 내 원수들에게서 구원을 얻으리로다.
사망의 줄이 나를 얽고, 불의의 창수가 나를 두렵게 하였으며, 음부의 줄이
나를 두르고, 사망의 올무가 내게 이르렀도다. 내가 환난에서 여호와께 아
뢰며 나의 하나님께 부르짖었더니 저가 그 전에서 내 소리를 들으심이여,
그 앞에서 나의 부르짖음이 그 귀에 들렸도다. 이에 땅이 진동하고 산의 터
도 요동하였으니 그의 진노를 인함이로다. 그 코에서 연기가 오르고 입에서
불이 나와 사름이여, 그 불에 숯이 피었도다. 저가 또 하늘을 드리우시고
강림하시니 그 발 아래는 어둑캄캄하도다. 그룹을 타고 날으심이여, 바람
날개로 높이 뜨셨도다. 저가 흑암으로 그 숨는 곳을 삼으사 장막 같이 자기
를 두르게 하심이여, 곧 물의 흑암과 공중의 빽빽한 구름으로 그리하시도
다. 그 앞에 광채로 인하여 빽빽한 구름이 지나며 우박과 숯불이 내리도다.
여호와께서 하늘에서 뇌성을 발하시고, 지존하신 자가 음성을 내시며, 우
박과 숯불이 내리도다. 그 살을 날려 저희를 흩으심이여, 많은 번개로 파하
셨도다. 이럴 때에 여호와의 꾸지람과 콧김을 인하여 물밑이 드러나고 세상
의 터가 나타났도다. 저가 위에서 보내사 나를 취하심이여, 많은 물에서 나
를 건져 내셨도다. 나를 강한 원수와 미워하는 자에게서 건지셨음이여, 저
희는 나보다 힘센 연고로다. 저희가 나의 재앙의 날에 내게 이르렀으나 여
호와께서 나의 의지가 되셨도다. 나를 또 넓은 곳으로 인도하시고 나를 기
뻐하심으로 구원하셨도다.

간증은 여러 다른 신학적 표현에 비하여 아주 단순한 것이다. 그럼에도 불구하고 사람 속 깊이까지 그 효과를 미칠 수 있다. 눈먼 소경의 경우가 그러했다. "그(예수님)가 죄인인지 내가 알지 못하나 한 가지 아는 것은 내가 소경으로 있다가 지금 보는 그것이니이다"(요 9:25).

이 한 마디의 간증은 당시 예수님을 없애려고 했던 종교 지도자들의 말문을 막아버리고도 남음이 있었다. 더욱이 그 간증이 한 생애를 토대로 한 것일 때 더욱더 큰 위력을 지닐 수 있다. 또 일생 동안 수없는 경험을 통하여 입증한 사실을 간추려서 이야기할 때 그것은 어떤 이론적인 것보다 더 큰 호소력을 가질 수 있다.

시편 18편은 다윗 왕의 간증이다. 다윗 왕이 그 생애를 통하여 경험했던 여호와에 대한 사실들을 우리에게 간증해 주고 있는 내용이다. 따라서 이 내용은 탁상 공론이 아니라 생명력이 약동하는 내용이다. 마치 바다에서 막 끌어올린 그물에 걸린 물고기들처럼 팔딱팔딱 뛰는 생동감을 느끼게 해 준다.

이 시편을 읽노라면 다윗을 보는 것 같고, 더 나아가서 마치 다윗에게는 숨쉬는 것처럼 절대적으로 필요했던 여호와 하나님의 손길을 느낄 수 있게 해 준다. 이런 시편은 일생에 걸친 경험을 단 50여 절에 불과한 짧은 시로 표현한 것이므로 거듭 묵상하고 가까이 하여 이 시편의 현장과 주역들을 이해하지 않고서는 그냥 간과할 가능성이 많다.

시편 18편의 거의 전 내용이 사무엘하 22장 2절부터 51절에 나와 있는 것으로 미루어 보아 이 시편이 다윗의 생애 말기에 쓰여진 점에 대한 우리의 심증을 더욱 굳게 해 준다. 다윗은 이 시편을 통하여 여호와 하나님이 우리와 얼마나 밀접한 관계를 갖고 있는지 잘 알려 주고 있다.

첫 세 절 중에 다윗은 무려 12번이나 '나의, 내가'라는 말을 여호와 하나님과 연관시켜 언급했다. 하나님은 일부 신학자가 주장하듯이 너무 먼 곳에만 계시는 '타자'가 아니시다. 만일 그렇다면 그 하나님이 어떻게 우리의 신음 소리와 우리의 경배의 찬송과 우리의 개인적인 소원을 알리는 속삭임과 우리가 일상 나누는 대화식 기도를 들으실 수 있겠는가?

물론 하나님은 일부 세속 신학자들이 말하듯 우리 속에 너무 밀접하여 마치 우리의 일부처럼 계시는 분도 아니다. 만일 그렇다면 그분은 필경 하나님이 아니라 죄 많은 우리의 일부인 것이다. 그런 신은 아무리 우리와 밀접하게 함께 계셔도, 심지어는 우리의 모든 하소연을 들을 수 있다 하더라도 우리 이상이 못 되므로 우리가 기대하는 이상의 도움도 의미도 주지 못할 것이다. 그럼 시편 기자와 함께 계시어 늘 그에게 경험되셨던 하나님은 어떤 분이신가?

우리의 힘이 되시는 하나님 (18:1-3)

여호와를 그 생활 가운데서 깊이 경험할 때마다 나타나는 사람들의 공통적인 반응이 있다면 아마도 그것은 하나님께 예배드리고 싶은 마음을 갖는 것일 게다. 다윗은 지나간 날들을 묵상하며 하나님께서 얼마나 많은 위기에서 도우시고, 함께 동행하여 주셨는가를 생각할 때 감개무량하게 되었을 것이고, 그 결과 그는 다음과 같이 예배드리고 싶은 마음이 일어났을 것이다.

1. **사랑의 고백** (1절) "내가 주를 사랑하나이다." 여기에서 사용된 '사랑'(רָחַם)이라는 히브리 단어는 우리 심령 가장 깊은 곳에서부터 나오는 것을 묘사하기 위하여 사용되는 말이다. 주석가 프로운은 이 말은 강력하나 부드러운 사랑의 표현으로 하나님께 대하여 이런 말을

쓴 것은 이 곳뿐이라고 주장하고 있다.

이런 사랑의 표현은 인간에게서 발상된 것이라기보다 오히려 하나님에게서부터 먼저 나온 것이고, 그것을 받는 우리가 다시 하나님께 반사해서 되돌려 보내 드리는 것으로 보아야 할 것이다. 하나님이야말로 우리 사랑의 참된 대상이시다. 우리가 온 마음을 다 드려서 하나님을 사랑할 때 우리는 가장 정상적인 사람이 되고 원래 하나님이 의도했던 인간 본연의 자세로 돌아가게 된다.

사실상 성경에 나오는 위대한 인불늘이나 교회 역사상에 나오는 위대한 성도들 중에는 하나님을 이처럼 '열정적으로 깊게' 사랑해 본 경험이 있는 분들이 많다. 아브라함이 하나님께 그 유일한 씨이며 하나님의 약속의 결정체인 이삭을 바치려고 모리아 산을 올라갈 때에도 이런 사랑이 그 마음에 동기를 부여했을 것이다. 바울 사도가 일생 동안 쌓았던 출세의 공든 탑을 일순간에 헐어버리고 주님을 위해 자기 목숨을 잃는 것을 영광으로 생각했던 것도 바로 이런 사랑의 발로였을 것이다. 모라비안 교도들의 영적 시조로 알려진 존 후스(John Huss)가 그 당시 부패했던 교권에 굴하지 않고 순수성을 고수하다가 목숨을 바쳤던 것도 주님께 대한 사랑 때문이었을 것이다.

오늘 우리 영혼도 주님께로부터 사랑을 받았다면 시편 기자와 같이 이렇게 외치고 있을 것이다. "나의 힘이 되신 여호와여, 내가 주를 사랑하나이다." 그리고 이 사랑 때문에 직장에서나, 학교에서나, 강단에서나, 가정에서나 어디에서든지 주님을 위해 충절을 지키는 것을 악인의 궁정에서 천 날을 지내는 것보다 더 귀하게 여길 것이다.

2. **영혼의 찬송 (2-3절)** 바울 사도는 한 번 고린도 교회를 향하여 이렇게 말한 적이 있다. "내가 영으로 찬양하고 또 마음으로 찬미하리라"(고전 14:15). 물론 이 말은 어떤 특정한 영적 은사를 가지고 문

제를 일으키는 사람들의 입을 막기 위하여 한 말이기는 하나, 실제로 바울 사도의 경험인 것에는 틀림이 없을 것이다. 그는 '영과 마음'으로 모두 찬미했다고 고백했다.

어떤 경우 하나님이 너무 가깝게 느껴지고 그의 은혜가 우리 영혼을 넘치게 뒤덮을 경우 우리 모두는 시인이 되며 성악가가 되어 버린다. 우리는 힘도 들이지 않고 아름다운 소리를 낼 수 있고, 문학을 모르는 데도 시적인 표현들을 할 수 있다.

시편 기자가 그 일생을 뒤돌아볼 때도 너무 감격하게 되어 하나님께 대한 감사와 찬양을 드린 것을 볼 수 있다. 그리고 우리에게도 그의 경험을 통하여 하나님이 어떤 분이신지 알려 주는 데 크게 기여했다.

첫째로, 하나님은 우리의 힘이 되신다(1절). 영국의 스펄전 목사는 이 부분에 대하여 이렇게 주석을 붙였다, "우리 하나님은 우리 생애의 힘이 되시고, 우리에게 은혜를 주시고, 사역을 하게 하시고, 소망을 갖게 하시고, 갈등을 해결하시고, 우리로 승리를 맛보게 해 주시는 힘이 되신다. 1절은 사무엘하 22장에는 나와 있지 않다. 그러나 이 구절이야말로 가장 중요한 추가 부분이다. 이는 마치 성전으로 말하면 꼭대기 같은 것이며 피라밋으로 하면 맨 꼭지점 같은 것이다."

하나님은 지금도 우리의 힘이 되신다. 위기를 이길 수 있는 힘, 슬픔을 통과할 수 있는 힘, 입학 시험을 치르는 데 필요한 힘, 하나님을 섬기는 데 필요한 힘이 되어 주신다. 하나님의 힘의 지원을 받지 않고 어떻게 부모나 남편 또는 아내의 역할을 할 수 있는지 상상조차 할 수 없다.

둘째로, 하나님은 우리의 안전이 되신다. 시편 기자는 하나님이 자신을 위기로부터 구원하신 경험을 되살려 하나님을 반석, 요새, 피할 바위, 방패, 구원의 뿔, 산성 등으로 묘사했다.

'반석'은 피할 수 있는 장소를 의미한다. '요새'는 다윗과 그 추종자들이 종종 숨어서 사울의 병사들로부터 보호받은 곳들을 말할 것이다. '피할 바위'는 하나님께서 자기 백성을 지원하고 방어해 주시는 것을 묘사하기 위한 것이다. '방패'는 온 몸을 막아 주는 역할을 했다. 여기에서는 하나님을 우리를 적으로부터 막아 주시는 분으로 묘사하는 데 사용하였다. '구원의 뿔'은 능력의 상징으로 하나님께서는 능히 우리를 구원하실 수 있는 분임을 의미한다. 마지막으로 '산성'은 안전한 곳으로 적을 피할 수 있도록 해 주는 곳이다. 다윗은 결국 여호와께서 지금까지 자신을 안전하게 하시고 보호하시고 원수들로부터 벗어나게 하신 것들을 여러 가지 묘사 어구들을 사용하여 표현한 것이다.

하나님은 지금도 강한 분(엘)이시다. 지금도 의로운 자를 해치려는 사울 왕과 같은 무리들로부터 우리를 보호하시고 구원하시고 안전을 주신다. 오늘 우리가 시내를 질주하는 자동차에서도, 공장에서도, 엘리베이터 안에서도, 하늘을 나는 비행기 안에서도 시편 기자와 같이 "여호와는 나의 반석이시니…"라고 감사와 찬양을 드릴 수 있다.

우리에게는 이런 하나님이 늘 함께 계시지 않으면 안 된다. 그래서 예수께서도 포도나무 비유를 통해 이렇게 말씀하셨다, "나는 포도나무요 너희는 가지니, 저가 내 안에 내가 저 안에 있으면 이 사람은 과실을 많이 맺나니, 나를 떠나서는 너희가 아무 것도 할 수 없음이라"(요 15:5).

포도나무 되신 예수님께 가지 된 우리가 늘 붙어있지 않고서는 우리가 우리의 적으로부터 보호받을 길이 없다. 우리는 그분 안에서 또 아버지 안에서 하나님의 힘을 입고 살며, 시편 기자처럼 콘크리트 벽 속에서와 아스팔트 길 위에서일지라도 사랑의 고백과 감사 찬송을 드리며 살 수 있다.

우리의 위기 중에 역사하시는 하나님 (18:4-19)

잠언에 보면 이런 말씀이 있다. "소가 없으면 구유는 깨끗하려니와 소의 힘으로 얻는 것이 많으니라"(잠 14:4). 이는 아마 소가 외양간에 있으면 일도 많으나 반면에 소득도 많을 수 있다는 뜻일 것이다.

우리 신앙 생활 중에서도 아무런 어려움 없이 사는 것은 얼핏 보기에 좋아 보여도 시련을 통하여 얻어지는 교훈이 없을 가능성이 크다. 우리 신앙은 우리의 서재나 따뜻한 아랫목에서보다 오히려 생활 현장에서 다듬어지고 강해지는 것이다. 그래서 바울 사도도 신앙 성장 과정 중 환란은 인내를, 인내는 '연단' 곧 단련된 신앙 인격을 가져다 준다고 했다.

다윗의 생애도 마찬가지였다. 그는 위기를 통해 위기 중에 역사하시는 하나님의 손길을 더욱더 느낄 수가 있었던 것이다. 위기는 당하는 사람에게는 무척 힘든 것이다. 제 삼자에게는 하찮은 것일지라도 당사자가 느끼는 감은 픽 다르다. 다윗의 위기가 더욱더 당사자에게 어려웠던 이유는 위기의 심각성 때문이었다. 다윗은 그 위기를 이렇게 표현했다, "사망의 줄이 나를 얽고, 불의의 창수가 나를 두렵게 하였으며, 음부의 줄이 나를 두르고, 사망의 올무가 내게 이르렀도다"(4-5절).

현대인이 육신적으로 다윗과 같은 처절한 경험을 하는 것은 흔하지 않을 것이다. 그럼에도 불구하고 우리 모두에게는 제 삼자가 느끼지 못하는 깊이의 위기 의식과 두려움이 찾아올 때가 종종 있다. 어떤 이는 직장 때문에 그럴 수 있다. 전무, 상무, 사장일수록 더 그럴 수 있다.

이런 사람들은 정상에 올라온 사람들로서 더 이상 올라갈 데가 없다. 그들이 이제 그만 두는 것은 시간 문제인데, 그 후에 자신의 설 곳은 어디일까 하는 문제 때문에 위기 의식을 느낄 수도 있다. 운동 선수의 경우 언제 자신이 하위권으로 몰리게 될지 모르는 초조감이 있을 수 있다.

이런 일은 신앙 세계에서도 얼마든지 있을 수 있다. '으뜸'이 된 자들이 언젠가는 자기보다 더 유능한 사람들에 의하여 자기 위치를 박탈낭할 것이라는 두려움이 그런 것들이다. 이런 때 두 가지 반응이 있을 수 있다.

첫째는 자신의 능력으로 모든 문제를 해결해 보고자 노력할 수 있다. 다행히 문제가 해결되면 좋다. 그러나 그 문제가 자신의 힘만으로 처리하기에 역부족일 경우는 파국으로 끝날 것이다. 둘째는 다윗이 한 것처럼 이렇게 할 수 있다.

내가 환난에서 여호와께 아뢰며,
나의 하나님께 부르짖었더니,
저가 그 전에서 내 소리를 들으심이여,
그 앞에서 나의 부르짖음이 그 귀에 들렸도다(6절).

이렇게 부르짖는 것은 결코 비겁한 행위라 할 수 없다. 오히려 부패한 정권의 힘을 빌려 의로운 자를 파괴하려 하였던 상대방이 비겁한 사람이었다. 그런 힘은 한 의로운 자가 자기의 힘으로만 대적할 수 없을 정도로 저속하고 불공평한 것이다. 이것을 이기기 위하여 하나님의 공의에 호소하는 것은 너무나 당연한 처사이다.

오늘날도 하나님께 이렇게 외쳐서 도움을 받지 않고서는 도저히 견딜 수 없는 경우가 얼마든지 있다. 물론 우리가 하나님께 구한다고 해

서 우리의 원하는 식으로 문제가 자동적으로 해결된다는 보장은 없
다. 그러나 하나님은 그 문제를 가장 선한 방법으로 해결할 수 있도록
반드시 도와 주시는 분이시다.

대부분의 경우 돌이켜 볼 때 하나님께서 너무나 놀랍게 역사하셨음
을 깨달을 수가 있다. 다윗의 경우도 위기 중 하나님께 절규하였고,
그에 따라서 응답하신 하나님의 손길에 대하여 이렇게 기록했다:

이에 땅이 진동하고 산의 터도 요동하였으니,
그의 진노를 인함이로다.
그 코에서 연기가 오르고 입에서 불이 나와 사름이여,
그 불에 숯이 피었도다.
저가 또 하늘을 드리우시고 강림하시니,
그 발 아래는 어둑캄캄하도다.
그룹을 타고 날으심이여,
바람 날개로 높이 뜨셨도다.

저가 흑암으로 그 숨는 곳을 삼으사
장막 같이 자기를 두르게 하심이여,
곧 물의 흑암과 공중의 빽빽한 구름으로 그리하시도다.
그 앞에 광채로 인하여 빽빽한 구름이 지나며,
우박과 숯불이 내리도다.
여호와께서 하늘에서 뇌성을 발하시고,
지존하신 자가 음성을 내시며,
우박과 숯불이 내리도다.
그 살을 날려 저희를 흩으심이여,
많은 번개로 파하셨도다.

이럴 때에 여호와의 꾸지람과 콧김을 인하여 물밑이 드러나고,
세상의 터가 나타났도다.
저가 위에서 보내사 나를 취하심이여,
많은 물에서 나를 건져 내셨도다.
나를 강한 원수와 미워하는 자에게서 건지셨음이여,
저희는 나보다 힘센 연고로다.
저희가 나의 재앙의 날에 내게 이르렀으나
여호와께서 나의 의지가 되셨도다.
나를 또 넓은 곳으로 인도하시고
나를 기뻐하심으로 구원하셨도다(7-19절).

위 내용은 첫째로 하나님께서 직접 개재(介在)하시어 다윗을 강력한 적으로부터 건져 내신 것을 의미한다. 둘째로 하나님께서 어떤 적보다도 힘이 세신 것을 의미한다. 자연의 모든 비유를 들어서 다윗은 그 하나님의 능력을 나타내었다. 셋째로 하나님께서는 이렇게 능력을 발휘하신 데도 피곤치 않으심을 알 수 있다.

태초에 천지를 창조하셨던 하나님이, 출애굽 당시 바로의 군대를 물리치셨던 하나님이, 요단강을 가르고 여리고 성을 함락시키신 하나님이 또 역사하셨음을 의미한다.

하나님께서는 지금도 살아 계신다. 지금도 우주를 통치하시고, 지금도 흉흉한 바다를 잠잠케 하신다. 이런 하나님이 우리의 간구를 들으시고, 그 손길을 오늘도 우리에게 펴서, 우리의 아픈 상처를 고치시기도 하고, 우리의 미미한 기도 소리를 들으시기도 하신다. 이러한 하나님을 믿고 사는 사람은 옛날이나 지금이나 축복된 사람이 아닐 수 없다.

20
여호와께서 내 의를 따라 상 주시며
18:20-50

여호와께서 내 의를 따라 상 주시며 내 손의 깨끗함을 좇아 갚으셨으니, 이는 내가 여호와의 도를 지키고, 악하게 내 하나님을 떠나지 아니하였으며, 그 모든 규례가 내 앞에 있고, 내게서 그 율례를 버리지 아니하였음이로다. 내가 또한 그 앞에 완전하여 나의 죄악에서 스스로 지켰나니, 그러므로 여호와께서 내 의를 따라 갚으시되 그 목전에 내 손의 깨끗한 대로 내게 갚으셨도다. 자비한 자에게는 주의 자비하심을 나타내시며, 완전한 자에게는 주의 완전하심을 보이시며, 깨끗한 자에게는 주의 깨끗하심을 보이시며, 사특한 자에게는 주의 거스리심을 보이시리니, 주께서 곤고한 백성은 구원하시고 교만한 눈은 낮추시리이다. 주께서 나의 등불을 켜심이여, 여호와 내 하나님이 내 흑암을 밝히시리이다. 내가 주를 의뢰하고 적군에 달리며, 내 하나님을 의지하고 담을 뛰어 넘나이다. 하나님의 도는 완전하고 여호와의 말씀은 정미하니, 저는 자기에게 피하는 모든 자의 방패시로다. 여호와 외에 누가 하나님이며 우리 하나님 외에 누가 반석이뇨? 이 하나님이 힘으로 내게 띠 띠우시며, 내 길을 완전케 하시며, 나의 발로 암사슴 발 같게 하시며, 나를 나의 높은 곳에 세우시며, 내 손을 가르쳐 싸우게 하시니, 내 팔이 놋 활을 당기도다. 주께서 또 주의 구원하는 방패를 내게 주시며, 주의 오른손이 나를 붙들고, 주의 온유함이 나를 크게 하셨나이다. 내 걸음을 넓게 하셨고 나로 실족지 않게 하셨나이다. 내가 내 원수를 따라 미치리니 저희가 망하기 전에는 돌이키지 아니하리이다. 내가 저희를 쳐서 능히 일어나지 못하게 하리니 저희가 내 발 아래 엎드러지리이다. 대저 주께서 나로 전쟁케 하려고 능력으로 내게 띠 띠우사 일어나 나를 치는 자로 내게 굴복케 하셨나이다. 주께서 또 내 원수들로 등을 내게로 향하게 하시고 나로 나를 미워하는 자를 끊어버리게 하셨나이다. 저희가 부르짖으나 구원할 자가 없었고 여호와께 부르짖어도 대답지 아니하셨나이다. 내가 저희를 바람 앞에 티끌 같이 부숴뜨리고 거리의 진흙 같이 쏟아 버렸나이다. 주께서 나를 백성의 다툼에서 건지시고 열방의 으뜸을 삼으셨으니 내가 알지 못하는 백성이 나를 섬기리이다. 저희가 내 풍성을 들은 즉시로 내게 순복함이여, 이방인들이 내게 복종하리로다. 이방인들이 쇠미하여 그 견고한 곳에서 떨며 나오리로다. 여호와는 생존하시니 나의 반석을 찬송하며 내 구원의 하나님을 높일지로다. 이 하나님이 나를 위하여 보수하시고 민족들로 내게 복종케 하시도다. 주께서 나를 내 원수들에게서 구조하시니 주께서 실로 나를 대적하는 자의 위에 나를 드시고 나를 강포한 사에게서 건지시나이다. 여호와여, 이러므로 내가 열방 중에서 주께 감사하며 주의 이름을 찬송하리이다. 여호와께서 그 왕에게 큰 구원을 주시며 기름 부음 받은 자에게 인자를 베푸심이여, 영영토록 다윗과 그 후손에게로다.

현대는 다윗이 살던 때와 너무나 다르다. 양을 치는 대신 회사에서 제품을 만들고, 나귀 대신 전철을 타고, 돌집 대신 마천루를 짓고, 산나물과 양고기 대신 인스탄트 식품을 먹고, 수십 년을 하루같이 하나님과 대화하는 대신 시간 관리의 이론을 예배에 적용시킨다.

그러나 그 때나 지금이나 우리 마음의 진공을 채워 주실 수 있는 분은 하나님이시다. 시편 기자가 경험한 여호와 하나님, 반석이신 엘(전능하신 하나님), 위기 가운데서도 의로운 생활을 한 시편 기자에게 더 분명하게 경험된 살아 계신 하나님만이 지금도 우리 마음에 참된 만족을 주실 수 있다. 이런 사실을 어거스틴은 다음과 같이 표현했다:

하나님이시여,
주를 위하여 사람을 만드셨으므로
우리 영혼이 하나님 안에서 쉼을 얻을 때까지
우리 영혼이 쉴 수 없나이다.

하나님을 경험적으로 아는 구원받은 사람들은 오늘날도 다윗처럼 하나님을 더욱더 깊이 경험하고자 하는 열망을 갖고 있다. 때로는 복음 방송을 통하여, 때로는 녹음 테이프를 통하여, 또 기독교 잡지를 통하여 하나님에 대한 추구를 게을리 하지 않는 사람들이 허다한 것도 하나님을 더욱더 알고자 하는 열정에서 나온 것으로 생각된다.

그리스도인의 의로운 생활과 하나님과의 관계 (18:20-24)

우리가 하나님을 더 깊이 아는 것은 위에 언급한 여러 가지의 추구를 통해서도 어느 정도 가능하겠으나 사실상 하나님을 우리의 생활권 깊숙이 모시지 않고 언제나 수박 겉 핥기 식으로만 하나님을 알기가 쉽다. 우리가 시편 18편 20절부터 24절을 읽을 때 시편 기자가 얼마나 열심히, 얼마나 간절한 마음으로 여호와 앞에 의로운 생활을 했는가 하는 사실을 볼 수 있다. 이는 아마도 시편 기자가 그 일생 중에 하나님 앞에서 의로운 생활을 함으로 하나님을 더 깊이 체험한 적이 있기 때문일 것이다. 그래서 그는 어떤 대가를 치루고서라도 하나님 앞에 의롭게 삶으로 과거보다 더 하나님을 깊이 알기를 원했을 것이다.

우리의 신앙은 바로 이와 같이 의롭게 살고자 하는 노력을 통하여 자라게 된다. 성경에 대한 지식이 아무리 많아도 순종을 통하여 의로운 생활을 경험하지 않는 사람은 결코 성숙했다고 말할 수 없다. 시편 기자의 다음과 같은 삶의 간증이 우리의 간증이 될 때 우리도 하나님을 더 가깝게 느끼게 될 것이다.

여호와께서 내 의를 따라 상 주시며
내 손의 깨끗함을 좇아 갚으셨으니,

이는 내가 여호와의 도를 지키고

악하게 내 하나님을 떠나지 아니하였으며,

그 모든 규례가 내 앞에 있고

내게서 그 율례를 버리지 아니하였음이로다.

내가 또한 그 앞에 완전하여

나의 죄악에서 스스로 지켰나니,

그러므로 여호와께서 내 의를 따라 갚으시되

그 목전에 내 손의 깨끗한 대로 내게 갚으셨도다(20-24절).

원래 하나님께서 우리를 받아 주신 것은 우리가 무엇을 열심히 해서도 아니고, 사랑받을 자격이 있어서도 아니다. 순전히 은혜로 하나님 편에서 먼저 우리를 용서하시고 받아 주셨기 때문이다. 신약적으로 볼 때 그리스도께서 십자가 위에서 흘리신 보혈의 의미를 깨닫는 것이 바로 그런 은혜의 체험의 극치이다.

하지만 우리가 하나님의 은혜를 정상적으로 체험하게 되면 은혜에 대한 우리 쪽에서의 반응이 있게 마련이다. 그 반응은 곧 의로운 생활로 나타나야만 정상이다. 우리 편에서 볼 때 의로운 생활은 최소한도 두 가지로 크게 나타날 수 있다.

1. **하나님의 율법에 대한 충성 (21-22절)**   하나님의 율법이 하나님을 어설프게 아는 사람들에게나 불신자들에게는 커다란 멍에로 느껴질 수 있다. "왜 하나님께서는 이런 조항들을 만들어서 우리의 자유를 속박하고 있는가?" 하는 불만의 대상으로 율법을 생각할 수 있다. 그러나 하나님의 손길을 느낀 사람들은 그 반대로 생각한다. 율법은 더 이상 속박하는 굴레가 아니라, 우리가 지키고 싶으나 지키지 못하여 안타까워하는 하나님의 사랑의 명령이다. 그들은 어째서 그렇게 생각하

게 되는 것일까?

첫째는 명령하신 하나님과 우리의 관계 때문이다. 우리가 하나님을 깊이 사랑하면 하나님의 마음을 어떻게 하든지 기쁘게 해 드리고자 하는 마음이 넘치게 된다. 인간 관계에서도 우리는 이런 사실을 흔히 찾아볼 수 있다. 남녀 관계는 두말 할 나위가 없고, 자녀가 부모를 사랑하면 부모가 시키는 일을 거역하지 않고 순종하고 싶은 마음을 갖게 마련이다. 또 정상적인 인격을 소유한 자녀라면 부모가 흡족해하는 모습을 보면 자신도 기뻐하며 그는 계속해서 더 순종하고 싶은 마음이 생기게 된다.

그래서 시편 기자들은 율법에 대한 충성심을 각처에서 이렇게 표현했다, "주의 종은 주의 율례를 묵상하였나이다. 주의 증거는 나의 즐거움이요, 나의 모사니이다"(시 119:23하-24). "내가 주의 법을 어찌 그리 사랑하는지요! 내가 그것을 종일 묵상하나이다"(시 119:97).

둘째는 율법이 주는 유익 때문이다. 아마 시편 119편 전부가 바로 율법이 우리에게 주는 유익을 말씀하고 있다고 해도 과언이 아닐 것이다. 우리가 율법을 행할 때 복이 있고(1절), 죄로부터 보호되고(9-10절), 영혼을 소생시키고(25절), 즐거움을 주시고(77절), 지혜를 주신다(130절).

이를 바꾸어 말하면, 우리가 율법을 지키고 의로운 생활을 하면 하나님께서는 우리와의 관계를 더욱 돈독히 하실 것이며, 우리를 해로부터 보호하시는 것은 물론이고 유익까지 주신다는 뜻이다. 우리는 얼마나 하나님의 율법에 대하여 오해하고 눈이 멀어 있는가! 사단의 거짓말을 통하여 우리는 하나님의 율법이 우리에게 거추장스럽고 속박하는 것이라고 믿게 되었다. 그러나 이제 다윗의 경험을 통하여 다시 이런 모든 속임수로부터 벗어나야 한다.

하나님의 율법은 우리에게 좋은 것이다. 이를 순종하는 것은 우리에게 유익한 것이다. 무엇보다도 하나님을 더욱더 체험하는 데 율법을 순종함으로 의로운 생활을 하는 것은 필수적인 조건임을 잊지 말아야 하겠다.

우리는 생활 가운데 과연 하나님의 율법을 지키기 원하는 마음이 있는가를 보아야 하겠다. 그 율법이 "계속적으로 나의 생활을 좌우하고 있는가"(22절 참조) 살펴보아야 하겠다. 그리고 내가 계속 의식적으로 여호와의 율법을 떠나지 않고 살고 있는가 살펴야 하겠다. 만일 위의 질문에 대하여 긍정적으로 대답할 수 있는 사람이라면 더욱더 율법에 대하여 충성하며 살고 싶은 마음을 갖고 있을 것이다. 그 이유는 살아 계신 하나님께서 계속 그렇게 살고 싶은 동기를 부여하시기 때문이다. 그와 반대로 사는 사람은 하나님에 대한 갈급함이 전혀 없이 무미건조한 생활을 어두운 가운데 기계적으로 해 나갈 위험성이 있다.

2. 죄에 대한 거부 (20, 23-24절) 율법에 대한 충성심을 갖는 것을 의로운 생활의 적극적인 면이라 하면, 죄에 대해 거부하는 것은 의로운 생활의 소극적인 면이라 하겠다. 누구든지 죄에 대한 분리를 경험하지 않고 하나님과의 깊은 관계를 갖는 것은 불가능하다. 아무리 우리가 많은 헌금을 하고, 아무리 우리의 종교적인 의무를 다한다고 해도 죄에 대한 우리의 태도가 불분명하면 우리는 결코 하나님과 깊은 관계를 누리지 못하게 된다.

시편 기자는 죄에 대해서 분리된 생활을 경험한 것이 틀림없다. "나의 죄악에서 스스로 지켰나니"(23절), "그 목전에 내 손의 깨끗한 대로 내게 갚으셨도다"(24절) 등의 표현을 통해 우리는 이를 알 수 있다.

죄에 대하여 분리된 생활을 하는 것도 물론 우리 스스로의 힘으로는 불가능한 일이다. 이 세상에서 죄로 오염되지 않은 곳은 없기 때문에 죄는 사회의 모든 곳에서 우리를 유혹하고 있다. 또 죄의 성격으로 보아 그 어느 누구도 죄의 유혹에 대하여 넘어가지 않을 것이라고 장담할 수 있는 존재는 이 세상에서 주님 밖에는 없었고 앞으로도 없을 것이다.

그럼에도 불구하고 우리가 하나님의 도움을 받아 죄를 거부하며 하나님과 더욱더 동행하는 생활을 맛보게 되면 우리 마음 속에서 죄에 대해 거부하는 마음이 계속 자라게 된다. 삶의 모든 영역에 있어 죄를 거부함이 없이 단순히 종교적인 의식에 참여하는 것, 곧 주일 성수, 십일조 내는 것, 새벽 기도 참여 등으로 우리의 의로운 생활을 국한시킬 때 우리의 신앙은 계속 허약성을 모면하지 못하게 될 것이다.

하나님을 깊이 사랑하는 마음이 율법에 대한 충성심과 죄에 대한 거부로 표출될 때는 우리는 시편 기자와 함께 하나님 앞에서 이렇게 담대하게 외칠 수 있을 것이다. "여호와께서 내 의를 따라 상 주시며 내 손의 깨끗함을 좇아 갚으셨으니"(20절).

그리스도인의 의로운 생활과 하나님의 보상 (18:25-30)

기독교에서는 인과응보의 법칙과 은혜의 법칙이 동시에 존재한다. 우리를 구원하시는 것은 결코 인과응보의 법칙에 입각해서가 아니다. 만일 하나님이 그렇게 하신다면 아무도 구원받을 사람이 없다. 반면에 하나님께서 악인을 그 악에 따라서 심판하시고, 의인을 그 의에 따라 갚아 주시지 않는다면 이 세상의 도덕적 질서는 존재하지 않게 될 것이다.

하나님의 역사가 우리 눈에는 항상 선명하게 보이지 않을지 모른다. 그러나 우리가 뒤로 돌이켜 하나님께서 역사하신 것을 보게 되면 좀더 분명히 하나님의 손길을 볼 수 있다. 다윗은 뒤를 돌이켜 자기의 생애를 보며 공의롭게 역사하신 하나님의 손길을 느꼈음을 고백하고 있다. 우리는 의로운 생활을 하는 그리스도인들에게는 최소한 다음 두 가지 보상이 있음을 다윗의 경험을 통해 알 수 있다.

1. **여호와 하나님의 인격을 닮는 것** (25-27절) 우리 속에 저속한 음화를 계속 집어넣으면 계속 저속한 행동이 나타나게 된다. 미국연방 조사국(FBI) 아카데미에서 연구한 바에 의하면 성적 이유로 살인한 36명 중 대개가 살인하기 전에 폭행하는 장면을 상상했다고 하며, 그 폭행하는 장면은 주로 저속한 음화를 통하여 그들 속에 일어났다고 보고하고 있다(*Christianity Today*, 1986).

반면에 우리가 거룩하신 하나님을 우리 마음 속에 채우면, 우리는 의로운 생활을 하게 되고, 의로우신 하나님의 인격을 본받게 된다. 다윗은 그의 경험을 통하여 이렇게 말하고 있다:

> 자비한 자에게는 주의 자비하심을 나타내시며,
> 완전한 자에게는 주의 완전하심을 보이시며,
> 깨끗한 자에게는 주의 깨끗하심을 보이시며,
> 사특한 자에게는 주의 거스리심을 보이시리니,
> 주께서 곤고한 백성은 구원하시고,
> 교만한 눈을 낮추시리이다(25-27절).

우리가 의로운 하나님을 좇아 행동할 때 의로우신 하나님의 성품까지도 닮게 된다고 말했다. 신약에서 베드로 사도는 우리가 어떤 순서를 좇아서 하나님의 인격을 닮게 되는가를 언급하면서, 첫째는 하나님의 약속이 있고, 둘째는 우리가 그 약속으로 말미암아 신의 성품에 참예하게 되었고, 셋째로 우리가 열심히 행하여 더욱더 깊은 하나님의 인격을 닮게 된다고 했다(벧후 1:4-7 참조).

한국 교회 교인들은 이런 하나님의 인격을 닮아 세상의 곳곳에서 빛과 소금의 역할을 제대로 못하고 서서히 그 간증을 잃어가고 있다. 우리가 경각심을 가지고 하나님의 인격을 더욱더 닮아가지 않는다면, 우리는 언제 맛 잃은 소금이 되어 길에 버려져서 사람들이 밟고 지나가는 존재가 될지 모르는 일이다. 우리는 지금이야말로 여호와의 '자비하심'과 '완전하심'과 '깨끗하심'을 한국 사회와 세상에 나타내는 참된 하나님의 인격의 반사경들이 되어야 하겠다.

2. 여호와 하나님의 도우심을 받는 것 (27-30절) 신약에서도 의롭게 살고자 하는 자는 핍박을 각오하라고 바울 사도가 경고하고 있다(딤후 3:12). 비록 핍박이 있을지는 모르나 그것은 하나님이 함께 하시는 핍박이다. 이는 하나님의 도우심이 있는 가운데 통과하는 어려움에 지나지 않는다. 시편 기자도 하나님께서 도와 주심에 대하여 이렇게 외쳤다:

주께서 나의 등불을 켜심이여,
여호와 내 하나님이 내 흑암을 밝히시리이다.
내가 주를 의뢰하고 적군에 달리며,
내 하나님을 의지하고 담을 뛰어 넘나이다.
하나님의 도는 완전하고,
여호와의 말씀은 정미하니,
저는 자기에게 피하는 모든 자의 방패시로다(28-30절).

하나님께서 나의 등불을 켜시면 캄캄한 흑암인들 어찌 대항할 수 있겠으며, 주께서 나를 도우시면 적이 아무리 강하다 해도 어찌 그 적을 두려워하겠는가! 하나님의 말씀을 의지하고 사는 사람만큼 안전한 사람은 없다.

바울 사도도 의로운 생활 중에 하나님의 도우심을 경험하고 이렇게 간증했다. "그런즉 이 일에 대하여 우리가 무슨 말 하리요. 만일 하나님이 우리를 위하시면 누가 우리를 대적하리요. 자기 아들을 아끼지 아니하시고 우리 모든 사람을 위하여 내어 주신 이가 어찌 그 아들과 함께 모든 것을 우리에게 은사로 주지 아니하시겠느뇨"(롬 8:31-32).

그리스도인의 의로운 생활과 하나님의 축복 (18:31-50)

위기 중에 역사하시는 하나님의 손길을 느껴 본 사람이라도 또 다른 위기를 만났을 때 자동적으로 하나님을 깊이 의뢰하지 못하는 경우가 많다. 아마도 그래서 하나님께서는 우리 생애 중에 우리가 여러 번 위기를 통과하도록 허용하시는지도 모르겠다. 다윗은 그런 위기를 여러 번 겪으면서 어느 때인가 그 마음 속에 하나님이 항상 역사하실 것이라고 확신을 갖게 될 때가 있었을 것이다. 그의 그런 신앙이 그로 하여금 눈에 보이는 것만 보지 않고 눈에 보이지 않는 하나님을 더욱 더 의지하게 만들었을 것이다.

그리고 다른 사람이나 그의 적이 그를 어떻게 취급하든지 상관하지 않고 하나님 앞에 의로운 생활을 하겠다는 굳은 결심을 하게 되었을 것이다. 그렇게 굳게 결심하고 여호와를 좇아 살 때 어려움 못지 않게 우리에게 한없는 축복들이 찾아오게 된다.

1. **여호와를 더 깊이 깨닫는 축복 (31-36절)** 실제로 다윗의 생애를 보면 솔로몬의 경우처럼 호화로운 생애는 아니었다. 그는 목자로서 외로운 생활을 했고, 형들의 그늘에 가리운 생활을 했고, 그가 명성을 떨칠 때까지도 계속 사울 왕에게 쫓기는 생활을 했다. 또 말년에 왕좌를 굳힌 후에도 친아들이 모반을 하는 비극을 경험하기도 했다.

그럼에도 불구하고 그의 생애의 모든 환경들을 통하여 하나님께서는 의롭게 살려는 그에게 가까이 오셔서 그가 하나님을 더욱더 깊이 깨닫는 경험을 하게 하셨다. 본문이 이를 잘 나타내 주고 있다, "여호와 외에 누가 하나님이며 우리 하나님 외에 누가 반석이뇨? 이 하나님이 힘으로 내게 띠 띠우시며, 내 길을 완전케 하시며, 나의 발로 암사슴 발 같게 하시며, 나를 나의 높은 곳에 세우시며, 내 손을 가르쳐 싸우게 하시니, 내 팔이 놋 활을 당기도다. 주께서 또 주의 구원하는 방패를 내게 주시며, 주의 오른손이 나를 붙들고, 주의 온유함이 나를 크게 하셨나이다. 내 걸음을 넓게 하셨고, 나로 실족지 않게 하셨나이다"(31-36절). 본문 내용에서 구체적으로 설명하고 있지는 않으나 결국 그는 신학을 생활화하였다. 책상에서 만들어 낸 신학이 아니고 실제로 살아가며 경험한 하나님의 놀라우신 모습을 우리에게 전해 주고 있다. 그래서 의롭게 살고자 하는 우리도 다윗이 누렸던 여호와를 더 깊이 경험하는 축복을 누릴 수 있게 해 주었다.

2. **패배할 것을 승리로 이끄는 축복 (37-45절)** 그 당시 다윗의 적은 아마도 주위에 있는 이방과 그를 공격하는 세력들이었을 것이다. 이 본문 내용을 보면 다윗이 자신의 공적을 찬양하는 것으로 오해하기가 쉽다.

"내가 내 원수를 따라 미치리니 저희가 망하기 전에는 돌이키지 아니하리이다. 내가 저희를 쳐서 능히 일어나지 못하게 하리니 저희가 내 발 아래 엎드러지리이다. 대저 주께서 나로 전쟁케 하려고 능력으로 내게 띠 띠우사 일어나 나를 치는 자로 내게 굴복케 하셨나이다. 주께서 또 내 원수들로 등을 내게로 향하게 하시고 나로 나를 미워하는 자를 끊어버리게 하셨나이다. 저희가 부르짖으나 구원할 자가 없었고, 여호와께 부르짖어도 대답지 아니하셨나이다. 내가 저희를 바람 앞에 티끌 같이 부숴뜨리고 거리의 진흙 같이 쏟아 버렸나이다. 주께서 나를 백성의 다툼에서 건지시고 열방의 으뜸을 삼으셨으니, 내가 알지 못하는 백성이 나를 섬기리이다. 저희가 내 풍성을 들은 즉시로 내게 순복함이여, 이방인들이 내게 복종하리로다. 이방인들이 쇠미하여 그 견고한 곳에서 떨며 나오리로다"(37-45절).

그러나 그가 말하는 요점은 여호와 하나님께 있다. 여호와 하나님이 빠졌었다면 그는 패배했을 것이다. 그런데 여호와 하나님께서 개입하셔서 그는 승리했다. 그는 바로 이러한 사실을 여기에서 우리에게 강력하게 말해 주고 있다.

여호와 하나님을 우리 중심에 모시고 하나님을 의지할 때에 다윗과 같이 우리도 궁극적으로 찬양을 하게 될 것이다. 우리 신앙 생활의 성패 여부도 여호와께 달려 있다. 우리가 여호와를 의지한다면 승리하는 축복을 맛볼 것이다. 여호와께서 우리의 생활의 중심이 되지 않는다면 급기야는 패배의 쓴잔을 마시게 될 것이다.

3. 여호와께 예배드리는 축복 (46-50절) 사람은 깊이 알수록 실망할 가능성이 많다. 그러나 여호와 하나님은 깊이 알수록 더욱더 예배드리지 않고서는 못 배기게 된다. 우리가 집회 때 설교 말씀을 통하여 부흥의 맛을 보고 여호와를 더 알게 되면 예배는 자연스럽게 드리게 된다. 그리고 여호와께 드릴 때보다 더 큰 축복을 받을 경우는 없을 것이다.

다윗의 생애를 통해 우리가 알 수 있는 것은 다윗은 하나님 앞에 의로운 생활을 하기 위하여 여러 가지를 희생했다는 점이다. 더 나아가서 그는 의로운 생활을 하기 위하여 어떤 대가도 치를 각오가 되어 있었다는 사실이다. 그러나 비록 다윗이 의로운 생활을 통해 자신과 자기의 귀한 것들을 하나님께 바치려고 노력했지만 하나님께서 자기에게 주신 상, 곧 하나님 자신에 비하면 자기가 하나님께 드린 것은 아무 것도 아니라는 사실을 뼈저리게 느꼈을 것이다. 우리는 그런 점을 다음 구절들을 통해 엿볼 수 있다, "여호와는 생존하시니 나의 반석을 찬송하며 내 구원의 하나님을 높일지로다. 이 하나님이 나를 위하여 보수하시고 민족들로 내게 복종케 하시도다. 주께서 나를 내 원수들에게서 구조하시니 주께서 실로 나를 대적하는 자의 위에 나를 드시고 나를 강포한 자에게서 건지시나이다. 여호와여, 이러므로 내가 열방 중에서 주께 감사하며 주의 이름을 찬송하리이다. 여호와께서 그 왕에게 큰 구원을 주시며 기름 부음 받은 자에게 인자를 베푸심이여, 영영토록 다윗과 그 후손에게로다"(46-50절).

과연 우리는 어떤가? 우리의 삶 가운데는 여호와의 향기와 그 도우심이 나타나고 있는가? 그리하여 여호와를 더욱더 열망하게 되며 더욱 뜨거운 예배를 올리게 되는가? 그것은 오직 의로운 삶을 사는 그리스도인들에게 주어진 하나님의 상급이요 축복이다.

당신은 그 하나님 자신을 더욱더 경험하기 위해 기꺼이 대가를 치르며 의로운 삶을 살고자 하는가? 율법을 사랑하고 충성스럽게 순종하며 죄를 거부하기 위해 당신은 과연 어떤 대가라도 치를 각오가 되어 있는가?

21
하늘이 하나님의 영광을 선포하고
19 : 1-14

하늘이 하나님의 영광을 선포하고 궁창이 그 손으로 하신 일을 나타내는도다. 날은 날에게 말하고 밤은 밤에게 지식을 전하니, 언어가 없고 들리는 소리도 없으나, 그 소리가 온 땅에 통하고 그 말씀이 세계 끝까지 이르도다. 하나님이 해를 위하여 하늘에 장막을 베푸셨도다. 해는 그 방에서 나오는 신랑과 같고, 그 길을 달리기 기뻐하는 장사 같아서, 하늘 이 끝에서 나와서 하늘 저 끝까지 운행함이여, 그 온기에서 피하여 숨은 자 없도다. 여호와의 율법은 완전하여 영혼을 소성케 하고, 여호와의 증거는 확실하여 우둔한 자로 지혜롭게 하며, 여호와의 교훈은 정직하여 마음을 기쁘게 하고, 여호와의 계명은 순결하여 눈을 밝게 하도다. 여호와를 경외하는 도는 정결하여 영원까지 이르고, 여호와의 규례는 확실하여 다 의로우니, 금 곧 많은 정금보다 더 사모할 것이며, 꿀과 송이꿀보다 더 달도다. 또 주의 종이 이로 경계를 받고 이를 지킴으로 상이 크니이다. 자기 허물을 능히 깨달을 자 누구리요? 나를 숨은 허물에서 벗어 나게 하소서. 또 주의 종으로 고범죄를 짓지 말게 하사 그 죄가 나를 주장치 못하게 하소서. 그리하시면 내가 정직하여 큰 죄과에서 벗어나겠나이다. 나의 반석이시요 나의 구속자이신 여호와여, 내 입의 말과 마음의 묵상이 주의 앞에 열납되기를 원하나이다.

한 여자 신학생이 신앙 상담을 하기 위해 찾아왔다. 한동안 상담한 후에 얻은 결론은 그녀가 비록 신학생이었으나, 하나님을 개인적으로 알고 있지 못하다는 사실이었다. 그녀는 흐느끼며 "하나님을 믿을 수가 없어요"라고 말끝을 맺었다. 어떻게 해야 이 학생이 하나님을 알도록 도울 수 있을지 안타까운 심정으로 그 학생을 떠나 보냈다.

그러다가 수개월이 지난 어느 날 그 여학생이 화창한 봄날처럼 밝은 얼굴로 찾아왔다. 그 얼굴 표정에서 벌써 그녀에게 어떤 커다란 변화가 있었음을 알 수 있었다. 그녀의 이야기는 다음과 같았다.

그녀는 자신이 신학교를 다니고 있음에도 불구하고 하나님을 모른다는 수치심과 더 나아가서는 하나님을 모르기 때문에 가슴에 쌓인 많은 고통들을 안고 떠난 후 얼마 있다가 학교에서 강원도 쪽으로 소풍을 가게 되었다. 그는 여러 학생들이 즐겁게 떠들며 돌아오는 차 안에서 마치 세상에 홀로 버려진 사람처럼 한없이 외롭고 쓸쓸하게 창가에 앉아서 하염없이 눈물을 흘리고 있었는데, 문득 시선이 창 밖으로 옮겨졌고, 창밖에 전개되는 아름다운 경치를 바라볼 때 마음 속에 이런 환호성이 울렸다, "맞다. 하나님은 계시다. 저 아름다운 자연이 우연하게 생긴 것이 아니다. 저 자연을 창조하신 창조주께서 계심이 틀림없다." 그 순간 그녀는 마음 속에 그렇게 오랫동안 믿어지지 않았던 하나님이 믿어지고 그녀의 신앙의 문제는 해결되었다는 것이다.

성경을 깊이 믿고 성경의 중요성을 뼈저리게 깨달은 보수적인 신앙을 가진 사람일수록 자연을 통해 우리에게 계시하시려는 하나님의 진리나 교훈들을 과소 평가할 가능성이 있다. 우리는 종종 이런 말을 들어 본다, "나는 성경만 믿지 이 세상 것들은 결코 믿지 않는다. 이 세상 것은 모두 죄이다." 얼핏 듣기에는 아주 경건한 신앙인만이 할 수 있는 말 같다. 그러나 과연 그런 태도가 참된 성숙한 신앙인의 태도일까?

이런 사람은 갈수록 복잡해져 가는 세상에서 복잡한 문제에 봉착했을 때 지나치게 단순한 해답을 내릴 위험성이 있다. 병이 나도 믿으면 된다, 병원에 가는 것은 불신 행위이다, 하나님의 말씀에서 우리가 믿

고 구하는 것은 모두 주신다고 했으므로 구할 것이지 병원에는 갈 필
요가 없다고 단순 논리를 펼 가능성이 있다.

물론 믿고 구하면 고쳐 주시는 경우도 얼마든지 있다. 하지만 상식
적으로 적절한 의사와 병원을 통하여 하나님께서 고쳐 주실 수 있음
도 우리는 간과해서는 안 된다.

우리가 자연 계시와 특별 계시(하나님의 말씀)의 영역을 너무나 구
분하여 자연 계시는 무조건 죄악시하고 특별 계시만 지나치게 부각시
킬 경우 하나님께서 우리에게 자연을 통하여 알려 주시고자 하는 중
요한 교훈들을 놓쳐 버릴 수가 있다. 시편 기자는 수천 년 전에 벌써
자연 계시와 특별 계시의 관계를 균형 있게 다루고 있다. 우리는 이
시편을 통하여 다음 몇 가지 교훈을 얻을 수 있다.

자연 계시의 귀중성 (19:1-6)

자연은 타락 사건으로 말미암아 더 이상 온전하지 못하다. 아름답
고 잔잔하던 바다도 태풍이 일어나게 되면 웬만한 빌딩 크기의 파도
로 선박과 사람을 사정없이 앗아갈 수가 있다.

하나님이 주신 아름다운 동산도 지진으로 수많은 사람들을 삼킬 수
가 있다. 하나님의 가장 고귀한 피조물인 인간이 그 놀라운 두뇌로 개
발한 도구를 가지고 하나님을 찬양하는 데 쓰지 않고 하나님께서 창
조한 자연을 파괴할 수 있는 것도 인간을 포함한 자연과 피조물들이
온전하지 못하기 때문이다. 그럼에도 불구하고 하나님은 자연을 통하
여 하나님의 능력과 신성에 대한 지식을 우리에게 계시하심을 간과해
서는 안 된다(롬 1:20).

우리는 이제 시편으로 돌아가서 자연에 대한 다음 사실을 배울 필
요가 있다.

1. **자연도 하나님의 활동 영역이다** 하나님은 성경이나 교회 내에만 계신 것이 아니라 모든 자연 가운데 계신다. 도시에도, 농촌에도, 우리가 일하는 직장에도 계신다. 학문을 하는 배움의 장에도, 예배를 드리는 신성한 성전에도 계신다.

우리가 신성시하고 존중하는 교회당에서 하나님의 임재하심을 특별히 경험하는 것은 사실이다. 그러나 우리가 그 곳으로 하나님이 역사하시는 영역을 한정시키는 것은 극히 인위적이고 위험한 오류에 빠지는 행위이다. 시편 기자는 그런 사람을 향하여 이렇게 말한다:

하늘이 하나님의 영광을 선포하고
궁창이 그 손으로 하신 일을 나타내는도다.
날은 날에게 말하고 밤은 밤에게 지식을 전하니
언어가 없고 들리는 소리도 없으나
그 소리가 온 땅에 통하고
그 말씀이 세계 끝까지 이르도다.
하나님이 해를 위하여 하늘에 장막을 베푸셨도다.
해는 그 방에서 나오는 신랑과 같고
그 길을 달리기 기뻐하는 장사 같아서
하늘 이 끝에서 나와서
하늘 저 끝까지 운행함이여,
그 온기에서 피하여 숨은 자 없도다(1-6절).

2. **자연도 하나님의 계시의 도구이다** 성경 말씀만 하나님의 계시의 수단이 아니다. 자연도 하나님을 우리에게 알려 주는 주요한 도구이다. 자연은 기필코 산업 기지를 제공하는 사업, 원료들을 캐내는 탄광만이 아니다. 자연은 하나님의 오묘한 아름다움을 우리에게 알려 주

고 하나님의 영광을 선포하는 역할을 하고 있다.

주석가 크레기는 그리스도인과 자연과의 관계에 대하여 이렇게 말하고 있다: '하나님에 대하여' 예민한 마음을 가진 사람은 하늘이 나타내고 있는 하나님의 영광을 접하게 될 때 무한한 황홀경에 빠지게 된다.

그러나 '하나님에 대하여' 무감각한 자는 하늘은 단지 하늘에 지나지 않고 별들은 별들로 밖에 보이지 않는다. 그들은 자신의 지각과 시간이 미치는 한계 이상을 볼 수 없다. 하나님의 계획과 하나님의 자연에 대한 목적을 아는 사람은 자연을 볼 때 하나님께 대하여 무감각한 사람이 듣지 못하는 특별한 소리를 들을 수가 있다. 그런 사람들은 시편 기자와 같이 이렇게 외칠 수밖에 없다, "날은 날에게 말하고…언어가 없고 들리는 소리도 없으나, 그 소리가 온 땅에 통하고, 그 말씀이 세계 끝까지 이르도다"(2-4절상).

우리는 지금보다 훨씬 더 큰 의미를 자연을 통하여 발견할 수 있다. 거기서 하나님의 창조의 오묘함을 배우는 것은 물론 하나님의 영광을 발견할 수 있다. 그 중의 한 예가 구름 한 점 없이 맑은 아침에 산 위에서 장엄하게 떠오르는 태양이다. 다음 찬양이 바로 우리의 이런 심정을 잘 나타내 주고 있다:

주 하나님 지으신 모든 세계 내 마음 속에 그리어 볼 때
하늘의 별 울려 퍼지는 뇌성 주님의 권능 우주에 찼네.
주님의 높고 위대하심을 내 영혼이 찬양하네.
주님의 높고 위대하심을 내 영혼이 찬양하네.

만일 자연이 하나님의 영역이고 하나님의 계시의 도구라면, 우리는 타종교인들처럼 자연을 신격화하지는 말아야 되겠지만 자연을 보

존하고 파손을 방지해야 한다. 아담에게 자연을 맡긴 이후 아담과 하와가 타락함으로 자연도 점차적으로 타락의 피해를 더욱더 받게 되었다. 이제 재창조함을 받은 우리가 아담의 후손이 타락 후 소홀히 했던 자연에 대하여 더욱더 책임을 지지 않으면 안 될 것이다.

특별 계시의 탁월성 (19:7-10)

몇몇 주석가들은 시편 19편이 두 개의 다른 내용을 가진 시편으로 구성되어 있다고 주장한다. 자연을 찬양하는 내용인 1절부터 6절과 토라(율법서)에 대한 찬양인 7절부터 14절이 바로 그 내용들이다.

그러나 그렇게 보는 것보다 오히려 자연과 특별 계시의 연속성과 불연속성을 나타내고 있다고 보는 것이 오히려 더 타당하다고 하겠다. 자연을 통한 하나님의 계시의 중요성을 나타내고 아울러 자연이 나타낼 수 없는 부분이 특별 계시 가운데 있음을 보여 주고 있기 때문이다. 특히 특별 계시의 탁월성을 설명하는 데 율법, 증거, 교훈, 계명, 도, 규례 등 여섯 가지 용어를 사용하고 있다.

주석가 크레기는 이것이 히브리 시의 성격에 따라서 모두 동의어로 볼 수 있다고 주장한다. 반면에 신학적인 입장에서 볼 때 토라의 완전성을 나타내기 위한 것이라고 했는데, 이는 올바른 평가이다. 토라는 자연 계시의 불완전성을 뛰어넘어 완전하다.

인간에게 있어서 자연을 통해 주어지는 하나님의 계시도 크지만 사실상 하나님의 말씀을 통해 주어지는 하나님의 계시는 자연 계시와 비교할 수 없을 정도로 깊고 오묘하다. 그래서 시편 기자는 이렇게 말했다, "금 곧 많은 정금보다 더 사모할 것이며, 꿀과 송이꿀보다 더 달도다"(10절).

1. **소성케 함** (7절상) 이는 인간이 생존하는 데 필수적으로 요구되

는 기본적인 생명력이 '율법' 속에 있음을 의미한다. 이런 내적 힘이 우리 속에서 계속 작용하지 않고서는 우리가 충만한 생활을 결코 영위하지 못하게 될 것이다(크레기).

이와 같은 생명의 근본이 되는 힘이 '율법'에서부터 온다고 시편 기자는 다음과 같이 언급하고 있다, "여호와의 율법은 완전하여 영혼을 소성케 하고"(7절상). 율법은 우리가 옳게 사는 데 필요한 모세의 율법 전부와, 우리를 하나님의 무조건적인 사랑으로 받아 주신다는 증표인 하나님의 언약을 포함하고 있다고 칼빈은 지적하고 있다.

그렇다. 하나님의 율법은 완전하여 그 율법을 좇아 사는 사람들에게는 자신에게 필요한 온전한 지혜를 결코 부족하지 않게 한다고 성경은 가르치고 있다(잠 3:1-10 참조).

오늘날처럼 우리 영혼과 육신이 죄와 공해로 찌들어가는 때 이와 같은 소식은 실로 기쁜 소식이 아닐 수 없다. 우리는 이사야 선지자처럼 이 소식을 세상 사람들이 와서 들을 수 있도록 이렇게 외칠 수밖에 없다, "너희 목마른 자들아, 물로 나아오라. 돈 없는 자도 오라. 너희는 와서 사 먹되 돈 없이 값 없이 와서 포도주와 젖을 사라. 너희가 어찌하여 양식 아닌 것은 위하여 은을 달아 주며, 배부르게 못할 것을 위하여 수고하느냐....너희는 귀를 기울이고 내게 나아와 들으라. 그리하면 너희 영혼이 살리라"(사 55:1-3).

2. 지혜롭게 함 (7절하) 실로 그리스도인의 생활을 오래 해 본 사람은 주님의 '확실한 증거'가 없이는 세상에서 어떻게 살아가야 할지 알수 없어 미궁에 빠질 수밖에 없음을 안다. 성경의 지혜에서는 확실한 증거 없이 표류하며 도덕적으로 파손된 삶을 사는 사람들을 어리석은 사람이라고 규정짓고 있다. 반면에 여호와를 경외하는 것이 지식과 지혜의 근본이라고 성경은 말하고 있다(잠 1:7).

지금이야말로 남녀노소를 불문하고 지혜가 필요한 때이다. 지혜를 통해 어리석게 됨을 모면해야 우리는 이 세상을 거룩하게 살 수 있다. 실로 "여호와의 증거는 확실하여 우둔한 자로 지혜롭게"(7절하) 한다.

3. 기쁘게 함 (8절상) 사단은 우리가 주님의 도를 좇아 살면 즐거움과 기쁨이 하나도 없고 오히려 범죄하고 탈선한 생활만이 기쁨이 있는 생활이라고 속이고 있다. 그러나 여호와의 교훈을 어기고 산 사람 치고 기쁨이 많다고 간증하거나 자기 자녀들에게 자기와 같은 생활을 반복하라고 가르치는 사람을 보지 못했다.

오직 여호와의 의에 그 삶의 뿌리를 내린 사람의 심령 가운데서만이 생성되는 기쁨을 여호와의 교훈을 좇아 사는 사람은 만들어낼 수 있다고 주석가 크레기는 언급했다. 참된 기쁨을 원한다면 다음 본문과 같이 여호와의 교훈을 좇아 사는 길밖에 없다, "여호와의 교훈은 정직하여 마음을 기쁘게 하고"(8절상).

4. 눈을 밝게 함 (8절하) "여호와의 계명은 순결하여 눈을 밝게" 한다. 실로 여호와의 순결한 계명을 마음 속에 품고 사는 사람들이야말로 점점 더 도덕적으로 옳고 그른 것을 분별할 수 있는 순전한 마음의 눈을 갖게 된다.

5. 영원한 가치를 부여함 (9절상) 여호와를 경외하는 것은 이 세상에서만 가치가 있는 것이 아니라 영원한 가치가 있다고 말하고 있다. 그런데 이런 경외심은 그 발상이 '도'에서부터 나온다는 점이다. 여호와의 도를 좇아 살 때 우리는 더욱더 여호와를 경외하게 되고 그런 덕은 다음 구절의 내용처럼 영원까지 계속된다는 사실이다. "여호와를 경외하는 도는 정결하여 영원까지 이르고."

6. 의롭게 함 (9하-10절) 하나님의 규례는 의롭지 않은 면이 하나

도 없다. 의로운 하나님의 법을 사랑하며 사는 사람은 다음 본문의 내용처럼 하나님의 의로운 성품을 닮게 된다, "여호와의 규례는 확실하여 다 의로우니"(9절하).

자연 계시와 특별 계시의 조화 (19:11-14)

시편 기자처럼 자연을 통하여 하나님의 영광과 신비를 보고 더 나아가서 온전한 율법을 통하여 하나님을 바라보게 되었을 때 최소한 두 가지 반응이 일어나지 않을 수가 없다.

1. **자신의 무익함 (11-13절)** 마치 거울이 깨끗하면 깨끗할수록 자신의 흠이 더욱더 자세하게 드러나듯이 시편 기자도 자연과 율법에 자신을 비추어볼 때 한없이 부족하고 더러운 자신을 발견했을 것이다. 언제든지 하나님이 분명하게 계시되면 될수록 우리의 모습도 더 적나라하게 나타난다.

그 결과 첫째로, 겸손하게 주님 앞에 다음과 같이 아뢰게 된다, "또 주의 종이 이로 경계를 받고 이를 지킴으로 상이 크니이다"(11절). 이 말은 현대말로 주를 달면 이렇게 표현할 수 있겠다, "또 주의 종이 주의 놀라우신 모습을 자연과 말씀을 통하여 뵈올 때 자신의 부족함을 깨닫고 주님이 주시는 교훈에 따라서 순종하여 살 때 주께로부터 큰 상을 받을 줄 믿나이다."

둘째로, 자신의 죄에 대한 회개와 죄를 버리고자 하는 의지가 나타나게 된다. 보통 때에는 잘 드러나지 않았던 죄들이 주님의 의의 탐조등이 비추게 될 때 분명히 나타나게 된다. 실수로 범한 죄나 아니면 고의로 범하고 계속 자기 합리화로 감추어졌던 죄들이 드러나게 되는 것이다.

시편 기자는 이를 다음과 같이 말했다, "자기 허물을 능히 깨달을 자 누구리요? 나를 숨은 허물에서 벗어나게 하소서. 또 주의 종으로 고범죄를 짓지 말게 하사 그 죄가 나를 주장치 못하게 하소서. 그리하시면 내가 정직하여 큰 죄과에서 벗어나겠나이다"(12-13절).

실로 하나님 앞에서 자신의 무익함을 깨닫고 주의 도움을 청하는 자는 주께서 오늘날에도 겸손과 회개를 통하여 성숙과 죄에 대한 저항력을 주실 것이다. 그리고 오랫동안 신앙 생활을 한 사람까지도 쓰러지기 쉬운 복잡한 이 사회에서도 이런 사람은 자연과 말씀을 통하여 하나님의 아름다움을 찬송하며 나머지 여생을 기쁘게 지낼 수 있을 것이다.

2. 하나님의 존귀함 (14절) 시편 기자가 자연과 또 하나님의 율법을 보고 하나님의 영광스러운 모습을 보았을 때 먼저 나타낸 것은 자신의 무익함이었다. 하지만 하나님의 은혜(언약적인 사랑)로 자신의 죄 문제가 해결된 확신이 있는 사람은 거기에서 끝나지 않고 이렇게 하나님께 간구하게 될 것이다, "나의 반석이시요, 나의 구속자이신 여호와여, 내 입의 말과 마음의 묵상이 주의 앞에 열납되기를 원하나이다"(14절).

말과 마음이 하나님께 드려진다는 것은 온 인격이 하나님 앞에 열납되는 것을 의미하기도 한다. 이와 같은 외침과 열망은 주님의 영광과 아름다움을 경험하지 않고서는 우리 입과 마음에서 나오지 않을 것이다. 누구든지 주님을 가까이 대할 때 이처럼 자신의 말과 마음이 모두 주님께 바쳐지기를 바라지 않을 사람이 없을 것이다.

결 론

오늘 우리는 공장에서나 사무실에서나 고속도로 위에서나 혼자서나 여러 명이 함께 모여서나 이와 같은 예배와 찬송이 우리 마음 속으로부터 울려나오도록 자연과 성경을 통하여 주님을 바로 쳐다보아야 할 것이다.

이처럼 주님의 영광과 아름다움을 바라보며 사는 사람만이 세상이 주는 하찮은 유혹이나 애틋한 쾌락을 과감하게 거부할 수 있을 것이다. 단지 조심해야 할 것은 존 월러스 목사의 말처럼 우리가 하나님의 영광을 신학적인 면에만 국한시키지 말고 하나님의 자연에서까지 찾아볼 수 있어야 한다.

우리의 문제는 하나님의 역사하시는 영역을 너무 구분하는 데 있다. 마치 하나님의 영광과 아름다움을 초자연적 계시 안에서만 찾아볼 수 있다고 착각하듯이 말이다. 주님은 자연과 초자연의 경계선을 넘어서 자신을 계시하신다. 단, 자연을 통해 나타난 주님의 '신성의 능력'도 그 자체만으로는 우리를 구원하기에 부족하다는 점을 분명히 인식해야 한다. 초자연적 계시를 통해서만 하나님의 구원과 하나님의 참모습이 우리에게 온전히 나타날 수 있다.

22
환난 날에 여호와께서 네게 응답하시고
20:1-9

환난 날에 여호와께서 네게 응답하시고, 야곱의 하나님의 이름이 너를 높이 드시며, 성소에서 너를 도와 주시고, 시온에서 너를 붙드시며, 네 모든 소제를 기억하시며, 네 번제를 받으시기를 원하노라(셀라). 네 마음의 소원대로 허락하시고 네 모든 도모를 이루시기를 원하노라. 우리가 너의 승리로 인하여 개가를 부르며 우리 하나님의 이름으로 우리 기를 세우리니, 여호와께서 네 모든 기도를 이루시기를 원하노라. 여호와께서 자기에게 속한 바 기름부음 받은 자를 구원하시는 줄 이제 내가 아노니, 그 오른손에 구원하는 힘으로 그 거룩한 하늘에서 저에게 응락하시리로다. 혹은 병거 혹은 말을 의지하나 우리는 여호와 우리 하나님의 이름을 자랑하리로다. 저희는 굽어 엎드러지고 우리는 일어나 바로 서도다. 여호와여, 구원하소서. 우리가 부를 때에 왕은 응락하소서.

시편 20편의 배경을 보면 괴로움과 환난이 물밀듯이 다가오는 듯한 상황이었음을 알 수 있다. 그렇다면 이들은 국가적으로, 개인적으로 죽음과 괴로움과 환난의 소용돌이 속에 들어갈 것이 확실한 상황 속에서 이 시편을 외쳤을 것이 분명하다. 그래서 주석가 키드너는 이렇게 말했다. "생사를 판가름하는 긴장감이 도는 때에 쓴 시편으로, 여러 시편 중에서 우리의 심금을 가장 깊이 울려 주는 시편이다. 이 시편은 현대에 살면서 환난을 당하는 우리에게도 귀한 교훈을 줄 수 있다."

지금도 전쟁의 소용돌이나 질병으로 오는 환난은 여러 곳에 얼마든지 있다. 그러나 이 글을 읽는 대부분의 독자들은 그런 전쟁의 환난보다는 오히려 다른 차원의 환난과 괴로움에서 허덕일 수 있다. 사업상 받는 환난과 괴로움, 가정에서 인간 관계 때문에 받는 환난과 아픔, 학교에서 학생으로서 또래 그룹으로부터 받는 환난과 고통, 교수와의 관계 가운데 받는 환난과 아픔을 가질 가능성이 크다. 환난과 고통의 종류는 비록 다를지라도 환난 중에 시편 기자가 경험한 교훈은 현대인에게나 구약 시대 사람에게나 공통적으로 적용될 수 있다.

칼빈도 이 말씀을 적용하는 것에 대해 같은 말을 하고 있다, "어떤 적들과 싸울 준비를 서두르면서 기록한 시편임에 틀림이 없다. 그러나 내 생각에는 교회가 위기에 당면했을 때에도 똑같은 종류의 기도를 하도록 성령께서 계획하셨다고 본다…"(존 칼빈, 『시편』).

전해지는 바에 의하면, 어떤 부인이 자기 자녀를 잃은 후 석가모니를 찾아와서 눈물을 흘리며 자기 자녀를 살려 달라고 애원했다고 한다. 석가모니는 한참 생각 끝에 다음과 같이 대답했다고 한다, "당신이 다닐 수 있는 부락을 다 다녀 보십시오. 부락마다 다니며 사람이 한 번도 죽은 일이 없는 부락이 있으면 그 곳에 있는 재를 가지고 다시 내게 와서 부탁하십시오. 그렇게 하면 당신의 아들을 살려 주겠습니다." 그 부인은 오랜 시일에 걸쳐 여러 부락을 다녀보는 가운데 어떤 부락도 죽음이나 슬픔을 경험하지 않은 부락이 결코 없다는 사실을 발견하고 위안을 받고 돌아갔다는 것이다(윌리암스, 『살아 계신 하나님』).

첫 부부인 아담과 하와가 범죄한 후에 이 세상은 어느 곳에나 죽음과 환난과 비극이 없는 곳이 없다. 부요한 나라는 부요한 나라대로, 빈곤한 나라는 빈곤한 나라대로 어려움은 있게 마련이다.

언젠가 스웨덴에서 온 어떤 선교사의 말을 들은 적이 있다. 그는 자신의 나라가 얼마나 사회적으로 좋은 복지 시설을 갖추고 있는지를 나눈 후에 다음과 같은 기도 제목을 내놓았다. "우리 나라에서 실시된 한 여론 조사에 의하면 아이들이 부모보다 인형을 더 좋아합니다. 그 이유는 부모들은 자녀들을 돌보지 않고 자신들의 향락을 좇아서 나다니므로 자녀들이 인형들과 보내는 시간이 더 많기 때문입니다." 그러면서 그는 자기 나라에 선교사를 파송해 달라고 부탁하였다.

우리가 보기에는 이상적인 곳이라고 생각하는 곳도 역시 죽음과 아픔과 환난과 괴로움이 없을 수는 없다. 이처럼 환난과 죽음과 괴로움이 어디나 있다는 사실은 삼척동자라도 알 수 있고 이는 결코 새로운 사실이 아니다.

하나님과 환난 날

우리에게는 환난 날에 우리의 어려움을 아뢸 수 있는 하나님이 계시다 (20:1-5)

플릿 주석의 저자들은 환난 날에 우리가 도움을 구할 수 있는 대상에 대하여 이렇게 말했다. "번영할 때에는 돕는 사람도 많으나, 환난 중에는 다만 한 분밖에 기대할 수 없다. 하나님만이 우리의 피난처가 되신다." 이 말은 우리가 환난 날에 사람들로부터는 결코 아무 도움도 받을 수 없다는 의미는 아닐 것이다. 어떤 환난이나 어려움은 인간들로부터 약간의 도움을 받는다 해도 큰 도움이 되지 못할 수가 있다.

아마도 시편 기자가 처한 상황도 바로 그런 것이었을 것이다. 전쟁을 앞두고 왕이 여호와께 기도할 수밖에 없었고, 모든 백성도 왕과 더불어 기도해야만 했고, 하나님께서 돕지 않는다면 다른 도움이 있어도 결과적으로 무용한 것이 되는 상황이었다.

우리도 인생을 살다 보면 이와 비슷한 긴박한 상황을 얼마든지 만날 수 있다. 이런 때 우리가 하나님께 우리의 심령을 쏟아 놓고 도움을 요청한다면 우리는 다음과 같은 하나님의 반응을 시편 기자와 같이 기대할 수 있을 것이다.

1. **우리의 절규에 대해 응답하심** 하나님은 우리의 절규에 대하여 응답하지 않으시기보다는 오히려 응답하시기를 더 기뻐하신다. 우리는 종종 우리가 어려운 때 기도를 올렸는데도 즉각적인 반응이 없을 경우 하나님께서 응답하지 않는다는 생각을 하기 쉽다. 그러나 이런 생각은 아마도 우리가 하나님의 반응을 하나님의 눈으로 보지 않고 우리 자신의 주관으로 보았기 때문일 것이다.

환난 날에 우리가 올리는 절규를 하나님은 반드시 들으신다. 그러나 그 응답하시는 방법과 시기는 우리가 생각하는 것과 반드시 일치하지 않을 수도 있다. 이런 경우 하나님을 믿는 우리는 최소한 다음 두 가지 이유를 생각해 볼 수 있다.

첫째, 하나님께서 우리가 스스로를 생각하는 것보다 우리를 더 높이 평가하실 수 있다는 사실을 다음 본문으로 보아 알 수 있다, "환난 날에 여호와께서 네게 응답하시고"(1절상). 종종 그런 이유 때문에 하나님께서는 우리가 그 어려움을 좀더 견딜 수 있다고 생각하셔서 즉각적인 반응을 보이시지 않고 더욱더 성숙될 수 있는 훈련의 기회로 환난을 허용하시는 때가 있다.

둘째, 우리가 다 깨달을 수 없는 보다 높은 하나님의 뜻이 있을 가능성이 있다. 하박국의 경우가 여기에 해당된다고 볼 수 있다. 하박국은 환난에 처한 조국을 놓고 애타게 하나님께 간구했다. 조국의 적국인 바벨론의 횡포에 대하여 벌해 달라는 부탁을 하나님 앞에 간절히 드렸다.

그러나 하나님께서는 전혀 응답하려 하시지 않는 것 같아서 그는 이렇게 하나님께 항의했다. "주께서 눈이 정결하시므로 악을 참아 보지 못하시며 패역을 참아 보지 못하시거늘 어찌하여 궤휼한 자들을 방관하시며 악인이 자기보다 의로운 사람을 삼키되 잠잠하시나이까"(합 1:13).

이에 대하여 하나님께서는 하박국에게 이렇게 대답하셨다. "보라, 그(바벨론)의 마음은 교만하여 그의 속에서 정직하지 못하니라. 그러나 의인은 그 믿음으로 말미암아 살리라.....오직 여호와는 그 성전에 계시니 온 천하는 그 앞에서 잠잠할지니라"(합 2:4, 20).

주께서 응답하지 않으신 것이 아니라 하나님은 하박국이 생각하는 것보다 더 높은 차원에서 그 일을 처리하셨던 것이다. 여호와께서 아무 것도 빼놓지 않고 모든 것을 통치하고 계시다는 확신을 갖게 된 하박국 선지자는 말할 수 없는 기쁨으로 충만하게 되었다(합 3:17-19).

혹시 어려운 상황을 만나서 하나님께 절규했으나 응답이 없어서 하나님께서 자신의 기도를 듣지 않으신다는 생각 때문에 우울한 신앙 생활을 하는 사람이 있는가? 오늘 하나님께서 환난 날에 응답하신다는 확신을 얻고 기쁨을 다시 찾기 바란다.

우리의 절규가 전쟁을 앞에 둔 왕이 여호와께 하는 것이든, 우리 개인의 문제를 놓고 하는 것이든 하나님께서는 응답하신다. 그 개인의 문제가 까다로운 대인 관계의 문제이든, 자녀의 대학 입학 문제이든, 교회 내의 어그러진 인간 관계이든, 사업상의 어려운 고비든지간에 환난 날에 응답하시는 하나님께 우리는 모든 것을 말씀드릴 특권을 가지고 있다. 종종 하나님께서는 우리를 위하여 더 귀중한 일을 하신다. 대개는 우리가 이 때 하나님을 더 깊이 깨닫게 되고, 이로써 더 큰 성숙을 경험하는 경우가 많다.

2. **높이 드심**   케일과 데일리지 등 여러 주석가들은 "야곱의 하나님의 이름이 너를 높이 드시며"(1절하)를 창세기 35장 3절에 나오는 야곱의 사건과 연관시켜서 풀고 있다. 야곱이 환난 날에 벧엘에서 긍휼에 풍성하신 하나님의 도우심을 받은 것처럼 왕도 전쟁터에 나가기 전에 도움을 받아 승리의 고지(高地)를 점령하게 되기를 기원했다.

하나님께서 긍휼을 베푸시어 높이 드시면 아무도 끌어내릴 수가 없다. 오늘날 우리는 야곱의 하나님에 대하여 더 깊이 깨닫고 있다.

하나님은 형을 속이고 장자권과 축복을 빼앗아 달아나는 야곱에게 응답하셨다. 뿐만 아니라 우리처럼 죽어야 마땅하고 하나님과 원수된 사람들을 위하여 독생자 예수 그리스도까지 주시는 분임을 알고 있다. 우리는 이 하나님께 더 큰 확신을 가지고 나아갈 수 있다. 그리고 그 하나님께서 환난 날에 우리를 구원하여 적이 해칠 수 없는 "높은 곳"에 두시고 보호할 수 있음을 안다.

3. **도와 주심**   우리를 도우시는 하나님은 성소에 계신다. "성소에서 너를 도와 주시고 시온에서 너를 붙드시며"(2절). 그 곳에서 우리의 간구를 들으시고 그 간구에 대한 결정을 내리신다. 이 얼마나 다행한 일인가! 만일 이런 결정이 사단의 권좌에서 결정된다고 상상해 보라. 얼마나 무서운 일인가! 그렇다면 우리는 사단의 인격과 사단의 활동 무대가 되는 세상 체제에만 의존하게 될 것이다. 사단의 관점에서 볼 때 그에게 유익하면 사단도 우리에게 도움을 줄 것이다. 그러나 그의 궁극적인 의도는 우리의 유익을 위한 것보다는 우리의 파괴를 위한 것이다. 우리는 이렇게 비겁한 사단의 파괴를 목적으로 한 도움을 거부하고 "성소"에서 도우시는 하나님의 진정한 도움을 받아야 한다.

4. **붙드심**   여기에서 '성소'와 '시온'(2절)은 동의어이다. 하나님은 시온에 그의 언약궤를 두라고 명하셨으며, 하나님의 백성이 그 곳에

서 하나님과 만날 수 있음을 알리셨다. 바로 이 곳에 계신 하나님께서 직접 왕을 붙들어 달라는 간구이다. 우리의 경우도 하나님이 직접 붙드시면 전쟁터에서나 일터에서 우리는 안전할 수 있다. 성소는 하나님이 온 세상을 통치하시는 곳이라고 볼 수 있다. 바로 그 곳에 앉아서 우리의 모든 일을 아시고 간섭하시고 개입하시는 하나님이 계시기에 오늘도 우리는 말할 수 없는 평안을 누리며 살 수 있다.

5. **기억하심** 하나님께서 환난 날에 우리에게 응답하시고, 구원하시고(높이 드심), 도우시고, 붙드시는 것은 우리의 삶과 무관하게 하시는 것은 아니다. 하나님 편에서 볼 때 누구든지 자신의 제물 때문에 하나님 앞에 나올 수 있는 것이 아니라, 오직 하나님의 은혜 때문인 것은 사실이다. 그럼에도 불구하고 그 당시에는 하나님의 율법이 규정하는 대로 순종의 뜻으로 소제와 번제를 드리는 것은 환난 날에 하나님으로부터 응답받는 데 중요한 역할을 했다.

따라서 다윗 왕도 '소제와 번제' 없이는 하나님께 나오지 않았다. "네 모든 소제를 기억하시며 네 번제를 받으시기를 원하노라(셀라)"(3절).

현대를 사는 우리는 순종의 표시로 소제와 번제를 드릴 필요는 없다. 그러나 칼빈이 말했듯이 소제나 번제 대신 그리스도의 구속의 은혜를 계속 의지하지 않고서는 환난 날에 하나님께 감히 말씀을 드릴 수가 없다.

6. **허락하심** 다윗 왕의 경우 소원이 얼마나 하나님의 뜻과 일치하였든지 본인은 물론 백성들까지도 왕의 소원이 하나도 빠지지 않고 이루어질 것을 위해 간절히 이렇게 기도하였다, "네 마음의 소원대로 허락하시고 네 모든 도모를 이루시기를 원하노라"(4절). 우리의 소원과 계획하는 바가 이처럼 하나님의 뜻과 일치된 삶을 살 수 있다면

우리도 우리의 구하는 것이 다 이루어질 것을 위하여 담대하게 기도할 수 있을 것이다. 그리고 하나님께서는 그런 기도를 기뻐하신다.

　7. 기도를 이루심　이 부분은 앞에 말한 간구의 내용을 종합하는 부분이다. 백성은 이렇게 말한다, "[여호와께서] 네 모든 기도를 이루시기를 원하노라"(4절 참조). 또 백성들은 왕의 승리를 인하여 기쁨을 누리되 여호와께서 이루신 일을 잊지 않고 그에게 모든 영광을 돌리겠다고 고백하였다. "우리가 너의 승리로 인하여 개가를 부르며 우리 하나님의 이름으로 우리 기를 세우리니 여호와께서 네 모든 기도를 이루시기를 원하노라"(5절).

　우리는 종종 어려운 일을 가지고 하나님께 간구를 드리다가도 그것이 응답되면 하나님께 영광을 돌리는 일을 잊어버리고 당연한 것으로 여기는 경우가 있다. 환난 날에 하나님께서 우리의 간구를 들으시고 우리의 모든 기도를 응답해 주시면 우리는 어려운 강을 건널 수 있도록 해 주신 하나님께 모든 공로를 돌리지 않으면 안 된다.

환난 날에 구하는 기도를 하나님께서 들으시는 줄 우리는 확신할 수 있다 (20:6-9)

　1. "이제 내가 아노니"　5절까지만 해도 동사의 시제가 미래형이었고, 기도하는 사람들의 소원을 나타냈다. 그러나 6절 이후에는 그 태도가 변했다. 이제는 보다 분명한 하나님의 응답에 대하여 말씀하고 있다. 특히 "여호와께서 자기에게 속한 바 기름부음 받은 자를 구원하시는 줄 이제 내가 아노니"(6절상)라고 말씀한 부분 중에 '구원하시는'이라는 동사의 시제가 예언적 완료형으로 되어 있다.

　이는 미래에 일어날 일임에도 불구하고 너무나 분명하게 일어날 일이므로 마치 이미 이루어진 것처럼 생각할 때 쓰인다. 시편 기자의 마음에 전쟁으로부터의 구원(건짐)은 이미 이루어졌다. 그래서 그는 이를 자신 있게 안다고 외치고 있다.

환난 날에 우리가 드리는 기도는 단순히 우리 마음의 소원에만 그치는 것이 결코 아니다. 이는 그 기도가 한 국가를 위한 것이든 한 개인을 위한 것이든 하나님의 뜻에 따라서 드려질 때 그것은 이미 이루어진 것과 다름없이 우리가 그 결과를 분명히 알 수 있기 때문이다. 이를 이루시는 하나님은 평범한 하나님이 아니시다. 오히려 그분은 "오른손에 구원하는 힘으로 그 거룩한 하늘에서 〔저〕에게 응락하시는"(6절하) 하나님이시다.

여기에서 오른손은 "보다 활동적이고 능력이 있음을 의미하는 뜻으로 쓰여졌다"라고 주석가 앤더슨은 언급했다. 또 하나님은 가까이 시온에도 계시지만 동시에 멀리 거룩한 하늘에도 계시는 분이시다. 바로 이런 하나님께서 우리를 환난에서 건지시는 분이시다. 우리는 시편 기자처럼 이 하나님께 여러 모양의 시편으로 찬양드리고 경배드릴 수밖에 없다.

2. "하나님의 이름을 자랑하리로다" "혹은 병거 혹은 말을 의지하나 우리는 여호와 우리 하나님의 이름을 자랑하리로다. 저희는 굽어 엎드러지고 우리는 일어나 바로 서도다"(7-8절). 이상이 시편 기자가 한 말이다.

여기서도 너무나 확신하기 때문에 마치 이미 승리하고 일어선 것처럼 시편 기자는 선포하고 있다. 이 원리는 시편 기자의 경우만 아니라 우리에게도 해당되는 진리이다. 하나님이 함께 하시면 작은 힘으로도 큰 적을 당해낼 수 있다. 반면에 하나님께서 대적하시게 되면 큰 힘을 가지고도 멸망하게 된다. 전쟁도 환난도 하나님께서 함께 하신다면 두려울 것이 없다.

"여호와는 나의 목자시니 내가 부족함이 없으리로다"(시 23:1)라고 우리도 외칠 수 있다. 이처럼 우리가 하나님의 이름을 의지하고 하나님과 동행하는 것은 구약에 있어서나 신약에 있어서나 가장 중요한 교훈의 하나로 대두되고 있다.

주님께서 십자가에 죽으시기 전에 남긴 가장 중요한 말씀 중에 하나인 요한복음 15장의 "포도나무 비유"가 바로 이와 같은 하나님과 우리가 갖는 깊은 관계의 중요성을 잘 나타내 주고 있다.

3. "왕은 응락하소서"   우리는 주의 이름을 의지하지 않고서는 아무것도 할 수 없다. 이 사실을 아는 우리도 시편 기자와 같이 환난 날에 이렇게 외치지 않을 수가 없다, "여호와여, 구원하소서. 우리가 부를 때에 왕은 응락하소서"(9절). 그리고 여호와께서 우리의 왕의 왕이 되시므로 다윗 왕을 포함한 그 백성들의 부르짖음에 응답하실 것을 우리는 확신할 수 있다.

왕국과 하나님의 왕국

1. 왕과 그리스도   시편 20편은 엄격히 말해서 한 개인을 위한 기도라기보다 오히려 왕을 위한 기도라고 볼 수 있다. 왕은 또 민족 공동체를 대표하므로 이 시편은 개인보다 공동체에 대한 강조가 더 중요시되고 있는 시편이다.

성경은 결코 개인만을 위한 삶의 방식을 찬양하지 않는다. 민족 공동체와 개인과의 조화를 가장 잘 이루고 있는 것이 곧 성경적인 사상이다. 한 왕국이 위험을 당했을 때 왕을 중심으로 민족이 모두 하나님께 기도하였다. 그리고 관례대로 제물과 함께 공동체 전부가 왕을 위하여 기도할 때 하나님께서 그들의 기도를 들으신다는 확신이 그들에게 생겼던 것이다.

이와 같은 모습은 그리스도인이 자신의 국가에 대하여 어떤 태도를 지녀야 하는가에 대해 교훈을 주고 있다. 그리스도인들은 국가가 환난을 당했을 때 하나님께 나아가서 기도할 책임이 있다. 국민이 어떤 일을 놓고 고통할 때 교회도 같이 아파하고 애통해야 한다.

2. 그리스도인과 하나님의 왕국 국가를 위하여 우리가 짐을 같이 지고 민족 공동체 내에서 책임을 다 해야 하는 것은 분명하지만, 한 가지 우리가 착각하지 말아야 할 것이 있다. 그것은 이 세상 왕국은 비록 다윗 왕 같은 신앙인이 통치한다 해도 온전할 수 없다는 사실이다. 그것은 오직 앞으로 올 하나님의 왕국과 앞으로 재림하실 왕 중 왕에 대한 그림자에 지나지 않는다.

우리 그리스도인들은 이처럼 하나님의 나라가 임할 것과 이상적인 왕이 오실 것을 깊이 믿고 사는 사람들이다. 한 공동체가 환난을 당했을 때나 한 가정이 환난을 당했을 때나 한 개인이 환난을 당했을 때에 우리는 하나님께 나아가서 적극적으로 이를 위해 기도해야 한다. 그리고 우리는 있을 수 있는 환난에 대처하고, 아픔을 치료하고 전쟁을 방지하고 하나님께서 주시는 응답을 받아서 공동체와 함께 그 기쁨을 누리는 빛과 소금의 역할을 다 해야 하겠다.

23
저로 영영토록 지극한 복을 받게 하시며
21:1-13

여호와여, 왕이 주의 힘을 인하여 기뻐하며 주의 구원을 인하여 크게 즐거워하리이다. 그 마음의 소원을 주셨으며 그 입술의 구함을 거절치 아니하셨나이다(셀라). 주의 아름다운 복으로 저를 영접하시고 정금 면류관을 그 머리에 씌우셨나이다. 저가 생명을 구하매 주께서 주셨으니 곧 영영한 장수로소이다. 주의 구원으로 그 영광을 크게 하시고 존귀와 위엄으로 저에게 입히시나이다. 저로 영영토록 지극한 복을 받게 하시며 주의 앞에서 기쁘고 즐겁게 하시나이다. 왕이 여호와를 의지하오니 지극히 높으신 자의 인자함으로 요동치 아니하리이다. 네 손이 네 모든 원수를 발견함이여, 네 오른손이 너를 미워하는 자를 발견하리로다. 네가 노할 때에 저희로 풀무 같게 할 것이라. 여호와께서 진노로 저희를 삼키시리니 불이 저희를 소멸하리로다. 네가 저희 후손을 땅에서 멸함이여, 저희 자손을 인생 중에서 끊으리로다. 대저 저희는 너를 해하려 하여 계교를 품었으나 이루지 못하도다. 네가 저희로 돌아서게 함이여, 그 얼굴을 향하여 활시위를 당기리로다. 여호와여, 주의 능력으로 높임을 받으소서. 우리가 주의 권능을 노래하고 칭송하겠나이다.

시편 21편의 배경에 대한 견해는 크게 둘로 나누어진다. 첫째는 시편 20편과 함께 연결된 시편으로 보는 견해가 있다(레오폴드, 케일, 데일리지, 다훗 프로올, 키드너 등). 이 경우 시편 20편을 왕이 전쟁에 나가기 전 백성들과 함께 성전에서 여호와께 드리는 간구로 본다면, 시편 21편은 전쟁에서 승리를 거두고 돌아와서 여호와께 감사를 드리며 확신을 가지고 여호와께 찬양하는 내용으로 볼 수 있다.

둘째는, 시편 20편과 역사적인 연결점이 없이 단순히 왕의 즉위를 감사하는 왕의 즉위 시편으로 보는 견해이다(바이서, 앤더슨 등). 이 경우 왕이 어떤 특정한 전쟁에서 승리한 것을 배경으로 한 것이라기보다는 오히려 일반적으로 여호와께서 왕에게 승리를 주실 것과 왕권에 대한 감사와 내용으로 보는 견해이다.

위의 두 견해 중 어떤 쪽을 택하든 시편 21편에 나타난 진정한 메시지는 큰 변함이 없다. 그러나 시편 20편과 연결된 내용으로 21편을 보는 것이 보다 합리적이라고 생각된다. 그 이유는 먼저 두 시편의 내용 때문이다. 20편에서는 전쟁에 나갈 때 느끼는 긴장감을 갖게 해 주고 있다.

반면에 21편에서는 이미 여호와께서 시편 기자와 백성들의 간구를 들어 주신 다음의 내용들을 볼 수 있다. "그 마음의 소원을 주셨으며"(2절상). 그 다음에 21편 1절에서 시편 기자는 주의 '힘'과 주의 '구원'을 인하여 기뻐한다고 했는데, 이것은 20편 6절에 언급된 구원에 대한 성취로 보는 것이 타당하다.

바이서는 '구원'이 '전쟁에서 도움을 받은 것'으로 보기에는 너무 좁은 의미로 쓰여졌다고 생각한다. 따라서 여기에 나오는 구원은 축복의 의미에 더 가까우므로 왕의 즉위로 오는 일반적인 축복을 나타내는 것으로 시편 21편을 해석하기 원한다.

그러나 그의 주장은 지나친 비약을 포함하고 있다. 만일 시편 20편과 21편이 같은 저자에서 나온 것이며 같은 시대적인 배경을 가진 것이라면, 21편에 나오는 구원을 20편에 나오는 구원의 경우처럼 전쟁에서 도움을 받은 것으로 해석하는 것이 보다 합리적일 것이다. 이렇게 볼 때 시편 21편은 왕이 전쟁에 나갔다가 하나님의 도우심을 받고 승리를 경험한 후에 여호와의 존전에서 백성들과 함께 감사와 확신을 기도와 찬송으로 드리는 내용으로 보는 것이 타당하다.

우리가 왕처럼 전쟁에 나가서 적을 물리치고 여호와께 감사하고 확신의 기도와 찬양을 올리는 경우는 그다지 많지 않을 것이다. 역사적으로 볼 때 인천 상륙 작전을 성공적으로 이끈 맥아더 장군 같은 그리스도인이나 또는 노르망디 상륙 작전을 놓고 하나님께 매달리다 드디어 독일군을 물리친 아이젠하워 장군 같은 하나님을 믿는 명장들이 더러 있었던 것은 사실이다. 그러나 우리는 대개 평범한 국민으로 살다가 이 세상을 떠나게 될 가능성이 더 높다. 그렇다면 이 시편을 우리에게 적용시킨다는 것은 불가능한 것일까?

결코 그렇지 않다. 성경에서는 분명히 "모든 성경(시편 21편을 포함해서)은 하나님의 감동으로 된 것으로 교훈과 책망과 바르게 함과 의로 교육하기에 유익하니, 이는 하나님의 사람으로 온전케 하며 모든 선한 일을 행하기에 온전케 하려 함이니라"(딤후 3:16)고 말씀하셨다. 따라서 여기에 나타난 계시는 비록 하나님께서 이스라엘 백성과 그 왕의 생애를 사용하셨으나 우리에게도 교훈과 유익을 줄 수 있다. 따라서 여호와를 의지하고 악과 대항하여 싸워서 승리를 경험하는 우리들은 시편 21편을 통해서 최소한 다음과 같은 유익을 얻을 수 있을 것이다.

승리로부터 오는 축복 (21:1-6)

세상의 복은 비록 어렵게 쟁취한 것이라고 해도 사실상 영구적인 것이 못된다. 전쟁으로부터의 승리도 바로 그런 범주에 속할 것이다. 하지만, 여기에서는 좀 다르다. 시편 기자가 비록 전쟁으로부터 승리하여 복을 얻었으나, 그는 세상적인 차원에서 그치지 않고 하나님의 차원까지 그 복을 승화시켰다. 그는 자신의 승리를 하나님을 통해 쟁취했고, 그 결과에 대하여 하나님께 감사하는 태도를 가지고 있었다. 따라서 자신만 그 복을 누린 것이 아니라 하나님을 의지하고 악과 싸워서 승리를 거두는 모든 이들에게까지 혜택을 주었다. 그러면 우리가 악과 싸워서 승리했을 때 누릴 수 있는 축복에는 어떤 것들이 있을까?

1. **큰 즐거움** (1, 6절) 첫째, 여호와께 의지하여 승리를 경험한 사람들은 무엇보다도 먼저 주께서 "살아 계신"에 대하여 큰 기쁨을 누리게 된다. '주의 힘'과 '주의 구원'은 여호와께서 살아 계시지 않는다면 경험할 수 없을 것이다. 시편 기자를 위기에서 건져 내신 '힘' 또는 '구원(승리)'은 살아 계신 여호와 하나님께로부터 왔다는 사실을 시편 기자는 우리에게 경험을 통하여 계시하여 주고 있는 것이다. 물론 우리가 여호와의 도우심을 받아서 전쟁에서 이기는 것도 중요하다. 그러나 전쟁에서 이기는 것보다 더 중요한 것이 있다면 그것은 여호와께서 살아 계셔서 바로 그 승리를 주셨다는 확신일 것이다.

둘째, 하나님을 의지함으로 승리를 경험한 사람들 속에는 하나님께서 자신에게 "축복"을 주셨음을 확신하기 때문에 금할 수 없는 기쁨이 있다. 물론 이 시편에서는 왕이 하나님을 힘입어 전쟁에서 승리하는 것을 통해 백성에게까지 복이 전달될 수 있었기 때문에 왕은 기쁨을 금할 수 없었을 것이다. 우리에게 있어서도 어려운 상황을 통과한 후에 하나님께서 거기에 개재하셨다는 확신을 가지게 될 때, 주신 축복도 중요하나 축복을 주시는 하나님께 대해 더욱더 감사하며 그 결과 우리 마음 속에 기쁨이 넘쳐흐를 수가 있다.

사실상 우리에게는 '주의 구원'과 '지극한 복'도 중요하지만 그것을 주시는 여호와 하나님이 더욱더 중요하다. 그리고 그분을 가까이 느

끼게 되면 될수록 더 큰 기쁨을 누리게 된다. 그것이 '주의 구원'의 손
길을 통해서이든 주의 '축복의 손길'을 통해서든 말이다. 이런 사실을
깨달은 심슨은 이렇게 외쳤다:

한 때는 축복을 구했으나 이제는 주님을 구합니다.
한 때는 느낌을 구했으나 이제는 말씀을 주시는 주님을 구합니다.
한 때는 은사를 구했으나 이제는 은사를 주시는 주님을 구합니다.
한 때는 신유를 구했으나 이제는 주님 자신만을 구합니다.
한 때는 내가 수고했으나 이제는 온전히 주님을 의뢰합니다.
한 때는 내가 의심했으나 이제는 그분을 믿습니다.
한 때는 내가 붙잡았으나 이제는 주께서 나를 붙잡아 주십니다.

우리는 종종 자문 자답해 보아야 할 것이다. 과연 우리는 기쁨을
누리고 있는가? 우리가 누리는 그 기쁨의 근원은 어디에 있는가? 바
울 사도는 우리에게 "주 안에서 항상 기뻐하라"(빌 4:4)고 권고하였
다. 우리가 살아 계시고 복의 근원이신 하나님께 더 가까이 가면 갈수
록 환경을 초월해서 이런 기쁨을 누리며 살 수 있을 것이다.

  2. 깊은 만족 (2-3절) 여호와께서 시편 기자에게 승리를 주셨을 때
기쁨만 주시지 않고 깊은 만족도 주셨다. 이 세상에서도 우리는 어느
정도 만족할 수 있다. 그러나 참된 만족은 결국 여호와께로부터 오는
것이지 이 세상에서 얻어지는 것이 아니다. 시편 기자는 우리가 여호
와를 의지하고 승리를 체험했을 때 얻을 수 있는 깊은 만족의 이유에
대하여 다음과 같이 말씀하고 있다.

  첫째로, 여호와께서 우리 마음의 가장 깊은 욕구를 들어 주시기 때
문에 깊은 만족이 있다. 왕의 경우 그것은 전쟁에서 이기는 것이었다.
우리의 경우는 또 다를 것이다. 그러나 그 소욕이 하나님의 뜻일 때

그것이 응답되고 그 결과로 우리 마음 속에는 깊은 만족을 경험할 수 있다. 어떤 경우는 이것이 한 영혼의 구원일 수 있다. 오랫동안 기도하던 한 영혼이 하나님 앞으로 돌아올 때 우리는 이 세상에서 얻지 못하는 깊은 만족을 경험할 수 있다. 둘째로, 여호와께서 우리와 같은 죄인을 멸시하지 않고 기쁨으로 받아 주셨다는 데서부터 오는 깊은 만족이 있다. 그대로 받아 주시는 것만으로도 감사한데, '주의 아름다운 복'과 '정금 면류관'으로 받아 주셨을 때 얼마나 더 깊은 만족이 있겠는가?

엄격히 말해서 본문에서는 하나님께서 왕을 받아 주시고 왕관을 씌워 주심에서 오는 만족에 대하여 말한 것이 사실이다. 그러나 구속사적인 관점(하나님께서 어떤 경로로 구세주를 보내 주셨는가를 보는 관점)에서 볼 때 이제 우리 한 사람 한 사람이 왕을 부러워할 필요가 없는 '왕 같은 제사장'임을 잊어서는 안 된다. 우리도 하나님께로부터 깊은 만족을 얻을 수 있다.

바울 사도는 미래에 주님으로부터 자신이 받을 대우에 대하여 이렇게 말하고 있다, "이제 후로는 나를 위하여 의의 면류관이 예비되었으므로 주 곧 의로우신 재판장이 그 날에 내게 주실 것이니 내게만 아니라 주의 나타나심을 사모하는 모든 자에게니라"(딤후 4:8).

3. 큰 영광 (4-5절) 앤더슨이나 바이서 같은 주석가들은 구약 시대에는 '영생'에 대한 인식이 없었다고 말한다. 사실상 구약 시대 사람들에게 영생에 대한 개념이 신약 시대처럼 분명히 나타난 것은 아니었다. 그러나 본문은 영생에 대한 직접적인 표현은 아닐지라도 어렴풋이나마 앞으로 다가올 메시야적 왕국에 대한 소망을 표시하고 있다.

주님의 왕국이 온전히 이루어질 때, 왕은 전쟁에서 승리를 한 후에 주께서 자신에게 생명을 주시고 왕권을 연장시켜 주셨음을 감사하며 미래에 다가올 메시야의 왕국에 대한 비전을 휘장 사이로 잠깐 보게 된 듯하다.

현대를 사는 우리는 그 왕국의 맛을 이미 보았다. 이는 주님께서 주님을 믿는 무리를 향하여 "하나님의 나라는 너희 안에 있느니라"(눅 17:21)고 하셨으므로 우리 믿는 사람들에게는 하나님의 나라가 먼 데 있지 않기 때문이다. 다만 시편 기자와 마찬가지로 우리가 경험한 하나님의 나라는 아직 온전한 것이 아니다. 하나님의 나라가 온전히 임하게 될 때 우리 각자도 큰 영광을 얻게 될 것이다. 특히 시편 기자처럼 이 땅에서 주님의 일에 승리한 사람일수록 더욱더 큰 영광을 경험하게 될 것이다.

확신 가운데 누리는 축복 (21:7-13)

이 부분에 대한 해석은 '네'가 누구를 가리키는가에 따라 좌우된다. 여기에는 두 가지 견해가 있다. 한 가지는 우리말 성경에서 해석한 것처럼 백성이 왕에 대하여 왕의 승리를 토대로 축복한 것으로 받아들이는 견해이다. 이 때의 문제점은 바이서가 말했듯이 인간적인 왕으로서는 도저히 실행할 수 없는 내용이라는 점이다.

두 번째 견해는 이 부분을 1절부터 6절에서처럼 하나님께 드리는 기도로 보고 있다. 특히 13절이 7절부터 12절의 내용을 요약한다고 생각할 때 더욱더 7절부터 12절 전체 내용이 왕에 대한 백성의 기도 내용으로 보는 것이 타당하다는 것이다.

문제의 열쇠는 왕이 단순히 세상적인 왕인가 아닌가에 달려 있다. 만일 단순히 세상적인 왕만을 가리킨다면 바이서와 같이 후자의 견해를 따라야 할 것이다. 만일 그 왕이 세상적인 왕임에는 틀림없다 하더라도 시편 기자가 하나님의 감동을 받아서 미래까지 달려가 앞으로 메시야가 오셔서 할 일을 함께 보고 있다면 문제는 쉽게 풀릴 수 있다.

루폴드나 키드너 같은 주석가는 바로 이런 견해를 가지고 있다. 전쟁의 승리를 통해 확신을 얻었고 그 확신 가운데는 이스라엘 왕이 받을 축복과 더 나아가서 만왕의 왕께서 이 세상에서 하나님의 백성에게 주실 축복을 여기에서 함께 말씀하고 있다고 그들은 본 것이다.

그렇다. 하나님께서는 어느 날 만왕의 왕을 이 땅에 보내셔서 "철장으로 저희(하나님의 대적들)를 깨뜨림이여 질그릇 같이 부수리로다"(시 2:9). 사도 요한도 계시를 통하여 이렇게 말했다, "그의 입에서 이한 검이 나오니 그것으로 만국을 치겠고, 친히 저희를 철장으로 다스리시며, 또 친히 하나님 곧 전능하신 이의 맹렬한 진노의 포도주 틀을 밟겠고, 그 옷과 그 다리에 이름 쓴 것이 있으니, 만왕의 왕이요 만주의 주라 하였도다"(계 19:15-16).

이런 일이 하나님의 날에 이루어질 때까지 시편 기자와 우리는 이 세상에서 하나님을 의지하며 악과 싸울 때 다음과 같은 축복들을 확신 가운데 누릴 수 있다.

1. **요동치 않음 (7절)** 어떤 대적 앞에서도 요동치 않는 축복은 우리 스스로의 힘으로서는 도저히 누릴 수 없는 것이다. 이것은 오직 여호와를 의지할 때만 가능하다. '왕'도 여호와를 의지할 때만 요동치 않고 확고 부동한 자세를 가질 수 있다.

또 우리가 여호와를 의지한다고 해도 여호와께서 이방신처럼 무능한 분이거나 반응하지 않는 분이라면 소용이 없었을 것이다. 놀랍게도 여호와는 당신을 의지하는 사람을 위하여 인자하심을 베푸시기 때문에 우리는 대적 앞에서도 요동하지 않게 된다. 지극히 높으신 하나님이 우리와 함께 하는데 과연 누가 우리를 대적할 수 있겠는가!

2. **불이 저희(대적)를 소멸하리로다 (9절하)** 이 세상에서 모든 싸움

이 이렇게만 되지는 않는다는 것은 자명한 일이다. 경우에 따라서 정의파가 질 때도 있다. 그러나 여호와가 우리 편에 계시는 이상 우리가 무모하게 희생만 하고 끝나 버리는 일은 없을 것이다. 비록 세상에서는 고난당하는 경우가 있으나 마지막 '만왕의 왕'이 오실 때 우리는 최종적인 승리를 주 안에서 누릴 것이다.

이 사실을 안 바울 사도는 대적이 우리를 향해 애매한 누명을 씌울 때라도 여호와를 의지하라고 다음과 같이 권고하고 있다, "내 사랑하는 자들아, 너희가 친히 원수를 갚지 말고 진노하심에 맡기라. 기록되었으되 원수 갚는 것이 내게 있으니 내가 갚으리라고 주께서 말씀하시니라. 네 원수가 주리거든 먹이고 목마르거든 마시우라. 그리함으로 네가 숯불을 그 머리에 쌓아 놓으리라. 악에게 지지 말고 선으로 악을 이기라"(롬 12:19-21).

우리는 패배를 맛보았을 때도 주님을 의지해야 하며 시편 기자처럼 승리를 맛보았을 때도 더욱 여호와 우리 하나님을 의지해야 한다. 왜냐하면 패배도 승리도 여호와의 눈으로 보면 그다지 중요한 것은 아니다. 중요한 것은 우리가 패배 중에서나 승리 가운데서나 변함 없이 여호와를 의지하고 살아가는 것이다.

시편 기자는 승리를 만끽한 후에도 교만하게 자신을 내세우지 않고 오히려 여호와께 더욱 밀착되는 신앙의 의지를 나타내었다. 우리도 만왕의 왕이 마침내 이 땅에 모든 공의를 실현시킬 때까지 모든 힘을 다해 주님을 의지하고 주님의 공의를 주님과 더불어 세워나가고, 주님이 승리를 통해 주시는 축복과 확신에서 오는 축복을 누리며 예수께서 가르쳐 주신대로 이렇게 기도해야 되겠다, "하나님의 나라가 속히 임하옵소서. 아멘."

24
내 하나님이여 내 하나님이여
어찌 나를 버리셨나이까
22:1-21

내 하나님이여, 내 하나님이여, 어찌 나를 버리셨나이까? 어찌 나를 멀리하여 돕지 아니하옵시며 내 신음하는 소리를 듣지 아니하시나이까? 내 하나님이여, 내가 낮에도 부르짖고 밤에도 잠잠치 아니하오나 응답지 아니하시나이다. 이스라엘의 찬송 중에 거하시는 주여, 주는 거룩하시니이다. 우리 열조가 주께 의뢰하였고 의뢰하였으므로 저희를 건지셨나이다. 저희가 주께 부르짖어 구원을 얻고 주께 의뢰하여 수치를 당치 아니하였나이다. 나는 벌레요 사람이 아니라 사람의 훼방거리요 백성의 조롱거리니이다. 나를 보는 자는 다 비웃으며, 입술을 비쭉이고, 머리를 흔들며 말하되, 저가 여호와께 의탁하니 구원하실 걸, 저를 기뻐하시니 건지실 걸 하나이다. 오직 주께서 나를 모태에서 나오게 하시고 내 모친의 젖을 먹을 때에 의지하게 하셨나이다. 내가 날 때부터 주께 맡긴 바 되었고 모태에서 나올 때부터 주는 내 하나님이 되셨사오니 나를 멀리하지 마옵소서. 환난이 가깝고 도울 자 없나이다. 많은 황소가 나를 에워싸며, 바산의 힘센 소들이 나를 둘렀으며, 내게 그 입을 벌림이 찢고, 부르짖는 사자 같으니이다. 나는 물같이 쏟아졌으며, 내 모든 뼈는 어그러졌으며, 내 마음은 촛밀 같아서 내 속에서 녹았으며, 내 힘이 말라 질그릇 조각 같고, 내 혀가 잇틀에 붙었나이다. 주께서 또 나를 사망의 진토에 두셨나이다. 개들이 나를 에워쌌으며 악한 무리가 나를 둘러 내 수족을 찔렀나이다. 내가 내 모든 뼈를 셀 수 있나이다. 저희가 나를 주목하여 보고, 내 겉옷을 나누며, 속옷을 제비뽑나이다. 여호와여, 멀리하지 마옵소서. 나의 힘이시여, 속히 나를 도우소서. 내 영혼을 칼에서 건지시며 내 유일한 것을 개의 세력에서 구하소서. 나를 사자 입에서

구하소서. 주께서 내게 응락하시고 들소 뿔에서 구원하셨나이다.

고난은 언제 대해도 쉬운 것이 아니다. 과거에 여러 가지로 고난을 받아서 단련이 된 사람이라 할지라도 다시 고난을 접하게 되면 새롭게 어려움을 느끼게 되는 것 같다. 이처럼 고난은 언제 어디서 당하든지 어려운 것인데도 불구하고 그리스도인들에게는 없어서는 안 될 것처럼 되어 있다. 이에 대해 존 스토트는 "세상에서 행복은 없어져도 고난은 절대로 없어져서는 안 된다"고 아이로니컬한 말을 하고 있다(M. Muggeridge 인용).

전쟁의 포로가 되어 수용소의 온갖 악조건 속에서 생존을 위하여 투쟁하는 것이나, 신체적인 결함을 가지고 병원에서 투병하는 것이나, 직장에서 부당한 인간 관계 때문에 당하는 각종 정신적 신체적 어려움 등 수없이 많은 고난들이 있는데, 과연 우리가 어떤 유익을 얻을 수 있기에 고난이 우리에게 없어서는 안 될 것이라고 주장하는 이들이 있단 말인가!

고난이 우리에게 주는 유익이 있다면 그것은 무엇보다도 우리가 고난을 통과하는 도중에 보다 성숙한 인격을 갖게 된다는 데 있을 것이다. 고난을 통과함으로 인간의 고뇌를 맛본 사람들과 그렇지 않은 사람들 사이에는 현저한 차이가 있음을 우리는 경험한다. 고난을 통과한 사람들은 어딘지 모르게 인간을 보다 깊이 이해할 수 있는 여유를 가지고 있는 것 같다.

물론 고난도 받는 사람에 따라서 다른 결과를 가져오는 것이 사실이다. 고난을 아무리 받아도 더욱더 악해지고 난폭해지는 경우도 얼마든지 있다. 예를 들어서 어떤 그릇된 이데올로기에 빠져서 그 이데올로기를 위하여 고난받을 때 십중팔구는 그가 더 깊이 이데올로기를 붙잡게 될 가능성이 있다.

우리가 지금 논하고자 하는 것은 이런 경우가 아니라 오히려 잘 해 보려고 하고 거룩하게 살려고 하는데 고난을 받게 되는 경우이다. 즉 공의롭게 그리고 깨끗하게 한 세상을 성실하게 살려고 하는데, 뜻하지 않게 고난이 찾아와서 우리 마음 속에 '왜'라는 질문을 수없이 일으키는 경우이다.

우리가 삶 가운데서 우리에게 찾아온 고난이 너무 커서 인격이 성숙하게 될 것이라는 위로 정도로는 우리 마음의 어려움이 해결되지 못할 때가 있다. 이런 때 우리에게는 인간 차원의 대답 이상의 것이 필요하다. 하나님께서 우리에게 대답해 주시되 단순히 신학적이거나 지식적이 아니라 우리의 고난의 아픔을 함께 느끼신다는 증거가 필요하다.

시편 22편은 고난에 대한 하나님의 직접적인 경험이며, 깊은 고난 가운데 신음하는 모든 인류에 대한 하나님의 해답이다. 하나님께서 시편 기자를 통하여 인간이 받을 수 있는 가장 깊은 고난을 체험할 것을 구약 시대 사람들과 신약 시대 사람들에게 공히 선포하셨다. 이 시편은 구약 시대에 고난의 의미를 추구했던 한 의인의 깊은 절규에 대한 해답일 뿐만 아니라, 현대를 사는 사람들이 아파트 안에서, 공장에서, 군대 막사에서, 학원 캠퍼스에서, 시골 논바닥에서 소리 없이 또는 절규 가운데 괴로워할 때 하나님께서 모르고 계시지 않다는 사실을 말하는 분명한 메시지이기도 하다.

고난을 아시는 하나님

이 시편은 고난받는 자가 누구인가에 따라서 우리에게 주는 의미도 달라질 것이다. 칼빈처럼 여기에 있는 고난은 다윗의 일생 가운데 나온 고난을 총망라한 것이라고 보는 이도 있다. 그러나 그것이 이 시편에서 말하는 고난의 깊이까지 들어가기에는 어림도 없는 일이다.

또 다른 이들은 예레미야가 감옥에 투옥되었을 때라든지, 아니면 이스라엘 백성들이 포로로 잡혀갔을 때 겪은 고난 등으로 보는데, 이것들도 마찬가지로 여기서 말하는 고난에 비교해 볼 때 격에 맞지 않는다. 최근에는 학자들간에 이 시편을 황제 즉위의 시편으로 보는 경향이 있다. 이것은 왕이 인위직으로 한 번 굴욕을 낭한 후에 다시 복귀하게 되는 경우이나. 이와 같이 인위적인 굴욕을 표시하기에는 이 시편 내용이 너무 심오하고 생생하다. 더 나아가서 그와 같은 예식이 이스라엘에서 있었다는 주장은 단지 추측에 지나지 않는다.

이 시편 제목에 나와 있듯이 우리가 이 시편을 다윗이 쓴 것으로 본다 해도 문제가 없는 것은 아니다. 여기에서 말하고 있는 고난은 저자가 모두 경험한 것으로 생각할 수가 없기 때문이다. 이는 필경 주석가 키드너가 다음과 같이 주장하듯이 예언적인 내용일 것이다. "이것은 병으로 앓는 모습이 아니라 처형당하는 모습이다." 다윗은 사울로부터 핍박을 받아 고난당했으나 처형당하지는 않았다.

다윗이 이렇게 예언(메시야적)을 할 수 있었을 것이라는 가장 큰 근거 중의 하나는 아마도 베드로의 증언일 것이다. 그는 사도행전 2장 30절 이하에서 이렇게 외쳤다. "그(다윗)는 선지자라…"(키드너).

우리 주님께서도 십자가에 돌아가시기 전에 이 시편을 다음과 같이 인용하여 이것이 주님 자신에 대한 증거들임을 우리에게 명백히 알려 주고 있다. "나의 하나님, 나의 하나님, 어찌하여 나를 버리셨나이까?"(마 27:46)

주석가 프로운도 이 시편 내용이 고난받는 자가 실제로 누구인가에 대하여 다음과 같이 언급하고 있다, "우리는 이 시편을 어떤 특정 상황이나 역사적인 한 인물에 국한시켜서는 안 된다. 이것은 기필코 더 큰 고난에 대한 그림을 우리에게 보여 주고 있다. 이것은 그리스도를 우리에게 알려 주고 있다. 이것은 메시야가 오셔서 할 일에 대한 그림자요, 그가 받으실 고난에 관한 것이다. 심지어 그 시편은 의도적으로 메시야의 모습을 알려 주기 위한 것인지도 모른다."

그렇다. 하나님께서는 다윗과 같이 성도가 받는 고난에 대하여 깊이 이해하고 계셨다. 다윗이 사울에게 쫓겨다니며 고난받을 때나 압살롬에 의해 애매하게 괴로움을 당할 때나 그는 다 알고 계셨다. 이는 하나님께서 현대에 사는 우리가 고난받을 때 그 고난 가운데 계시며 다 알고 계신다는 뜻도 된다.

자녀가 간질로 하루에도 몇 번씩 경련을 일으키는 것을 보는 부모가 느끼는 고뇌도, 말 못하는 어린 아이가 어머니 몸 바깥으로 채 나오기도 전에 성인들의 손에 의해 무자비하게 찢겨서 진공 흡입기로 피와 함께 흡입되어 나올 때의 고난도, 날이면 날마다 인간들이 만들어 놓은 과대 경쟁 속에서 희생물이 되어 교육받는 것이 아니라 철창 안에 있는 동물을 훈련시키듯이 입시 훈련을 받는 청소년의 신음 소리도, 자녀가 암에 걸려서 자녀만 시들어 가는 것이 아니라 간호하는 가족까지도 함께 시들어가며 고통받는 것도 하나님께서는 모두 다 알고 계신다.

요한이 한 생애를 하나님께 헌신하며 메시야의 오실 길을 예비한 후에 헤로디아의 청에 의해 감옥의 이슬로 사라진 다음에도 신약 기자들에게는 다만 한 마디로 족했다, "예수께서 들으시고"(마 14:13). 즉 예수께서 알고 계셨으면 되었다는 말이다.

그러나 하나님께서는 알고 계신 데서 끝내지 않으시고 한 걸음 더 나아가셨다. 구약 성도인 다윗의 경험을 통하여 어느 날 메시야로 오실 하나님 자신이 친히 고난받으실 것을 예언하셨던 것이다. 마태도 이 사실을 이렇게 말했다. "우리 연약한 것을 친히 담당하시고 병을 짊어지셨도다"(마 8:17, 사 53:4 인용). 이 시편에서 그 고난의 깊이를 가장 적나라하게 우리에게 말씀해 주셨다.

첫째로, 그것은 사랑하는 하나님으로부터 분리되는 고난이었다. 바울 사도는 이를 메시야가 우리 죄를 위한 '저주'를 대신 받는 것으로 말했다(갈 3:13). 메시야가 십자가에서 인류의 죄를 짊어지고 처형받는 순간 그가 창조하신 천지도 울었고(막 15:33), 메시야 자신도 거룩한 아버지 하나님께 울부짖었다. "나의 하나님이여, 나의 하나님이여, 어찌하여 나를 버리셨나이까?"(막 15:34) 이는 하나님께서 "죄를 알지도 못하신 자(그리스도)로 우리를 대신하여 죄를 삼으셨기"(고후 5:21) 때문이었다.

부부가 잠시 이별하여 떨어지는 것도 마음 아픈 일이다. 그런데 영원 전부터 완전한 교제 중에 계셨던 삼위일체 중의 일위이신 그리스도께서 우리의 죄를 위해서 하나님의 형벌을 받아 거룩하신 하나님과 분리되셨던 것이다.

우리는 마치 커튼 사이로 힐끗 보듯이 짧은 시간이나마 그리스도께서 아버지와 분리되었을 때 느끼는 격심한 고뇌를 여기에서 엿볼 수 있다. 시편 기자는 하나님과 분리될 때 느끼는 간격에 대하여 이렇게 표현했다:

어찌 나를 멀리하여 돕지 아니하옵시며,
내 신음하는 소리를 듣지 아니하시나이까?
내가 낮에도 부르짖고 밤에도 잠잠치 아니하오나,

응답지 아니하시나이다(1-2절).

둘째로, 그것은 어느 인간도 받아 보지 못할 정도의 큰 고난이었다. 그 이유는 주께서 온 인류의 메시야로서 온 인류의 죄를 짊어지고 받는 형벌을 가리키고 있었기 때문이다. 그래서 시편 기자는 빈천한 벌레와 사나운 짐승과 쏟아지는 물에 자신을 비유했다.

나는 벌레요, 사람이 아니라 사람의 훼방거리요,
백성의 조롱거리니이다....
많은 황소가 나를 에워싸며 바산의 힘센 소들이 나를 둘렀으며,
내게 그 입을 벌림이 찢고 부르짖는 사자 같으니이다.
나는 물같이 쏟아졌으며, 내 모든 뼈는 어그러졌으며,
내 마음은 촛밀 같아서 내 속에서 녹았으며,
내 힘이 말라 질그릇 조각 같고,
내 혀가 잇틀에 붙었나이다...˝(6, 12-15절).

셋째로, 그것은 전인적으로 받는 고난이었다. 영적으로 거룩하신 하나님과의 교제의 단절로 오는 고난이었다. 과거에 열조들은 하나님을 의뢰하고 도움을 받았다.

우리 열조가 주께 의뢰하였고 의뢰하였으므로
저희를 건지셨나이다.
저희가 주께 의뢰하여 수치를 당치 아니하였나이다(4-5절).

그러나 이제 주님은 아버지로부터 그런 도움을 받을 수 없고 교제할 수도 없는 상태에 이르기까지 되었음을 말해 준다. 정신적으로도 '백성의 조롱'과 '비웃음'을 받으시고, 마음이 '촛밀'같다고 하였다. 신

체적으로는 수족이 찔려 모든 뼈를 셀 수 있을 정도로 수척해졌다.

하나님의 이와 같은 고난을 그 아들이 대신하여 받으셨음을 깨달은 성도들은 자신들이 다윗처럼 고난받을 때 한없이 위로를 받을 뿐 아니라, 그 고난이 자신의 영원한 구속을 위한 것이고 자신과 인류가 지은 죄 때문이었음을 알고 한없이 감사드릴 수밖에 없다. 주님의 고난의 의미를 가장 깊이 깨달은 성도 중의 한 사람인 아이작 왓츠는 이렇게 찬양했다:

만왕의 왕 내주께서 왜 고초 당했나.
이 벌레 같은 나 위해 그 보혈 흘렸네.

주 십자가 못박힘은 속죄함 아닌가.
그 긍휼함과 큰 은혜 말할 수 없도다.

늘 울어도 그 큰 은혜 다 갚을 수 없네.
나 주님께 몸바쳐서 주의 일 힘쓰리.

십자가 십자가 내가 처음 볼 때에,
나의 맘에 큰 고통 사라져.
오늘 믿고서 내 눈 밝았네.
참 내 기쁨 영원하도다.

다윗의 예언대로 메시야가 고난받은 후에 이제 우리가 받는 모든 고난은 주의 십자가의 고난에 참예하는 것이 되었다. 그리고 주의 고난에 참예하게 될 때 우리는 그 안에서 주의 긍휼과 임재를 누리지 않을 수 없을 것이다.

따라서 바울 사도도 이렇게 기록했다, "내가 그리스도의 부활의 권능과 그 고난에 참예함을 알려 하여 그의 죽으심을 본받아 어찌하든 지 죽은 자 가운데서 부활에 이르려 하노니"(빌 3:10-11).

고난 중에 나타난 하나님의 겸손

우리는 이미 이 시편이 메시야적 시편이라고 전제하였다. 즉 다윗이 당한 고난의 경험이 이 시편의 배경과 계기가 되었으나, 거기에서 끝나지 않고 앞으로 메시야가 오셔서 받을 고난까지 말씀하고 있다고 했다. 다시 말해서 하나님의 종인 메시야를 통해서 하나님께서는 친히 고난을 경험하셨다는 것이다.

여기에서 우리는 하나님의 무한한 겸손에 대하여 배우지 않을 수 없다. 첫째로 이 모든 고난의 매개체가 피조물인 사람들인데 메시야가 이를 거부하지 않고 받으셨다는 점이다. 우리에게는 조금만 권력이 있어도 그것을 남용하려는 기질이 농후한 것에 비해서 너무나 겸허한 태도이다. 우리가 영원토록 배워도 다 익히지 못할 겸손이다. 얼마나 이 겸손이 거룩하고 아름다운가! 이와 같은 겸손을 우리는 우리 주님께로부터 찾아볼 수 있다.

둘째로, 겸손히 고난받으셨을 뿐만 아니라 복수심이 전혀 없는 것을 볼 수 있다. 오직 종으로 하나님 아버지의 뜻대로 고난받을 뿐이었다. 이런 사실은 예수님을 십자가에 못박고자 병정들이 잡으려 했을 때도 잘 나타나고 있다. 제자들은 칼로 말고의 귀를 베어 버렸다. 그러나 예수님께서는 다음과 같이 말씀하셨다, "너는 내가 내 아버지께 구하여 지금 열두 영 더 되는 천사를 보내시게 할 수 없는 줄로 아느냐"(마 26:53). 예수님께서는 이렇게 말씀하신 후에 아무 보복도 하지 않으시고 모든 고난을 받으셨음은 물론 오히려 자기에게 고난을 주는 영혼들을 위하여 이렇게 기도하셨다, "아버지여, 저희를 사하여 주옵소서. 자기의 하는 것을 알지 못함이니이다"(눅 23:34).

이 얼마나 큰 겸손인가! 온 땅과 하늘의 권세를 가지고 계셨음에도 불구하고 이를 사용하시지 않고 겸손하게 고난을 받으셨다. 우리도 역시 고난을 받을 때 다윗과 메시야처럼 오직 주님만 의지하고 묵묵히 참아야 할 때가 있다. 그렇게 할 때 하나님께서 우리를 통해 하시고자 하는 일을 하실 수 있을 것이다.

고난 중에 역사하시는 하나님

"...주께서 내게 응락하시고 들소 뿔에서 구원하셨나이다"(21절 하). 가장 캄캄한 순간, 하나님은 멀리만 계시고 역사하지 않으시는 것처럼 보였다. 그러나 하나님께서는 역사하고 계셨다.

첫째로, 인류를 위한 구속 사역을 이루시는 일을 하셨다. 우리의 고난은 물론 구속적인 역할을 하지는 못한다. 그러나 우리의 고난 중에도 구속적인 일을 하셔서 우리를 더욱더 하나님의 나라에 적합한 시민으로 만드시는 훈련이 있다.

둘째로, 하나님께서는 때가 되었을 때 고난받는 성도를 일으키신다. 다윗도 이를 경험했고, 메시야도 하나님께서 삼 일 만에 일으키시는 부활을 경험하셨다. 사실상 21절 후반 부분은 22절부터 31절에 속하는 것이 더 적절하다고 볼 수 있다. 21절 후반 이하는 하나님께서 고난 중에 어떻게 큰 축복을 가져왔는가를 기록하고 있다.

우리가 고난받을 때는 마치 하나님께서 멀리 계신 것처럼 느껴지겠으나 결코 하나님은 우리를 도중에 포기하지 않으신다. 어느 무명의 그리스도인이 이와 같은 사실을 시로 잘 나타내었다:

어느 날 밤 한 사람이 꿈을 꾸었습니다.

그 꿈속에서 그는 예수님과 함께 해변가를 따라서 걷고 있었습니다.
그 때 하늘을 가로질러 그의 삶의 장면들이 펼쳐졌습니다.

모래 위에는 두 사람의 발자욱이 있었습니다.
그 중에 하나는 그의 것이었고, 다른 하나는 주님의 발자욱이었습니다.
그의 삶의 마지막 장면이 그의 앞에 펼쳐졌을 때
그는 모래 위에 새겨진 자신의 발자욱을 돌아보았습니다.

그는 오랜 기간 동안 그의 삶의 여정에서
오직 하나의 발자욱만이 있는 것을 보았습니다.
그는 또한 그의 삶에서 가장 절망적이고 슬펐던 일들이
일어났음을 알았습니다.
이것이 참으로 그를 괴롭혔기에
그는 주님께 물어 보았습니다.

주님, 제가 주님을 따르면 항상 저와 함께
하시겠다고 말씀하시지 않으셨나이까?
왜 제가 주님을 가장 필요로 할 때 주님께서는
저를 떠나셨는지 이해할 수 없나이다.

주님께서는 이렇게 대답하셨습니다,
나의 소중한, 정말 소중한 아이야,
나는 너를 사랑한단다.
나는 너를 결코 떠난 적이 없었단다.
네가 고통과 환난 가운데 있을 때
모래 위에서 한 사람의 발자욱만을 본 것은,
그 때 내가 너를 업고 지나갔기 때문이란다.

이제 우리 나라도 올림픽까지 치른 선진국으로 발돋움했다. 민주화와 더불어 갈수록 젊은 세대들은 옛날 사람들이 겪었던 큰 고난들을 모르고 자라고 있다. 이런 현상이 결코 나쁜 것은 아니다. 그러나 과연 고난 없이 진실된 성숙이 있을까 하는 의구심이 솟구칠 때가 있다.

우리의 기성 세대는 제 2차 세계 대전과 한국 전쟁과 극심한 가난을 통과하여 많은 고난으로 다져졌는데도 불구하고 만족할 만한 성숙을 이루지 못하였다. 앞으로 우리가 쉽고 평이하게 세상이 흘러가는 대로 고난을 피하며 살게 될 때 과연 우리가 진정한 영적 성숙을 얼마나 경험할 수 있을까?

25
고난이 주는 기쁨
22:22-31

내가 주의 이름을 형제에게 선포하고 회중에서 주를 찬송하리이다. 여호와를 두려워하는 너희여, 그를 찬송할지어다. 야곱의 모든 자손이여, 그에게 영광을 돌릴지어다. 너희 이스라엘 모든 자손이여, 그를 경외할지어다. 그는 곤고한 자의 곤고를 멸시하거나 싫어하지 아니하시며, 그 얼굴을 저에게서 숨기지 아니하시고, 부르짖을 때에 들으셨도다. 대회 중에 나의 찬송은 주께로서 온 것이니 주를 경외하는 자 앞에서 나의 서원을 갚으리이다. 겸손한 자는 먹고 배부를 것이며 여호와를 찾는 자는 그를 찬송할 것이라. 너희 마음은 영원히 살지어다. 땅의 모든 끝이 여호와를 기억하고 돌아오며 열방의 모든 족속이 주의 앞에 경배하리니 나라는 여호와의 것이요 여호와는 열방의 주재심이로다. 세상의 모든 풍비한 자가 먹고 경배할 것이요 진토에 내려가는 자 곧 자기 영혼을 살리지 못할 자도 다 그 앞에 절하리로다. 후손이 그를 봉사할 것이요, 대대에 주를 전할 것이며, 와서 그 공의를 장차 날 백성에게 전함이여, 주께서 이를 행하셨다 할 것이로다.

고난과 기쁨은 동떨어진 것처럼 생각되기 쉽다. 얼핏 보기에 이 둘 사이에는 아무 연관도 없는 것 같다. 그러나 실제로는 그렇지 않다. 심지어 이 세상 차원에서만 보아도 이 둘은 서로 연결될 때가 많다. "고생 끝에 성공"이라는 말도 바로 고난 이후에 성공이 가져다 주는 기쁨을 뜻하며 고난과 기쁨이 무관하지 않음을 말해 준다.

한 여인이 어린 아이를 낳을 때도 마찬가지이다. 아이를 낳을 때의 고통만 생각한다면 다시는 어린 아이를 가지려는 마음을 갖지 못할 것이다. 그러나 아이를 낳아 품에 안은 후에 느끼는 만족과 기쁨이 낳을 때의 고통보다 더 크므로 시간이 지나면 기쁨만 남고 고통에 대한 기억은 사라지게 된다.

우리의 첫 조상 아담과 하와가 타락함으로 죄가 이 세상 모든 분야에 침투한 후 의미 있는 일이라면 거의 다 어느 정도의 고난과 고통을 통과하지 않고서는 이루어지지 않게 되었다. 금메달을 목에 건 올림픽 선수들만 해도 그렇다. 그들은 같은 나이 또래의 젊은이들이 누리는 슬거움을 희생하고 살을 깎는 듯한 맹훈련의 고난을 겪지 않았다면 88 올림픽에서 세계 4위라는 엄청난 결실을 우리 나라가 거두어들이지 못했을 것이다. 따라서 그들이 메달을 안고 기뻐하는 그 기쁨은 힘든 고난의 대가를 치른 결과임에 틀림없다.

이런 고통과 기쁨의 상관 관계는 신앙의 영역에도 그대로 적용되는 것을 볼 수 있다. 대부분의 신앙의 거장들도 고난을 통해서 그들의 영적 열매를 얻었다. 일찍이 미얀마 선교사로 갔던 아도니람 저드슨의 경우 그 땅에 복음의 씨앗을 뿌리기 위해 수없는 고난을 받았다. 그는 7년이란 긴 기간 동안 배고픔과 헐벗음을 경험했고, 17개월 동안 복음 때문에 미얀마의 감옥에 갇힌 일도 있었다. 옥중 생활의 결과로 그는 일생 동안 그가 묶였던 쇠사슬 자국을 몸에 지니고 살아야만 했다. 그가 전하는 말을 듣고 믿지 않던 미얀마 사람들이 그가 받는 고난의 표를 보고서는 믿는 일이 생겼던 것이다. 그래서 저드슨이 떠난 후에 미얀마에는 주님의 교회가 생겼고, 오늘날 미얀마 교회의 기초가 된 것이다. 이는 하늘의 천사들도 보고 배우기를 원하는 놀라운 기쁨의 역사이다.

주님의 십자가상의 고난이 바로 고난과 기쁨과의 상관 관계에 대한 가장 뚜렷한 본보기이다. 이사야는 이 사실을 다음과 같이 기록했다,

"가라사대 그가 자기 영혼의 수고한(고난받은) 것을 보고 만족히(기쁘게) 여길 것이다"(사 53:11). 주석가 케일과 데일리지는 이 구절의 의미를 이렇게 말하고 있다. "그가 자기 육체만 아니라 그 마음 가장 깊은 곳까지 스며드는 고난을 체험한 결과로 기쁨과 만족을 누리게 될 것이다."

칼빈과 키에르케고르와 같은 위인들도 신체적으로는 여러 가지 약점이 있었고 보통 사람들보다 더 많은 고통을 경험한 사람들일 것이다. 그러나 하나님께서는 이들의 연약함과 고난으로 연단된 인격을 통해 나오는 내용으로 수없이 많은 사람들의 심령에 축복과 깨달음의 기쁨을 가져다 주었다.

오늘 이 글을 읽는 독자들 중에도 고난의 의미를 몰라서 자신이 당하는 고난 때문에 좌절하고 절망 가운데 빠진 사람들이 있을 것이다. 사업 때문에, 계속되는 우울증 때문에 당하는 고난을 놓고 포기하고 싶은 심정이 생겼다면 이제 고난을 통과한 후에 주님께서 허락하실 '기쁨,' '즐거움,' '인내,' '연단,' '소망'과 '사랑'을 기억하고 포기하지 말아야 할 것이다(롬 5:1-5 참조). 하나님은 우리가 감당할 시험(고난도 포함) 밖에는 허락하지 않으신다. "시험당할 즈음에 또한 피할 길을 내사 너희로 능히 감당하게 하시느니라"(고전 10:13).

꽤 오래 전의 이야기이다. 수원 산상교회 집회를 마치고 수원 아카데미 하우스에서 내려오는데, 한 여학생이 따라오며 자신의 어려운 상황을 쏟아 놓았다. 너무 상황이 어려워서 도저히 무엇이라 위로할 말이 생각나지 않았다. 그저 힘없이 한 마디 해 준 생각이 난다, "포기하지 말아라." 그 뒤 몇 년이 지난 후 어느 선교 세미나에서 말씀을 전하고 막 강단에서 내려오려고 하는데, 한 남녀가 손을 잡고 환하게 웃음을 지으며 앞으로 다가왔다. 그 자매는 자신이 수년 전 바로 그 고난 속에서 절망 중에 있었던 여학생이며 이제는 약혼자와 함께 선교에 헌신하여 준비 중이라는 기쁜 소식을 나누어 주었다.

주님께서 우리에게 고난을 허용하였을 때는 주님께서 실수하신 것이 아니라 주님께서 우리에게 주시고자 하는 연단이 있고 그 연단을 성공적으로 받은 후에 우리는 주님과 함께 동일한 기쁨을 누릴 수 있는 것이다. 그러나 세상 사람들은 바로 이런 고난을 피하고 마귀에게 절하고서라도 직접 골인하려고 한다. 그 결과는 연단도 없고 따라서 참된 기쁨도 누리지 못한다.

오늘의 본문인 22장 22절부터 31절은 22장 1절부터 21절에서 언급했듯이 말할 수 없는 고난을 하나님의 뜻대로 받은 후에 찾아오는 기쁨에 관해 말씀해 주고 있다. 이는 다윗이 그의 생애에서 맛본 내용을 근거로 하여 쓰여졌고, 거기에서 더 나아가 앞으로 메시야가 오셔서 고난의 극치를 통과한 후에 그 결과로 맛볼 큰 기쁨에 대하여 기록하고 있다. 우리는 이 예언이 이루어진 시대에 살고 있으므로 이 시편이 쓰여진 때의 성도들보다 훨씬 더 이 시편을 쉽게 이해할 수 있다. 주께서 고난받았기 때문에 큰 기쁨이 주님께 임하셨다. 이는 주의 받으신 고통의 결과로 수없이 많은 사람들이 이미 구원받았고, 또 앞으로 받게될 것이기 때문이다.

시편 기자는 고난 후에 다가오는 기쁨을 이렇게 찬송으로 표현했다:

내가 주의 이름을 형제에게 선포하고 주를 찬송하리이다.
여호와를 두려워하는 너희여, 그를 찬송할지어다.
....대회(회중) 중에 나의 찬송은 주께로서 온 것이니,
주를 경외하는 자 앞에서 나의 서원을 갚으리이다.
겸손한 자는 먹고 배부를 것이며,

여호와를 찾는 자는 그를 찬송할 것이라…(22-26절).

주님의 고난과 기쁨의 관계를 깨달은 사람들은 오늘날도 주님의 고난을 통하여 주어지는 구원의 기쁨을 누릴 수 있다. 뿐만 아니라 우리도 고난당할 때 좌절만 하지 않고 끝까지 인내하여 얻은 기쁨을 같은 여정을 가지고 있는 형제 자매들과 함께 찬송으로 나타낼 수 있다. 시편 기자는 우리가 고난받은 후에 기쁨으로 찬송할 수 있는 이유를 다음과 같이 말하고 있다.

곤고한 자의 곤고를 멸시하시지 않는 하나님 (22:22-24)

우리가 곤고할 때 여호와의 손길을 두 가지로 느낄 수 있다. 첫째로, 직접적인 방법이다. 여호와께서는 주께서 십자가에 돌아가실 때 "하나님이여, 하나님이여, 왜 나를 버리셨나이까?"(마 27:46 참조)라고 기도하셨을 때 그 기도를 못 들으신 것이 아니다. 다만 하나님의 뜻대로 그 기도를 응답하신 것이다. 하나님께서 창세 전부터 가지고 계시던 구속의 계획을 주님의 고난을 통하여 이루신 후에 주님을 무덤에서 부활하게 하신 것이다.

우리의 경우도 주께서 우리의 곤고에 대하여 울부짖을 때 주님은 귀를 막지 않으신다. "멸시하거나 싫어하지 아니하시며, 그 얼굴을 저에게서 숨기지 아니하시고, 부르짖을 때에 들으신다"(24절). 다만 주님의 뜻대로 주님의 시간에 응답하신다. 그렇다. 우리가 고난받을 때마다 주님께서는 이미 십자가의 고난을 경험하셨기 때문에 다 이해하시고 우리의 고난에 대하여 낯을 돌리시지 않고 오히려 깊은 이해심을 가지고 우리의 고난에 동참하신다.

둘째로, 간접적인 방법으로 우리가 여호와의 손길을 곤고한 중에 느낄 수 있다. 비록 한 개인이 곤고함을 받을지라도 그것은 언제든지 혼자의 관심사가 아니라 주의 백성의 일이다. 신약 시대에 와서 우리는 이를 한층 더 깊이 체험하고 있다. 즉, 한 형제나 자매가 아픔을 겪을 경우 이는 바로 온 지체의 아픔이라고 했다. 따라서 여호와께서는 우리의 곤고함을 직접 도와 주시기도 하지만 때로는 다른 성도들을 통하여 우리의 곤고함을 도우시기도 한다. 따라서 우리가 곤고한 중에 주님의 도우심을 경험했을 때는 그것이 하나님께서 직접 한 개인에게 주신 것이든지 회중을 통하여 온 것이든지 간에 '온 회중'의 관심사이므로 모든 회중에게 큰 기쁨이 주어지게 되는 것이다.

이것을 경험한 한 시편 기자는 그 아름다운 조화를 이렇게 표현했다, "형제가 연합하여 동거함이 어찌 그리 선하고 아름다운고 머리에 있는 보배로운 기름이 수염 곧 아론의 수염에 흘러서 그 옷깃까지 내림 같고 헐몬의 이슬이 시온의 산들에 내림 같도다. 거기서 여호와께서 복을 명하셨나니 곧 영생이로다"(시 133).

상상해 보라. 우리는 곤고함이 우리의 것에서 끝나는 것이 아니라 하나님의 것이요 또 우리 형제 자매의 것이기도 하다는 말이다. 신약에서는 그것이 또 우리 주님의 직접적인 관심사라고 말한다. 히브리서 기자는 이렇게 말한다, "그러므로 저(주님)가 범사에 형제들과 같이 되심이 마땅하도다. 이는 하나님의 일에 자비하고 충성된 제사장이 되어 백성의 죄를 구속하려 하심이라. 자기가 시험을 받아 고난을 당하셨은즉 시험받는 자들을 능히 도우시리라"(히 2: 17-18).

우리도 시편 기자처럼 회중과 함께 나누며 찬송드리고, 야곱의 모든 자손들처럼 하나님께 영광을 돌리고 하나님을 더욱 경외하지 않을 수가 없다. "다만 이뿐 아니라 우리가 환난 중에도 즐거워하나니"(롬 5:3). 오, 우리는 이와 같이 은혜로우신 하나님께로 더 가까이 나아가

자. 오직 하나님만이 우리가 영원히 찬양하고 경배하고 예배드릴 분이시다. 그분의 인자하고 선하심이 영원에서 영원토록 이를 것이다.

우리의 영혼이 고난 중에서도 기쁨을 주시는 하나님께 시편과 찬미로 경배드리려는 마음이 없다면 오늘 다시 한 번 이 시편을 통하여 깊이 깨닫고 하나님 앞에 깊은 경배와 찬송을 드리게 되기를 기원한다. 그렇게 할 때 우리의 마음은 말할 수 없이 윤택해질 것이다.

먹고 배부름으로 윤택해진다 (26절)

여호와로부터 은혜를 경험한 자의 마음이 풍성해지는 것은 구약 시대나 신약 시대나 다름이 없는 것 같다. 주님께서 우리 마음 속에 하늘의 휘장을 조금만 열고 하늘의 아름다움을 보여 주시는데도 불구하고 우리는 그 윤택함으로 풍성하게 된다. 그래서 우리는 "먹고 배부르게 된다"(26절상).

또 하늘의 양식으로 먹고 배부르게 된 사람은 세상에서도 수평적으로 자신의 풍성함을 구체적으로 나누게 된다. 삭개오가 그렇게 하였다. 하나님의 아들을 통해 천국 복음을 접하게 된 그는 자신의 영혼의 풍성함을 물질을 통해 표시했다. 그가 아끼고 아끼던 재산을 절반이나 아낌없이 가난한 자에게 떼어 주었다. 그리고 남의 것을 훔친 것이 있으면 네 배나 갚겠다고 말했다. 얼마나 영광스러운 경험인가! 하나님과 만나는 것은 이처럼 큰 영광을 가져다 주는 것이다. 고난을 통해서든지 삭개오처럼 구원을 통해 주님을 처음 만나는 경우이든지 상관이 없다. 우리가 똑같이 배부르게 된다. 그리고 영적으로만이 아니라 물질적으로도 서로 자신의 것을 나눔으로 가난한 자들이 배부르게 된다.

선교 학자인 피터 와그너는 사회 참여를 외치는 것을 통해서보다 하나님의 은혜를 경험한 사람을 통해서 더 많은 실제적인 구제가 일어났다고 통계적으로 우리에게 알려 주고 있다. 만일 우리가 지금 영적으로 배고프다면, 그리고 곤고하다면, 하나님께 우리 자신을 맡겨야 된다. 주께서 이사야를 통해 말씀하신 다음 내용은 지금도 진리이고 유효하다:

너희 목마른 자들아, 물로 나아오라. 돈 없는 자도 오라.
너희는 와서 사 먹되 돈 없이, 값 없이 와서 포도주와 젖을 사라....
나를 청종히라 그리하면 너희가 좋은 것을 먹을 것이며,
너희 마음이 기름진 섯으로 슬거움을 얻으리라.
너희는 귀를 기울이고 내게 나아와 들으라.
그리하면 너희 영혼이 살리라(사 55:1-3).

한 찬송가 작가는 이렇게 우리 영혼에 호소하고 있다:

주 네 맘에 들어가시려 하네. 왜 모시지 않느냐?
이 세상의 그 누가 막으리요. 너희 대답 무엇이냐?
언제나 주님은 기다리네. 지금 기다리시네.
주님께서 문 열기 원하시며, 지금도 기다리시네.

너 주님께 한 발을 디디어라. 주께서 기다린다.
주 예수님 맘 속에 영접하면 주께서 함께 하네.
언제나 주님은 기다리네. 지금 기다리시네.
주님께서 문 열기 원하시며, 지금도 기다리시네.

—랄프 카마이컬(Ralph Carmichael)—

끊임없이 소생함으로 윤택해진다 (26절하)

겸손한 자가 여호와 앞에 나와서 여호와께서 주시는 축복을 경험했

을 때 이는 마치 양식을 새롭게 먹음으로 육신이 새로운 힘을 얻는 것처럼 우리 영혼도 새로워지게 된다. 누군가 주님께 축복을 받게 되면 그 주위에 있는 사람들까지도 함께 축복을 받게 된다. 십중팔구 고난을 통해 주님의 손길을 경험한 사람의 집에 손님으로 누가 왔을 것이다. 그 때 시편 기자는 그 손님들에게도 축복을 선포하게 된다(앤더스 『NCB 시편』, 193쪽). "너희 마음(2인칭 복수)은 영원히 살지어다"(26절하).

하나님의 손길을 맛본 사람은 하나님이 자신을 축복의 통로로 삼게 된다. 그리하여 자신만 하나님 앞에 그 마음이 윤택하게 됨을 맛보는 것이 아니라, 자신과 함께 사귀는 사람들까지도 하나님의 축복을 미치게 하는 것이 정상이다.

과연 우리는 지금 얼마나 많은 사람들에게 축복의 통로가 되고 있는가? 우리가 가는 곳마다 사람들의 마음이 살지고 소생됨으로 말미암아 영원히 사는 결과가 일어나고 있는가? 우리가 고난을 통하여 연단되었을 때 마치 우리 주님께서 그렇게 하였듯이 우리는 자신에게는 물론 타인에게도 복을 끼칠 수 있게 된다.

고난을 통해 온 세상이 축복을 누릴 수 있다 (22:27-31)

이제 시편 기자는 자신이 기뻐하는 이유를 선택된 민족에 국한시키지 않고 온 세상으로 넓혀 가고 있다. 그는 이렇게 외친다, "땅의 모든 끝이 여호와를 기억하고 돌아오며, 열방의 모든 족속이 주의 앞에 경배하리니, 나라는 여호와의 것이요, 여호와는 열방의 주재심이로다. 세상의 모든 풍비한 자가 먹고 경배할 것이요, 진토에 내려가는 자 곧 자기 영혼을 살리지 못할 자도 다 그 앞에 절하리로다"(27-29절).

이는 이사야 선지자가 이사야 53장 12절 후반부에서 한 예언과 같은 맥락을 이루고 있다, "…그러나 실상은 그가 많은 사람의 죄를 지며 범죄자를 위하여 기도하였느니라 하시느니라." 또 이런 사실을 신약에서 사도 요한은 다음과 같이 말했다, "저는 우리 죄를 위한 화목 제물이니 우리만 위할 뿐 아니요 온 세상의 죄를 위하심이라"(요일 2:2).

이 한 분 메시야의 고난을 통하여 이처럼 엄청난 축복이 임할 것이라는 사실은 현대 교인들에게는 너무나 당연시되고 있다. 그러나 구약 시대의 성도인 시편 기자에게는 아직도 비밀로 감추어져 있었을 것이다. 그들은 성령의 영감으로 말씀을 기록하면서도 다 이해하지 못하였을 것이다.

그래서 바울 사도는 후에 이렇게 기록했다, "이것을 읽으면 그리스도의 비밀을 내가 깨달은 것을 너희가 알 수 있으리라. 이제 그 거룩한 사도들과 선지자들에게 성령으로 나타내신 것같이 다른 세대에서는 사람의 아들들에게 알게 하지 아니하셨으니 이는 이방인들이 복음으로 말미암아 그리스도 예수 안에서 함께 후사가 되고 함께 지체가 되어 함께 약속에 참예하는 자가 됨이라"(엡 3:4-6). 그리고 이 사실을 깨달은 그는 이 복음을 위하여 그리스도의 발자취를 좇아 수없이 고난받았다.

다른 세상의 종교들과 다르게 기독교는 고행을 통하여 도를 닦아 진리에 이르려고 노력하는 인본주의적 종교가 아니다. 수천 년 전에 다윗을 통하여 경험되고 또 그 경험을 기초로 하여 우리에게 예언된 대로 메시야는 어김없이 정한 하나님의 시기에 오셔서 우리를 위해 고난을 받으셨다. 그 결과 우리에게 되풀이될 수 없는 구속의 역사를 이루어 놓으셨다. 이는 완성되었다. 주께서 "다 이루셨다." 구속의 역사에 관한 한 우리의 고행을 추가할 여지가 한 치도 남아 있지 않다.

　그럼에도 불구하고 고난은 구약 시대 사람이나 신약 시대 사람들에게 지금도 공히 의미를 부여한다. 그 고난을 통해 연단을 받은 사람은 그리스도의 더 큰 고난의 의미를 이해하는 것은 물론, 그 고난이 주는 연단으로 말미암아 기쁨으로 찬송할 수 있다. 첫째는 하나님께서 우리의 고난 속에 살아계셔서 동참하시기 때문에, 둘째는 하나님의 고난의 결과로 하나님께 나올 수 있는 선교의 문이 온 세상에 열렸기 때문이다. 아직은 희미하게 보이나 시편 기자는 믿는 모든 사람들이 온 세계 만 백성에게 복음으로 봉사하게 될 것에 대하여 이렇게 선언하였다, "후손이 그를 봉사할 것이요, 대대에 주를 전할 것이며, 와서 그 공의를 장차 날 백성에게 전함이여, 주께서 이를 행하셨다 할 것이로다"(30-31절).

　바울 사도가 그 한 예이다. 우리도 이제 그와 같이 이 귀한 복음이 예정된 대로 만민에게 선포될 것을 위하여, 그리고 교회를 위하여 예수님의 고난에 동참하는 일에 전력을 기울여야 하겠다. "내가 이제 너희를 위하여 받는 괴로움을 기뻐하고 그리스도의 남은 고난을 그의 몸된 교회를 위하여 내 육체에 채우노라"(골 1:24).

26
여호와는 나의 목자시니
23 : 1-6

여호와는 나의 목자시니 내가 부족함이 없으리로다. 그가 나를 푸른 초장에 누이시며 쉴만한 물 가으로 인도하시는도다. 내 영혼을 소생시키시고 자기 이름을 위하여 의의 길로 인도하시는도다. 내가 사망의 음침한 골짜기로 다닐지라도 해를 두려워하지 않을 것은 주께서 나와 함께 하심이라. 주의 지팡이와 막대기가 나를 안위하시나이다. 주께서 내 원수의 목전에서 내게 상을 베푸시고 기름으로 내 머리에 바르셨으니 내 잔이 넘치나이다. 나의 평생에 선하심과 인자하심이 정녕 나를 따르리니 내가 여호와의 집에 영원히 거하리로다.

참된 신앙 생활은 현실 도피도 아니며 꿈 속에 사는 것도 아니다. 그들은 오히려 현실을 똑똑히 보고 현실이 가져다 주는 아픔과 저항과 고난을 비그리스도인보다 때로는 더 깊이 느끼며 살 수도 있다.

얼핏 보기에는 시편 23편이 현실을 무시하고 신앙의 구실 아래 문화나 사회의 복잡한 상황을 간과한 사람의 순박한 고백처럼 보일지도 모른다. 그러나 자세히 보면 이 시편 속에는 칼날 같은 현실이 엿보이고 있어 고루한 신앙 고백이 아님을 알 수 있다. 오히려 이 시편은 신앙인이 현실 속에서 어떻게 부족함을 느끼지 않고 살 수 있는가를 단순하고도 명료하게 우리에게 말해 주고 있다.

주석가 키드너는 이와 같은 국면을 다음과 같이 잘 묘사하고 있다, "이 시편의 단순함 속에는 깊이와 함께 힘이 깔려 있다. 이 시편에 묘사되는 평안은 결코 도피로부터 오는 것이 아니다. 이 시편 속에는 깊은 어두움에 당면하려는 투지력과 당장 나타나는 적의 공격을 맞이할 각오가 엿보인다. 그리고 그 절정은 물질적인 목표가 아닌 주님 자신을 향해 표출되는 사랑 속에서 이루어지고 있음을 볼 수 있다"(키드너,『시편 1-72』, 109쪽).

본문 내용뿐만이 아니라 저자의 생애를 살펴보아도 그가 현실 도피를 하고 있는 것이 아님을 알 수 있다. 코우레스 등이 주장하듯 이 시편은 저자의 청소년기보다는 그 생애의 후반기에 씌어진 것이 분명하다. 그 때 그는 이미 목동으로서의 억센 생활을 통해서, 사울 왕으로부터 받은 권력 투쟁적 공격과 압살롬의 반역을 통해서 복잡한 인간의 욕심을 뚫고 이긴 경험을 가지고 있던 때였다.

그가 부족함을 느끼지 않는 이유는 무엇보다도 하나님께 대한 변함없는 신앙심 때문이다. 프로운은 이 시편 전체 속에 나타나는 것이 '하나님을 의뢰하는 다윗의 마음'이라고 말했다. 이와 같은 신앙심으로 말미암아 다윗은 하나님을 의뢰하는 사람들이 이구동성으로 말할 수 있는 세 가지의 확고 부동한 하나님의 진리를 제시하였다.

"내가 부족함이 없으리로다"(1절하).

"내가…해를 두려워하지 않을 것이다"(4절중).

"내가 여호와의 집에 영원히 거하리로다"(6절하).

하나님을 의뢰하고 하나님으로부터 능력을 공급받아 사는 생애는 언제 어디서 보든지 위대하다. 그런 사람들은 지금도 이렇게 간증할 수 있을 것이다, "여호와는 나의 목자시니 내가 부족함이 없으리로다.…나의 평생에 선하심과 인자하심이 정녕 나를 따르리니 내가 여호와의 집에 영원히 거하리로다."

신약적으로 이것을 해석한다면 '그리스도 안'에 사는 삶을 의미한다고 할 수 있다. 즉 신약에서 그리스도 안에 산다고 하는 것은 구약에서 하나님을 의뢰하는 삶과 대등하다고 말할 수 있을 것이다. 또 우리가 그리스도 안에서 그리스도로 충만하기 위해서는 먼저 우리의 옛 사람이 십자가에서 죽었음을 인식하고 시인하지 않으면 안 된다고 바울 사도는 말했다(롬 6:4, 6, 11).

우리는 종종 우리를 비우는 십자가적인 면을 강조하다가 그리스도 안에서 누리는 충만함에 대해서는 제대로 강조하지 못할 가능성이 있다. 우리가 십자가에 죽는 것도 하나님과 함께 그리스도 안에서 다시 살기 위한 것이다. 하나님과 함께 그리스도 안에서 사는 삶이 없다면 십자가에 죽는 것도 의미가 없다.

마음을 비우는 것 그 자체는 타종교에서도 많이 시도해 보았으나 별 효과를 얻지 못한 오래된 개념이다. 우리의 신앙은 하나님과 함께 사는 것, 즉 그리스도 안에서 사는 것이 그 핵심을 이루고 있다. 따라서 구약 시대에 시편 기자를 통해서 하나님과 함께 동행하는 것을 말하는 것이나, 신약의 그리스도 안에 사는 것을 말하는 것이나 대동소이한 개념이다. 또 이처럼 사는 사람들은 구약 시대 사람이나, 신약 시대 이후의 사람이나 모두 부족함이 없는 풍성한 삶을 누릴 수 있다.

우리는 이 시편에서 우리가 부족함이 없는 삶을 누릴 수 있는 구체적인 이유를 최소한 두 가지로 생각해 볼 수 있다. 우리가 부족함이 없이 살 수 있는 것은 첫째로, 하나님께서 우리의 목자 역할을 해 주시기 때문이다(1-4절). 둘째로, 하나님께서 우리의 주인 역할을 해 주시기 때문이다(5-6절).

하나님은 우리의 목자이시다 (23:1-4)

이 시편에서 사용된 예화의 배경에는 대개 세 가지 견해가 있다.

첫째는 목자와 양이 이 시편의 전체를 지배한다는 견해이다. 이 경우 5절과 6절을 이 틀에 넣어서 해석하는 데 무리가 있음을 시인하지 않을 수 없다.

둘째로, 초반부는 목자와 양의 예를 사용했으나(1-4절), 후반부는 주인 또는 친구와 객의 예를 사용한 것으로 보는 견해이다(5-6절). 이 경우가 가장 본문에 적합한 해석이라고 볼 수 있다. 이는 비록 4절과 5절 사이에 예화의 변화를 설명해 주는 말은 없다 해도 '목자에서 주인으로' 비유의 변화가 있기 때문에 이 견해가 타당하다.

셋째로, 예화가 세 가지 나온다는 견해이다. 앞서 말한 두 가지 이외에도 3절과 4절에서 여호와 자신이 또 하나의 예로 나와서 방황하는 사람을 인도해 주는 역할을 하고 있다는 것이다. 이 견해는 현실성이 부족하다. 오히려 3절과 4절을 목자와 양의 예화의 일부로 보는 것이 가장 자연스러운 해석이기 때문이다(앤더슨, 『시편 NCB』, 195쪽 참조).

1절부터 4절에 나타난 목자와 양의 비유를 통하여 하나님께서 자신을 의뢰하고 좇는 사람들을 위해 어떤 역할을 하시는가를 우리에게 매우 잘 나타내 주고 있다. 여호와를 우리의 목자로 모셨다는 것은 최소한 두 가지 사실을 의미한다.

첫째로, 여호와가 친히 우리의 목자시라는 점이다. 여호와는 하나님의 가장 성스러운 이름으로서 히브리인들은 그 이름이 성경에 나올 때마다 '아도나이'(주님)라고 바꾸어 읽는다. 그런 하나님이 우리의 목자가 되신 것이다. 예수께서 이 땅에 오신 후에 하나님의 참된 성품을 우리에게 가르쳐 주심으로 이제는 목자보다 한 차원 가까운 '하나님 아버지'라는 축복된 개념을 우리가 알고 있는 것도 사실이다. 그러나 구약 시대에 하나님이 '목자'가 되신다는 사실은 사람들 스스로는 생각할 수 없는 개념이었다. 특히 그 당시 중동 지역의 목자와 양이 갖는 관계를 이해한다면 더욱더 놀라지 않을 수 없다.

"목자는 불볕 태양 아래에서 또 대낮처럼 밝은 달밤에도 양을 짐승들로부터 그리고 갑자기 내리는 비로 인한 급류에서 건져 주기 위해 양들과 가까이 지낼 수밖에 없다. 심지어는 우정까지 싹트게 된다. 보호하는 목자와 보호를 받는 양 사이에 말이다....이렇게 해서 목자는 양을 알고 양은 목자를 알게 된다"(프로운, 『시편』, 250쪽).

그렇다. 만군의 여호와, 언약을 지키시고, 천지를 창조하시고, 지금도 온 우주를 통치하시는 하나님은 우리의 목자이시다. 다윗의 목자만이 아니라 하나님은 그 아들 예수 그리스도를 통하여 믿는 모든 사람의 목자이시다. 그래서 그 목자의 인도하심을 받는 양된 우리 모두는 부족함을 느끼지 않는 것이다. 그가 모든 필요한 것을 공급해 주실 수 있기 때문이다.

둘째로, 여호와가 '나의' 목자라는 사실이다. '나의' 목자라는 개념 속에는 여호와가 막연히 능력만 가지고 계신 거대한 비인격적인 존재가 아니라, 나와 인격적인 관계를 맺고 계신 분이라는 뜻이 내포되어 있다.

스펄전 목사는 여기서 '나의'라는 말은 꿀처럼 단 단어라고 지적하고 있다. "여호와는 더 이상 나와 동떨어져 계신 분이 아니다. 그분은 나의 목자이시다. 나에게 목자이시며, 나를 위하시고, 나에게 관심을 갖고 계시며, 나를 보호하시는 분이시다"(스펄전). 따라서 여호와의 양인 우리는 결코 부족함을 갖지 않도록 목자 되신 여호와께서 책임 지심을 알 수 있다. 우리 목자 되신 하나님은 우리를 위해 어떻게 역사하시는가?

1. 우리의 목자이신 하나님께서는 영육간에 필요를 채워 주신다 "그가

나를 푸른 초장에 누이시며 쉴만한 물 가으로 인도하시는도다"(2절). 이는 목자가 미리 가서 꼴과 마실 물이 있는 곳을 찾게 되면 양을 데리고 그 곳에 가서 양이 꼴을 뜯어 먹고 배부른 후에 물도 마시고 만족하며 쉬는 모습을 연상케 한다. 하나님을 의뢰하고 사는 사람도 마찬가지이다. 하나님께서는 이런 사람들을 책임지고 영육간에 모든 필요를 채워 주시며, 편히 쉴 수 있는 마음의 평안과 만족을 주신다.

예수께서는 하나님을 전적으로 의뢰하는 사람들에 대하여 산상수훈을 통하여 이와 같은 내용의 말씀을 하셨다. "그러므로 내가 너희에게 이르노니 목숨을 위하여 무엇을 먹을까, 무엇을 마실까, 몸을 위하여 무엇을 입을까, 염려하지 말라....공중의 새를 보라....천부께서 기르시나니 너희는 이것들보다 귀하지 아니하냐....너희 천부께서 이 모든 것이 너희에게 있어야 할 줄을 아시느니라. 너희는 그의 나라와 그의 의를 구하라. 그리하면 이 모든 것을 너희에게 더하시리라"(마 6:25-33).

2. 우리의 목자이신 하나님께서는 우리의 더 깊은 영적 필요를 채워 주신다 "내 영혼을 소생시키시고"(3절상). 이 말씀은 아마도 양이 길을 잃는다든지 아니면 야수의 공격을 받는다든지 하는 아주 어려운 일을 당한 후에 다시 회복됨을 연상케 하는 내용이라고 볼 수 있다. 우리도 살다 보면 우리의 영혼이 기진맥진하도록 싸워야 할 경우가 허다하게 있다. 불의의 세력과 타협하지 않고 의로운 생활을 하려고 할 때 동료들로부터 오는 계획적인 조롱과 인신 공격이라든지, 아니면 신앙인들까지 서로 마음이 맞지 않아 상처를 깊이 받는 일이 있다.

어떤 경우는 우리가 다시 하나님의 손길을 경험하기 전에는 도저히 일어설 수 없을 때도 있다. 깊은 어두움 속에서 다시 일어설 힘도 없고 의욕조차 없을 때 하나님의 부드러운 치유의 손길이 우리의 마음과 영혼을 만져 주시기 때문에 소생하게 되는 경우가 얼마든지 있다.

3. 우리의 목자이신 하나님께서는 우리를 하나님의 뜻대로 인도하신다
"자기 이름을 위하여 의의 길로 인도하시는도다"(3절하). 하나님의 뜻대로 가는 길은 비록 비탈지고 험난한 산골짜기라 해도 종국에 가서는 하나님께서 주시는 '축복'의 길이다.

우리가 앞을 바라볼 때는 실망되는 일도 많고 이해되지 않는 것도 많다. 그러나 하나님께서 인도하신 길을 돌이켜 볼 때는 하나님께서 우리가 가는 길목마다 계셔서 간섭하셨음을 시인하지 않을 수 없다. 이럴 때 우리도 바울 사도처럼 이렇게 외칠 수 있다, "하나님을 사랑하는 자 곧 그 뜻대로 부르심을 입은 자들에게는 모든 것이 합력하여 선을 이루느니라"(롬 8:28).

4. 우리의 목자이신 하나님께서는 우리를 보호하신다 "내가 사망의 음침한 골짜기로 다닐지라도 해를 두려워하지 않을 것은 주께서 나와 함께 하심이라. 주의 지팡이와 막대기가 나를 안위하시나이다"(4절). 여기에 나오는 '사망의 음침한 골짜기'는 히브리어의 의미상으로 볼 때 '깊고 어두운 골짜기' 또는 '가장 깊은 어두운 골짜기'로 생각할 수 있다.

이 경우 그 골짜기는 죽음만이 줄 수 있는 아주 깊은 어두움이 있는 곳으로 볼 수 있다. 하나님의 뜻이라면 비록 우리가 그와 같이 어두운 곳을 지날지라도 결코 두려워할 필요가 없다고 시편 기자는 우리에게 선언하고 있다. 따라서 우리는 이 세상에서 어떤 어두움의 골짜기를 지난다 할지라도 두려워할 필요가 없다.

"그리스도인에게는 죽음의 어두운 골짜기가 집이 아니라, 다만 잠깐 통과하는 계곡에 불과하다"라고 스펄전 목사는 말했다. 우리가 죽는 것도 실제로 죽는 것이 아니라 잠자는 것이며, 깰 때에도 하나님의 영광 가운데 있는 것을 발견할 것이다. 하나님께서는 그 과정 중에 우리를 떠나지 않고 마치 목자가 양을 위험에서 보호하시듯 우리를 보호하실 것이다. 이보다 더 큰 보장이 어디 있겠는가? 가장 두려운 죽음 가운데서도 하나님께서 우리와 함께 계시며, 그 외의 다른 모든 어려움들 중에도 우리와 함께 하신다는 말이다.

주석가 키드너는 하나님이 우리에게 주시는 도움의 성격에 대하여 이렇게 말하고 있다. 첫째로, 하나님께서는 위험을 막아 주심으로 도우신다. 이는 마치 양이 위험을 당했을 때 목자가 '지팡이'로 막아 주는 것과 비교할 수 있을 것이다. 둘째로, 하나님께서는 갈 길을 지시하심으로 도우신다. 양의 목자들은 '막대기'로 양떼들을 몰아 푸른 초장과 쉴만한 물 가로 인도한다. 하나님께서도 종종 우리를 치시면서 올바로 가도록 인도하신다.

오직 우리 주님만이 이처럼 우리를 인도하실 수 있다. 사망의 음침한 골짜기까지 가실 수 있는 목자는 주님뿐이시다. 다른 모든 인도자는 거기서 뒤로 돌아설 수밖에 없다. 오직 주님만 끝까지 함께 가신다(키드너, 『시편』, 111쪽 참조). 누구든지 이와 같은 선한 목자가 필요하다. 인간은 양과 같아서 그릇 행하기 쉽고, 삶의 골짜기에서 낙오되기 쉽다. 그래서 여호와와 같은 목자가 필요하다. 어디까지든지 함께 가 주시는 선한 목자가 필요하다.

선한 목자 되신 우리 주 항상 인도하시고,
방초 동산 좋은 곳에서 우리 먹여 줍소서.
선한 목자 구세주여, 항상 인도하소서.
선한 목자 구세주여, 항상 인도하소서. (찬송가 442장)

사망의 음침한 골짜기를 향해 가고 있는 사람이 있다면 신속히 이

선한 목자에게 자신을 의탁하고 목자가 되는 여호와와 함께 그 곳을 통과하는 길밖에 없다. 그럴 때 우리는 시편 기자처럼 "여호와는 나의 목자시니 내가 부족함이 없으리로다"(1절)라는 확신을 가지고 사망의 음침한 골짜기를 지나 푸른 초장과 쉴 만한 물가로 나아갈 수 있을 것이다.

하나님은 우리의 주인이시다 (23:5-6)

여기서부터 시편 기자는 새로운 비유를 사용하여 여호와의 선하심과 인자하심을 우리에게 말해 주고 있다. 여호와는 이제 주인으로 묘사되고 있다. 아마도 먼 길을 갈 때 몸이 지친 길손에게는 주막 주인이 절대적인 존재였을 것이다.

이 주막 안에서 주인이 차려 주는 애찬을 나누는 동안 길손은 모든 피로와 배고픔을 잊고 안전한 가운데 쉬는 것을 우리는 상상해 볼 수 있다. 이는 마치 우리가 하나님과 함께 거하는 동안 우리의 모든 필요가 충족되는 것과 마찬가지이다.

이 때 우리의 원수도 더 이상 손을 쓰지 못하고 우리가 주인 되신 하나님과 상을 함께 하는 것을 구경할 뿐이다. 그래서 키드너는 이 부분을 구약에 나타난 로마서 8장 31절부터 39절과 고린도후서 12장 9절과 같다고 했다.

우리는 하나님과 함께 함으로 '가장 어려운 상황 가운데서 우리가 누릴 수 있는 무한한 자원'을 하나님께로부터 공급받을 수 있다. 따라서 우리는 다음과 같이 간증할 수 있다.

첫째, 우리의 주인이 되시는 하나님은 우리가 항상 충만함을 누리게 해 주신다. "주께서 내 원수의 목전에서 내게 상을 베푸시고 기름으로 내 머리에 바르셨으니, 내 잔이 넘치나이다"(5절). 여호와가 주인이신 집에 거할 때 우리는 평상시만 아니라 원수가 보는 가운데서도 풍성한 삶을 경험할 수 있다.

둘째, 우리의 주인이 되시는 하나님은 다음 구절에 나타난 것처럼 선하심과 인자하심을 끊임없이 우리에게 부어 주신다. "나의 평생에 선하심과 인자하심이 정녕 나를 따르리니"(6절상). 시편 기자는 여호와에 대한 확신이 얼마나 컸는지 원수 앞에서조차 하나님의 선하심과 인자하심을 경험할 수 있었다. 또 이러한 경험이 장래에도 계속될 것을 확신할 수 있었다. 선하심과 인자하심은 하나님의 성품이므로 하나님과 함께 하는 사람들은 이것을 경험할 수밖에 없다.

셋째, 우리의 주인이 되시는 하나님은 우리가 주님의 집에 영원히 거하도록 허락하신다. "내가 여호와의 집에 영원히 거하리로다"(6절하). 지금 이 세상에서도 우리는 주의 집에 거할 수 있다. 그러나 어느 날 우리는 하나님의 영원하신 집에 영원히 거하게 될 것이다. 그 때까지는 여호와와 함께 이 세상에서 동거하며 그 때가 올 것을 고대하며 지낼 수 있다. 이 때 우리가 확신할 수 있는 것은 여호와의 계속적인 친절과 임재하심이다.

우리가 사는 현대도 시편 기자가 살던 때와 근본적으로는 큰 차이가 없다. 문화의 차이, 생활 수준의 차이 등은 존재하겠으나, 타락한 인간성과 거친 환경은 그 때나 지금이나 크게 다를 바가 없다. 따라서 여호와를 목자와 주인으로 모시고 살지 않으면 지금도 우리는 양과 나그네처럼 실족할 수밖에 없다. 반면에 하나님이 우리의 목자와 주인이 되실 때 우리는 저 세상에 가서는 물론 이 세상에서도 결코 부족함이 없는 삶을 살게 될 것이다.

도서출판 세 복의 발간 도서

경건 서적

나는 어떻게 예수님을 만났는가?

홍성철 편집 / 신국판 / 초판 1쇄, 개정판 7쇄 / 328쪽 / 7,000원

각계 각층에서 그리스도의 향기를 진하게 풍기고 있는 21명의 신앙 고백 간증집. 전도용 선물로 최적인 책.

How I Met Jesus (수출용)

John Sung-Chul Hong Ed. / 신국판 / 초판 1쇄 / 296쪽 / $9.99

『나는 어떻게 예수님을 만났는가?』의 영어판. 한국 평신도 남녀 각 5인씩, 한국 목사 5인 및 외국인 5인의 신앙 고백서.

사망의 골짜기를 지날지라도

볼레터 스틸 크럼리 지음 / 유정순 옮김 / 신국판 / 초판1쇄 / 158쪽 / 4,500원

말로 다 표현할 수 없는 인간의 비극 가운데서 하나님의 평강을 발견한 저자의 믿음과 용기에 관한 능력 있는 체험적인 이야기.

하나님의 회초리 능력을 위한 사랑의 매

스탠리 탬 지음 / 성미영 옮김 / 신국판 / 초판 1쇄 / 234쪽 / 6,500원

어떻게 하나님의 능력을 갖게 되고, 기도의 응답을 받으며, 매일 당면하는 문제를 초월하여 승리하고, 열매 맺는 삶을 누릴 수 있는지를 체험적으로 쓴 책.

상담 서적

죽음에 이르는 죄 어떻게 극복할 것인가

맥시 더남, 킴벌리 더남 레이스먼 지음 / 서대인 옮김 / 신국판 / 초판 1쇄 / 288쪽 / 7,000원

피할 수 없는 일곱 가지 죄가 우리의 삶에 어떻게 나타나며, 이러한 죄를 다루는 방법을 제시하여 죄를 극복하게 하는 책.

상처난 아버지와의 관계 회복

제임스 L. 쉘러 지음 / 이기승 옮김 / 신국판 / 초판 1쇄 / 272쪽 / 7,000원

인생의 풀리지 않는 아버지와의 문제들이 무엇이며 그것을 어떻게 다루어야할지, 더 나아가 하나님 아버지께로 인도하는 책.

목회자의 자기 관리

로이 오스왈드 지음 / 김종환 옮김 / 신국판 / 초판 1쇄 / 276쪽 / 7,000원

기독인은 다른 사람을 돌보기 위하여 자기 자신을 돌보아야 하는데, 자기 관리에 게으르거나 무관심한 기독인이 어떻게 자기 관리를 해야 하는지 구체적으로 제시하는 책.

영혼을 돌보는 목자

캐롤 와이즈, 존 힝클 지음 / 이기승 옮김 / 신국판 / 초판 1쇄 / 248쪽 / 6,500원

잠재력이 있는 영혼들을 돌보는 사역을 감당하고자 하는 목사, 전도사, 평신도 지도자, 구역장. 등에게 안내자 역할을 하는 책.

잃어버린 퍼스날리티를 찾아서

최병전 지음 / 신국판 / 초판 1쇄, 개정판 1쇄 / 206쪽 / 5,000원

구원은 받았지만 인격의 상처는 개인과 가정과 교회와 사회에 문제를 일으키는 것을 진단하고 해결의 실마리를 제시하는 책.

<u>설교집</u>

고난 중에도 기뻐하라 (빌립보서 강해 설교)

홍성철 지음 / 신국판 / 초판 2쇄 / 506쪽 / 10,000원

고난 중에도 기뻐할 수 있는 사도 바울의 비결을 성경적으로 파헤치고, 목회적으로 제시한 41편의 강해 설교집.

우리에게 일용할 양식을 주소서 (주기도문 강해 설교)

홍성철 지음 / 신국판 / 초판 2쇄 / 228쪽 / 6,000원

주기도문에 나타난 "하나님의 영광"과 "우리의 필요"를 깊이 조명시켜 주는17편의 강해 설교집.

심령의 호소를 들으시는 하나님 (시편 강해 1-23편)

이태웅 지음 / 신국판 / 초판 1쇄 / 304쪽 / 7,500원

시편을 기록한 지 수천 년이 지났으나, 시편 기자들이 경험한 변함없는 하나님의 실재와 냉험한 세상의 현실 사이에서 의에 주리고 목말라하는 사람에게 한 모금의 냉수와 같은 책.

요한복음 강해 (I-IV)
강선영 지음 / 신국판(양장본) / 초판 1쇄 / 590쪽 / 권당 12,000원
저자가 6년여 동안 요한복음을 연구하며 설교한 것을 정리하여 펴낸 강해 설교집.

성령 서적

성령의 충만을 받으라
존 T. 시먼즈 지음 / 홍성철 옮김 / 신국판 / 재판 4쇄 / 152쪽 / 4,000원
성령의 충만과 능력을 갈구하는 모든 기독인의 필독서로, 그 방법을 단계적으로 제시해 주는 명저.

성령과 동행하라
스티븐 하퍼 지음 / 홍성철 옮김 / 신국판 / 초판 3쇄 / 224쪽 / 5,500원
기독교 영성이 무엇이며, 또 어떻게 그 영성을 체험하고 유지할 수 있는지에 대한 좋은 안내자가
되는 책.

성령 안에서 설교하라
데니스 F. 킨로 지음 / 홍성철 옮김 / 신국판 / 초판 3쇄 / 176쪽 / 4,500원
방법과 기교를 강조하는 현대 설교에서 성령의 임재를 다시 회복할 수 있는 설교의 원리와 방법을
분명하게 제시하는 책.

성령님, 나를 변화시켜 주세요   그리고 사용하여 주세요
커리 매비스 지음 / 홍성철 옮김 / 신국판 / 초판 1쇄 / 180쪽 / 5,500원
분노와 죄의식 등 감정의 문제들이 어떻게 성령의 역사로 변화되어 성장할 수 있고, 주님께 쓰임
받을 수 있는가를 제시하는 책.

성결의 아름다움
베인즈 에트킨슨 지음 / 홍성국 옮김 / 신국판 / 초판 1쇄 / 184쪽 / 5,500원
성결이라는 성경적 진리의 핵심에 직면하여 마음의 감동과 함께 성결하게 되는 것을 체험하도록
인도해 주는 책.

위대한 그리스도인들은 어떻게 성령의 충만을 받았는가
제임스 로슨 지음 / 홍성철 옮김 / 신국판 / 초판 1쇄 / 298쪽 / 7,000원
하나님의 장중에 사로잡혀 위대하게 살았던 역사상 위대한 20인의 감동적인 성령 충만의 체험담
을 기록해 놓은 책.

존 웨슬리 서적

불타는 전도자 존 웨슬리
홍성철 지음 / 신국판(양장본) / 초판 1쇄 / 344쪽 / 10,000원
존 웨슬 리가 어떻게 불타는 전도자가 될 수 있었는지를 제시하여, 현대 기독인들도 불타는 전도
자가 되도록 인도해 주는 책.

현대인을 위한 존 웨슬리의 메시지
스티븐 하퍼 지음 / 김석천 옮김 / 신국판 / 초판 2쇄 / 168쪽 / 5,000원
존 웨슬리의 메시지를 현대인을 위해 재해석한 책으로, 현대의 기독인들에게 빛과 방향을 제시해
주는 귀중한 저서.

수잔나 존 웨슬리의 어머니
아놀드 댈리모어 지음 / 김석천 옮김 / 신국판 / 초판 2쇄 / 230쪽 / 6,000원
존과 찰스 웨슬리의 어머니 수잔나의 경건의 모범, 자녀 교육과 양육, 고난과 어려움을 이겨 풍성
한 영적 유산을 남겨 준 이야기.

신학 서적

회심 거듭남의 의미와 적용
홍성철 편집 / 신국판 / 초판 2쇄, 개정판 1쇄 / 224쪽 / 6,000원
기독교에서 가장 핵심적 교리인 "회심"의 문제점을 신학적, 경험적, 적용적으로 다룬 이 분야의
권위자의 9편의 글.

타문화권 복음 전달의 원리와 적용
존 T. 시먼즈 지음 / 홍성철 옮김 / 신국판 / 초판 2쇄, 2판 1쇄 / 342쪽 / 8,000원
복음과 타종교와의 관계를 다루면서도 복음 전달의 원리와 방법을 깊게 다루어 복음 전달의 이론
적 인도자가 되는 명저.

복음주의 실천신학개론
복음주의 실천신학회 편 / 신국판(양장본) / 초판 2쇄 / 430쪽 / 13,000원
한국 교회의 목회자와 기독인들에게 신학의 복음주의적인 안목을 갖게 함으로 목회 현장을 더욱
풍요롭게 하는 지침서.